빅테크 자본주의

데이터와 화폐를 장악한 거대한 플랫폼 제국의 탄생

빅테크 자본주의

김창익 지음

프롤로그

Big-Tech Capitalism

　기자는 그다지 똑똑한 직군이 아니다. 정보의 꽁무니를 뒤쫓다가 뒷북을 치기 일쑤다. 그러다 보니, 그 정보들이 향하는 곳을 보지 못하는 경우가 많다. 다 그런 건 아니지만 필자도 마찬가지였다. 기자들 개개인에게 전혀 책임이 없다고는 할 수 없다. 하지만 대부분의 직군이 그렇듯, 조직의 논리에 매몰된 결과로 보는 게 더 합리적이다. 기사는 '사실'이 생명이다. 그 여부를 확인하고 판단하다 보면 정보의 꽁무니만 따라가기 쉽다.

　개별 기사로 보면 때로는 아무런 가치가 없어 보일 때도 있다. 심지어 사실 관계가 맞지 않는 경우도 종종 있다. 하지만 이런 기사들이 합쳐지면 큰 그림이 그려진다. 매일매일 수천 명의 기자들이 쏟아내는 기사의 조각들이 모이면 하나의 흐름을 나타내기 시작한다. 이 같은 '정보'가 수년에서 수십 년간 쌓이면 유용한 데이터로 변태한다. 비로소 보이지 않았던 것들이 스스로 모습을 드러낸다.

'정보'는 쉽게 공개되지 않는다. 중요도가 높을수록 그럴 가능성이 더 크다. 신당동 떡볶이집 할머니도 며느리에게조차 소스의 비법을 죽을 때까지 공개하지 않는다. 하물며 한 기업을, 한 조직을, 심지어 한 국가를 경영하는 집단이 공개하는 정보란 게 그들의 실제 활동을 얼마나 드러낸다고 할 수 있을까. 만약 세계경제를 움직이는 패권이라면 어떨까.

기자들이 쫓는 사실은 진실의 한 조각이다. 정확하게 말하면 그렇다고 착각한다. 하지만 그것만 알아서는 진실의 일부를 알았다고 할 수 없다. 때로는 왜곡된 진실로 가는 길을 안내하기도 한다. 실제 그런 경우가 오히려 더 많다. 취재 대상이 공개하고 싶어 하는 사실은 때로는 진실에서 시선을 돌리게 하는 수단인 게 다반사다.

사실의 조각들이 거대한 진실을 보여주지 못할 때, 찾지 못한 사실들이 부재한다고 결론짓는 게 과연 옳은가? 기자로 활동하면서 끊임없이 자문했던 질문이다. 결론은 꽤 예상 가능한 것이었다. 사실의 조각들이 진실의 실체를 드러내는 데 실패할 경우, 찾지 못한 사실들을 없다고 하는 것보다는 그것들을 추론하는 편이 진실에 다가서는 훨씬 유용한 방법이다. 특히 대상이 '패권'과 관련된 경우엔 더욱 그렇다.

세계경제엔
설계자가 존재한다

"세계경제의 설계자가 있다." 지인들과 얘기하다 보면 이 말을 받아들이지 못하는 경우가 대부분이다. 심지어 지식인이라고 할 수 있는 사람들조차 그렇다. 그들이 이 말을 부정하는 근거는 대부분 "실체를 확인할 수 없다"라는 것이다. '있다'는 증거가 없기 때문에 '없다'고 결론짓는다. 경제를 바라보는 시각이 마치 사법적인 판단을 하는 판사의 그것과 같다. 유죄의 증거가 없는 경우 무죄로 추정하는 것이다.

경제, 특히 '자산 투자'라는 무대에서 이 같은 접근법은 상당히 위험하다. 경험상 대부분 좋은 결과로 이어지지 않는다. 정글을 탐험하고 있다고 상상해 보자. 수십 미터 떨어진 덤불이 바스락거린 경우 그것을 어떻게 판단하는 게 생존에 유리할까. 호랑이라는 사실이 확인되지 않았다고 호랑이가 없다고 결론짓는 게 과연 영리한 판단일까. 이런 경우 존재의 증거가 없다는 게 부재의 근거가 될 수는 없다. 특히 생존과 관련된 판단을 할 때는 최대한 보수적으로 하는 게 유리하다. 바스락거린 이유를 호랑이 때문이라고 가정하는 게 낫다는 뜻이다. 이 가정이 틀렸다면 가슴을 쓸어내리면 그만이다. 만약 반대의 경우라면 상상조차 끔찍하지 않은가. 자본시장은 바로 정글이다.

반복된 위기라는 증거

　IMF 외환위기, 글로벌 금융위기, 코로나19 팬데믹 이후 인플레이션 위기 등 금융위기를 주기적으로 겪으며 사람들은 우리가 속해 있는 세계경제 체제가 이런 위기의 반복 가능성을 내재하고 있다는 것을 깨닫게 됐다.

　많은 경제학자들의 노력으로 이 같은 구조적인 위기가 월가가 만든 금융시스템의 결과라는 사실을 속속 밝혀지고 있다. 노벨 경제학상 수상자인 조지프 스티글리츠가 월가의 설계를 폭로한 대표적인 경제학자다. 닉슨 쇼크 이후 금융시장의 변동성이 극대화되고, 화폐 발행이 남발됐다. 변동성을 감추기 위해 파생상품이 만들어지고, 저금리 속에서 대출이 폭증했다. 어느 한 사람의 설계는 아니지만 월가는 '이익 극대화'라는 공통의 목표 아래 사실상 한 조직처럼 행동했다. 국제통화기금IMF과 세계은행, 세계무역기구WTO 등 국제기구가 만들어지고 월가의 유동성 파티는 글로벌 단위로 확장됐다. 그 결과로 구축된 세계경제 질서가 바로 '세계화Globalization'다. 스티글리츠도 처음엔 보이지 않는 진실을 추론하고, 그에 맞는 사실들을 찾았다. 사실의 조각들을 맞춰 결국 진실을 밝혀낸 것이다.

　지난 50여 년간 월가는 달러 발행권을 남발하면서 막대한 보너스를 챙겼다. 그 결과 세계경제는 회생 불능의 상태로 건강이 악화됐다. 전문가들의 진단 결과 세계경제가 앓고 있는 병의 이름은 '인플레이션'이다. 화폐가치가 지속적으로 하락하는 현상을 말한다.

화폐가치가 떨어지는 가운데 반복적인 금융위기는 극단적인 부의 쏠림을 만들었다. 저금리 속에서 사람들은 대출로 아파트를 산다. 아파트 가격은 천정부지로 치솟고 뒤늦게 집을 산 사람들은 금리가 올라갈 경우 이자를 감당하지 못하고 헐값에 부동산을 내놓는다. 부자들은 헐값에 나온 급매물을 사고, 시간이 지나면 결국 아파트 가격은 우상향한다. 화폐가치가 지속적으로 떨어지기 때문이다. 이 같은 현상이 반복될수록 부는 부자들에게 더욱 쏠린다.

지금도 IMF 외환위기라는 비극이 월가의 설계 때문이라고 하면 대부분은 고개를 갸우뚱한다. 그들은 월가의 낙인이 찍힌 설계도의 존재를 확인하지 못한 이상 그런 것은 없다고 단정 짓는 것이다. 심지어 어떤 이들은 노벨 경제학상 수상자의 이론조차 하나의 해석에 불과하다고 치부해 버린다. 그들이 그냥 필부필부라면 별문제가 아니지만 애석하게도 오피니언 리더들 중에서도 그런 사람이 의외로 많다. IMF 외환위기 같은 금융위기가 반복될 수밖에 없는 이유다.

빅테크라는
새로운 설계자

불완전성은 인간의 본질이다. 인간의 설계엔 구조적인 결함이 반드시 존재한다. 역사를 돌이켜 보면 그 결함이 바로 설계자의 존재를 드러내는 실마리가 됐다. 경제학자들은 인플레이션이란 결함을 파헤치다 결국 월가라는 설계자의 실체와 만났다. 그 경제학자 중한 명이 사토시 나카모토다. 그는 경제학뿐 아니라 컴퓨터 사이언스와 암호학에도 능통한 것으로 보인다. 이 천재가 월가가 설계한 현재의 경제 체제를 바꾸기 위해 만든 게 바로 비트코인BTC이다.

한 체제가 구조적 모순을 드러냈다는 건 그 체제의 수명이 다했다는 뜻이다. 세상엔 상상 이상으로 대단한 사람들이 많아서 어떤 이들은 이 사실을 일반이 알아채기도 전에 이미 그 대안을 만든다. 능력이 있는 존재가 세상의 요구에 부응할 경우 그들은 빠른 속도로 새로운 경제 체제의 전면에 나서게 된다. 전면에 나서게 된다는 건 비단 존재감이 부각된다는 의미가 아니다. 새로운 체제의 프레임을 짜는 주인공이란 뜻이다. 그 주인공이 바로 빅테크다.

빅테크는 기술로 세상을 바꾸고 있다. 2025년 현재, 인공지능AI 기술이 하루가 다르게 발전하면서 세계경제 체제를 송두리째 바꿔버릴 강력한 변수가 됐다. 빅테크를 창업한 천재들의 눈에 유럽연합EU과 민주당의 규제는 혁신의 걸림돌이고, 월가의 금융시스템은 결제 비용을 증가시키는 낡은 체제에 불과하다. 구체제가 불만인 신흥 세력은 기술력과 자본력을 겸비했다. AI 기술은 이미 인간의 능력을 뛰어넘었고, 반도체 기업 엔비디아 하나의 시가총액이 4조 달러에 달한다. 한국 증시 시가총액의 두 배다.

이들이 새로운 경제 질서를 만들려는 것은 어쩌면 당연한 결과다. AI와 휴머노이드 등 새로운 기술이 점점 일반화되면서 빅테크의 전력 소비가 급증하고 있다. 전력을 안정적으로 확보하고, 전력 구입 비용을 줄이는 것은 빅테크 입장에서는 이제 생존을 위한 필수 전략이다. 이런 빅테크 입장에서 달러와 달러 결제망SWIFT은 낡은 화폐 시스템이다. 환전과 송금 비용이 천문학적으로 늘어날 게 확실하다. 빅테크가 전기 시대의 달러를 찾는 건 당연하다. 페이스북(현 메타)의 마크 저커버그와 테슬라의 일론 머스크가 자체 화폐를 만들려는 건 이 같은 필요에서다.

문제는 화폐가 경제 패권의 알파이자 오메가란 점이다. 달러 발행권은 월가의 패권 그 자체다. 구체제의 저항도 당연히 만만치 않다. 빅테크에 패기가 있다면, 월가에는 노련함이 있다. 지난 수백 년간 세계경제를 자신들의 의도대로 설계하고 실행한 노하우가 있다. 개혁의 과정에서 구체제와 신흥 세력은 일종의 접점을 찾는다. 정면충돌이 서로에게 득이 되지 않는다는 현실을 자각하게 된다. 이를 통해 신흥 세력은 욕구의 일부를 해소하고, 구체제는 기득권의 일부를 유지한다. 그 접점이 바로 스테이블코인이다.

스테이블코인과 빅테크 자본주의

2025년 7월, 스테이블코인 육성 법안, 일명 지니어스 법안 GENIUS Act, Guiding and Establishing National Innovation for U.S. Stablecoins Act 이 미국 의회를 통과했다. 스테이블코인은 달러나 미국 국채와 가치가 일대일로 연동된 디지털화폐다. 블록체인과 암호화 기술로 만들어진 암호화폐다.

이 법안 통과의 의미는 미국이 스테이블코인을 제도권으로 끌어들이고, 빅테크에 발행권을 줬다는 데 있다. 신용 창출의 단계는 비록 아니지만, 그동안 월가가 독점해 온 화폐 발행권의 일부를 빅테크에 넘긴 것이다. 단, 이용자에게 이자를 주는 것은 금지했다.

이 법안이 의회를 통과한 건 미국 정부와 월가, 빅테크 등 3자의 이해관계가 맞아떨어진 결과다. 도널드 트럼프 행정부가 이 법안의 통과를 강력히 밀어붙인 건 스테이블코인이 새로운 국채 수요처가 될 수 있기 때문이다. 월가 입장에서는 스테이블코인이 막대한 달러 수요를 만들어준다는 점에서 손해 볼 게 없다는 계산이다. 빅테크를 발행권자로 인정하는 건 탐탁지 않았겠지만, 막는다고 막을 수 있는 상황도 아니었을 것이다.

빅테크는 새로운 화폐 시스템을 만들려면 일단 제도권의 내부로 들어가야 한다는 전략적 판단을 했다. 비록 이자 지급 등 원하는 것을 모두 얻지는 못했지만, 기득권이 일단 굳게 닫힌 문을 열어준 것만으로도 충분히 만족할 수 있는 상황이다. 이자는 아니더라도 사용자에게 부가적인 이익을 줄 수 있는 우회적인 방법은 얼마든지 찾을 수 있다. 이런 점에서 스테이블코인은 일단 평화의 메시지로 포장된 트로이 목마인 셈이다. 지금은 비록 미국 국채를 준비금으로 매입해야 하지만, 미국 국채의 신뢰도가 계속 떨어질 경우 비트코인 등의 안전자산으로 담보를 바꾸라는 요구가 사용자들에게서 터져 나올 수밖에 없을 것이다.

현재의 부조리와
미래라는 또 다른 부조리

사토시 나카모토는 인플레이션과 그로 인한 극단적 양극화란 부조리를 타파할 목적으로 비트코인이라는 이름의 암호화폐를 만들어 세상에 내놓았다. 이 새로운 화폐 시스템은 빅테크의 AI 기술 발전과 맞물려 '전기 시대의 달러'라는 위상을 향해 빠른 속도로 전진하고 있다. 빅테크와 비트코인이라는 새로운 화폐가 만들어갈 자본주의 이후의 자본주의는 과연 어떤 모습으로 우리에게 다가올까.

우선, 인플레이션이란 부조리는 완화될 가능성이 있다. 비트코인 자체가 인플레이션 없는 화폐로 설계됐기 때문이다. 인플레이션은 대부분 금리 상승으로 이어지는데, 이는 빅테크에 대한 투자에 가장 큰 걸림돌이다. 이 때문에 빅테크 진영에서는 생산성과 연동해 화폐 발행을 조절하는 솔루션을 제시하고 있다. 가까운 미래엔 AI가 실시간으로 생산성을 계산해 화폐 발행량을 결정하는 시스템이 나오게 될 것이다.

인플레이션 문제가 완화된다고 해서 부의 양극화가 해소되는 건 아니다. 역사적으로 부는 항상 소수에게 집중됐다. 그것은 부의 집중이 단지 경제 체제의 문제만은 아니란 방증이다. 그것은 정보의 문제이며, 권력의 문제이고, 인간 본성의 문제이기도 하다.

비트코인이란 새로운 자산을 둘러싼 부의 집중도 이미 일어나고 있는 현상이다. 초기 개발자들은 이미 상상을 초월하는 부자들이다. 하지만 인플레이션이란 부조리의 수혜자인 강남 아파트 소유자들이 비트코인이 만들어갈 새로운 경제 체제를 더 열심히 공부한다. 실제 주변에서 비트코인을 사겠다고 알아보는 사람들은 대부분 이들이다. 부는 경험을 통해 강화되고, 이는 태도로 나타난다. 상대적으로 가난한 사람들이 새로운 자산에 대해 상대적으로 닫힌 태도를 보인다. 스스로 새로운 부조리를 만들고 있는 것이다. 이 대목에서는 부의 양극화가 비단 시스템의 문제만은 아니라는 생각이 든다.

현재를 살아가는 사람들은 대부분 월가가 설계한 경제 체제가 공고해지는 과정에서 태어났다. 우리가 선택한 시스템이 아니란 의미다. 이제 우리는 그 시스템을 대체할 대안을 눈앞에 두고 있다. 그 체제조차 우리가 설계한 것은 아니다. 하지만 적어도 그 시스템이 채택되는 것을 희망하고 힘을 보탤 수는 있다. 이것이 우리가 선택할 수 있는 최후의 옵션이다.

차례

프롤로그   004

1장.
빅테크 제국의 침략
― 자본주의 최후의 왕좌를 향한 패권 전쟁

금융자본에서 기술자본의 시대로   **021**
"스테이블코인이 달러를 지킨다"   **035**
"다 할 수 있지만 무엇도 뛰어나지 않은 멍청한 F-35"   **044**
기술은 미국이 만들고, 기준은 EU가 정한다   **051**
실리콘밸리 자유주의자들이 워싱턴으로 간 이유   **057**
미중 패권 전쟁은 기술 전쟁이다   **074**

2장.
월가와의 전쟁
― 화폐 주도권을 뒤흔드는 기술의 힘

월가의 사업모델이 된 세계화   **103**
금수저 트럼프는 왜 반세계화 대통령이 되었나   **119**
초국가적 신흥 세력, 빅테크   **136**
빅테크와 월가의 충돌이 필연적인 이유   **145**
통화 패권의 이동, '전기의 달러' 비트코인   **150**

3장.
규제와의 전쟁
─ 법의 경계를 시험하는 플랫폼 권력

미국 빅테크에 위협감을 느낀 EU	169
EU가 규제 프레임을 잘 만드는 이유	182
본격화한 EU의 빅테크 규제	185
민주당의 규제가 더 무섭다	194
규제를 규제하려는 빅테크	197

4장.
권력과의 전쟁
─ 트럼프와 손잡은 빅테크의 정치 실험

월가가 외면한 트럼프	207
바이든과 원수가 된 머스크	222
반세계화 동지가 된 트럼프와 머스크	227
트럼프의 신新세계화	234
트럼프는 왜 암호화폐 대통령이 되었나	240

5장.
중국과의 전쟁
― 기술 냉전의 최전선에 선 디지털 자본

중국의 AI 기술 굴기	259
민주주의가 AI 패권에 불리한 이유	274
미중 디커플링과 기술로 쪼개진 세계	283
테크놀로지는 이데올로기다	291
21세기 맨해튼 프로젝트	298

6장.
빅테크 이후의 세계
― 가장 냉혹한 자본주의에서 살아남는 법

훨씬 더 가혹한 조정자가 온다	305
반대로 기울어질 운동장, 왜 부는 또다시 집중되는가	322
기술 패권의 전선, 어느 줄에 설 것인가	329
원화 주권을 지키기 위한 최후의 방어선	341
기술 공화국으로 향하는 길	360

에필로그	368
참고문헌	372

Big-Tech Capitalism
: The Rise of a New Empire

1장

빅테크 제국의 침략

자본주의 최후의 왕좌를 향한 패권 전쟁

──── Big-Tech Capitalism ────

금융자본에서
기술자본의 시대로

2025년 7월 9일, 엔비디아가 미국 증시 역사상 최초로 장중 시가총액 4조 달러를 돌파했다. 한화로 약 5520조 원에 이른다. 단일 기업이 4조 달러를 넘긴 건 전례 없는 일이다. 2020년 7월, 엔비디아 주가는 1.05달러였다. 5년 후에는 164.42달러가 된다. 156배 상승, 그야말로 압도적이었다.

대한민국 전체 상장기업의 시가총액을 다 합쳐도, 엔비디아 한 곳에 미치지 못했다. 한국 국내총생산GDP보다도 크다. 이젠 '한 국가보다 큰 기업'이라는 말이 과장이 아니다. 그 중심엔 AI가 있다.

AI 학습에 고성능 그래픽처리장치GPU는 필수다. 그리고 그 시장을 엔비디아가 사실상 독점했다. 경쟁자는 없다. 모두가 엔비디아

칩을 찾았고, 개발자들은 엔비디아의 CUDA 툴을 기준으로 연구하고, 제품을 만들었다. 하드웨어와 소프트웨어를 동시에 제공하며 생태계를 장악함으로써 단순 반도체 기업이 아니라, AI 시대의 플랫폼 기업이 됐다. 마이크로소프트가 1990년대에 그랬듯이 말이다.

성장 속도도 이례적이었다. 2023년 5월, 시가총액 1조 달러, 2024년 2월, 2조 달러, 같은 해 6월, 3조 달러, 그리고 2025년 7월, 4조 달러를 돌파했다. 불과 14개월 만에 3조 달러를 쌓아올린 것은 지금까지 어떤 기업도 기록한 적이 없는 속도다. 산업의 중심축이 움직이는 때였다. 컴퓨터에서 스마트폰으로, 그리고 이제는 스마트폰에서 AI로 기술이 바뀌고, 기업의 권력이 이동하고 있었다.

2025년 6월 말 기준, S&P 500 시가총액 상위 20개 기업 중 절반 이상이 테크 혹은 테크 기반 플랫폼 기업이었다. 1위는 단연 엔비디아다. 시가총액 3.89조 달러, 지수 비중 7.28%에 이른다. 그 뒤를 마이크로소프트(3.71조, 7.12%)와 애플(3.19조, 5.78%)이 이었다. 상위 세 기업이 S&P 500 전체의 20% 이상을 차지했다. 4위는 아마존, 5위는 알파벳, 그 뒤를 메타(구 페이스북), 브로드컴이 이었다. 8위는 비테크 기업인 버크셔 해서웨이, 9위는 테슬라, 10위는 JP모건체이스였다. 이른바 '매그니피센트 7'이라 불리는 빅테크 그룹이 시장을 장악했다.

상위 20위권 안에는 비자, 마스터카드 같은 금융 플랫폼 기업과 월마트, 일라이 릴리, 오라클, 넷플릭스, 엑슨모빌 같은 다양한 산업군이 포함됐다. 그중 일라이 릴리는 다이어트 치료제 붐의 수혜를 입으며 헬스케어 분야를 대표했다. 프록터앤드갬블, 존슨앤드존슨,

코스트코 같은 소비재 대기업들도 여전히 강세를 유지했다.

불과 20년 전만 해도, 상황은 달랐다. 2006년 S&P 500 시가총액 상위 20개 기업 가운데 다섯 곳이 월가 금융기업이었다. 즉 시티그룹, 뱅크오브아메리카, JP모건체이스, AIG, 웰스파고였다. 이들의 시총 비중을 합치면 23%가 넘었다. 당시 1위는 엑슨모빌로, 고유가 시대의 승자였다. 그 뒤를 마이크로소프트, 시티그룹이 이었다. 금융과 에너지, 소비재가 시장을 주도하던 시기였다.

그러나 2008년 금융위기는 흐름을 바꿨다. 금융자본의 시대가 저물고, 기술자본의 시대가 도래했다. 2006년은 월가가 주식시장을 지배한 마지막 해였다. 이후 20년, 시장의 중심은 빅테크로 완전히 이동했다. 그 정점에 엔비디아가 올라섰다. AI 시대의 절대 강자로 자리매김한 것이다. 산업과 자본, 기술의 축이 다시 쓰이고 있다.

S&P 상위권을 싹쓸이한 빅테크

빅테크의 성장 비결은 선점과 독점이다. 이들은 막대한 자본력과 기술을 바탕으로 규제가 미처 쫓아오기도 전에 시장을 지배했다.

1990년대 인터넷 대중화가 빅테크 성장의 기본 토대다. 이 시기를 선점한 게 바로 구글(검색), 아마존(커머스), 애플(디바이스), 페이스북(소셜)이다. 플랫폼 산업의 특징은 네트워크 효과다. 일단 선점하면 경쟁자가 진입하기 힘들다. 감미료의 대장인 미원 이후 수많은 경쟁 상품이 출몰했고, 결국 미원의 아성은 무너졌다. X세대들은 어린 시절 부엌 찬장에서 미원을 쉽게 볼 수 있었다. 하지만 플랫폼 산업은 다르다. 네이버 밴드가 나온 지 한참이 지났는데도, 여전히 카카오톡의 시장 지배력이 압도적이다. 국내 핸드폰 이용자의 94% 이상이 카카오톡을 쓴다.

2007년 아이폰의 등장 이후 기술업계는 모바일 중심으로 재편됐다. 애플은 디바이스 + 운영체제 + 앱스토어라는 '닫힌 정원walled garden'을 만들었다. 구글은 안드로이드로 개방형 전략을 택해 애플과는 다른 길을 걸었다. 모바일 생태계에서 사용되는 앱, 검색, 결제, 클라우드는 전부 빅테크가 만든 플랫폼 위에서 돌아간다.

이전 자본주의에서는 '생산수단'이 중심이었다. 생산수단을 독점한 자본가가 부를 차지했다. 빅테크 자본주의에서는 '데이터 수집 수단'이 경쟁력이다. 구글, 페이스북, 아마존, 애플은 플랫폼을 통해 사용자의 행동·취향·위치·소비 데이터를 수집·분석·활용한다. 이 데이터를 기반으로 광고, 추천 시스템, 인공지능 학습, 맞춤 상품까지 만들며 돈을 번다. 데이터는 빅테크 자본주의 시대의 석유다.

빅테크는 이제 단순 플랫폼 기업을 넘어 인프라 기업이다. 클라우드, AI, 응용프로그램인터페이스API 시장을 장악하고 다른 기업들이 움직이는 기술 기반을 제공한다. 아마존의 아마존웹서비스AWS, 마이크로소프트의 애저Azure, 구글의 GCP가 클라우드 시장을 지배한다. 중소기업, 스타트업은 물론 대기업조차 이들의 인프라를 빌리지 않으면 사업 자체가 불가능한 상황이다. 빅테크 자본주의는 이들 기업의 서버 위에 존재한다.

빅테크의 성장에 결정적인 영향을 미친 건 역시 천문학적인 규모의 돈이다. 빅테크는 현금 보유량이 상상을 초월한다. 애플의 경우 한때 미국 재무부보다 현금이 많았던 적도 있다. 유명한 애플의 현금 역전 사건이다.

애플의 실적보고서에 따르면 2011년 7월 기준, 이 회사의 현금 보유액은 7620억 달러에 달했다. 당시 미국 재무부의 현금 보유액은 7340억 달러였다. 애플이 정부보다 280억 달러 더 많았던 것이다. 당시는 오바마 행정부가 공화당과 부채한도 증액을 놓고 첨예하게 대립 중이어서 현금을 대량 소진할 수밖에 없었던 상황이었다. 특수한 상황임을 감안하지 않아도 한 기술 기업이 세계 최고 부자 국가인 미국 정부보다 현금 보유액이 많았다는 사실은 빅테크의 위상을 보여주기 충분한 사건이었다. 당시 외신들은 "애플이 미국 정부보다 돈이 많다"라는 헤드라인의 기사를 앞다퉈 내보냈다.

일부 경제학자들은 애플의 현금 역전 사건을 두고 빅테크가 국가 기능을 일부 나누어 맡을 수 있다는, 당시로서는 충격적인 화두를 던졌다. 돈이 곧 신뢰인 시대에서 돈이 많다는 것은 더 큰 신뢰를 받는다는 것을 의미했다. 빅테크가 신용을 창출할 수 있다는 가능성이 처음 제기된 순간이다. 신용을 창출한다는 건 화폐를 발행한다는 뜻이다. 다시 말해, 경제의 패권을 쥔다는 의미다.

전통적으로 대표적인 국가 기능이란 화폐 발행, 국방, 외교, 치안, 정보 통제, 인프라 구축, 국민 복지 등을 포함한다. 애플의 현금 역전 사건 이후 일각에서 "이 같은 일들을 꼭 국가가 해야 하는가?"라는 질문을 던지기 시작했다. 질문이라기보다는 새로운 체제에 대한 두려움이라고 하는 게 정확했다.

하버드 출신 역사학자 니얼 퍼거슨은 당시 "오늘날 글로벌 빅테크는 제국이다"라고 말했다. 그는 "국가는 무너지고 있고, GAFA(구글, 애플, 페이스북, 아마존)는 디지털 영토와 통화를 가진 새로운 행위자가 됐다"라고도 했다. 애플-재무부 사건을 국가의 신뢰보다 기업의 신뢰가 더 우위가 될 수도 있다는 상징으로 본 것이다. 마크 블라이스 브라운대학교 국제경제학과 교수는 "빅테크는 탈세도 하고, 법을 로비로 바꾸고, 공공서비스도 장악한다"라고 했다. 세금은 내지 않고 복지를 대신 도맡는다는 건 국가 역할을 하겠다는 의미다. 『사피엔스』의 저자 유발 하라리는 "정보를 통제하는 자가 권력을 가진다"라며 "정부보다 더 많은 개인정보를 가진 기업이 있다면, 그건 정치적 권력자보다 더 위험한 존재다"라고 경고했다.

무디스가 2025년 5월 미 국채 신용등급을 Aaa에서 Aa1으로 한 단계 강등하면서 애플(Aaa)과 마이크로소프트(Aaa)의 신용등급이 미 국채보다 높아졌다. 이후 빅테크는 시나브로 국가의 역할을 일정 부분 대행하고 있다. 많은 사람이 메타의 왓츠앱으로 통신망을 사용하고 애플페이나 카카오페이로 결제를 한다. 구글 계정이나 카카오 계정으로 신분 인증을 대신하는 것도 국가의 기능이 민간으로 넘어간 사례라고 할 수 있다. 애플페이의 후불결제는 일종의 단기대출로 넓은 의미에서 신용 창출이다.

빅테크는 막대한 돈으로 경쟁사들을 사들였다. 메타(구 페이스북)는 2012년 인스타그램을 10억 달러에 샀다. 당시 인스타그램은 직원 13명에 불과한 작은 스타트업에 불과했다. 인스타그램은 메타의 핵심 플랫폼으로 성장했고, 페이스북 사용자층이 노화되는 가운데 젊은 층 사용자를 끌어들이는 역할을 했다.

이어 2014년 메타는 왓츠앱을 190억 달러에 인수했다. 왓츠앱은 당시 전 세계 메시징 시장에서 폭발적인 성장을 하고 있었다. 메타는 이를 위협으로 간주했고, 인수를 통해 돈으로 눌러버렸다. 현재 왓츠앱은 인도·브라질·유럽 등에서 메시징 1위 플랫폼이다. 같은 해 메타는 오큘러스를 20억 달러에 샀다. 가상현실VR과 메타버스를 미래 먹거리로 본 것이다.

메타가 2017년 인수한 tbh앱 인수는 경쟁 제거형 인수의 대표 사례로 꼽힌다. tbh는 '솔직히 말하면 to be honest'의 두문자어다. 이 앱은 '익명 칭찬 앱'이란 트렌드로 당시 10대들에게 선풍적인 인기를 끌고 있었다. 메타의 인수가는 1억 달러 밑으로 알려졌으며, 메타는 이 앱의 서비스를 인수 후 9개월 만에 폐지했다. 이렇듯 메타는 경쟁이 될 만한 플랫폼을 사들여 시장을 통제하는 전략을 일관되게 써왔다. 이는 지금의 SNS 삼두체제(페이스북-인스타-왓츠앱)를 만든 핵심 전략이다.

구글은 인수합병을 통해 검색을 넘어 정보·광고·AI 생태계까지 장악했다. 2006년, 구글은 유튜브를 16억 5000만 달러에 샀다. 당시 유튜브는 작은 동영상 플랫폼에 불과했지만 현재 전 세계 1위 동영상 플랫폼으로 성장했다. 특히 검색 서비스와 함께 구글 광고 수익의 한 축이 됐다. 구글은 2007년 온라인 광고 플랫폼 '더블클릭'을 31억 달러에 인수, 광고 인프라도 장악하게 된다. 이 딜은 나중에 EU

에서 반독점 조사를 받는 단초가 됐다.

구글의 2005년 안드로이드 인수는 신의 한 수로 평가된다. 구글은 이 작은 모바일 운영체제를 사들여, 세계에서 가장 널리 쓰이는 OS로 키웠다. 이는 구글이 모바일 검색과 광고, 앱 장사를 할 수 있는 토대가 됐다. 구글은 2014년 AI 업체 딥마인드를 인수하면서 AI 분야의 핵심 기술을 확보했다. 딥마인드는 알파고로 유명해진 회사다. 2021년에는 핏비트를 사면서 헬스케어와 웨어러블 데이터까지 손에 넣었다. 이는 미국은 물론 EU 규제 당국의 경계심을 유발했다. 개인 건강 데이터와 광고 플랫폼이 연결되면 너무 위험하다는 우려 때문이다. 구글은 기술적 기반과 광고 수익을 연결하는 '플랫폼-데이터-광고' 삼각 생태계를 인수합병M&A으로 완성했다.

마이크로소프트는 소비자보다 기업 생태계와 인프라 강화에 집중하는 전략을 취했다. 2016년에는 링크드인을 262억 달러에 인수해 B2B 인맥망을 장악했다. 이는 마이크로소프트의 오피스·클라우드 생태계와 자연스럽게 통합됐다. 이어 2018년에는 깃허브를 75억 달러에 샀다. 이를 통해 마이크로소프트는 사실상 개발자 커뮤니티를 장악했다. 오픈소스 생태계까지 마이크로소프트의 손아귀에 들어간 셈이다. 마이크로소프트의 인수합병 사상 최대 딜은 2022년에 인수를 발표한 액티비전 블리자드다. 이는 게임업계 사상 최대 인수합병 사례로 남아 있다. 이 거래는 독점 우려로 미국, EU, 영국에서 치열한 규제 심사를 받았지만 결국 통과됐다.

아마존은 처음엔 전자상거래에 집중했지만, 점차 AI·헬스케어·자율주행에까지 손을 뻗고 있다. 아마존은 2017년 홀 푸드를

137억 달러를 주고 매입했다. 아마존이 오프라인 식품 유통 사업에 진출한 대형 사건이다. 2018년엔 링을 10억 달러에 인수했다. 이를 통해 아마존은 스마트홈 보안 시장에서 입지를 강화했다. 이는 아마존의 AI비서인 알렉사와 연결되며 가정 내 생태계를 확장했다. 아마존이 자율주행 스타트업 죽스를 12억 달러에 산 건 물류 최종 단계 공정을 자동화하려는 전략이다. 아마존은 2023년부터 AI 업체 앤스로픽에 총 40억 달러 정도를 투자했다. 앤스로픽은 2021년 오픈AI 개발자들이 나와 만든 AI 스타트업이었다. 이들은 오픈AI가 마이크로소프트와 손을 잡자, 제2의 오픈AI를 내걸고 창립했다. "AI는 안전하고 인간 친화적이어야 한다"라는 슬로건을 내걸었다.

앤스로픽은 AI 훈련과 서비스의 대부분을 아마존의 아마존웹서비스AWS 클라우드에서 운영한다. 클로드 모델(앤스로픽의 AI 모델)은 AWS 기반에서 개발 및 배포되며, AWS 고객에게 우선 제공된다. 클로드 사용자들을 AWS 생태계에 가두는 락인lock-in 효과를 노린 전략이다. 이를 통해 아마존은 마이크로소프트의 애저(챗GPT)나 구글의 GCP(제미나이)와 경쟁하는 삼각축을 형성하고 있다.

애플은 다른 빅테크들과 달리 빅딜보다는 핵심 기술이나 인터페이스를 업그레이드하기 위한 인수에 집중하는 편이다. 애플이 2014년 비츠를 30억 달러에 산 건 애플 뮤직 론칭을 위해서다. 지문 인식 기술업체 오센텍을 3억 5000만 달러에 인수한 건 인터페이스 개선을 위한 조치였다. 2016년 이후엔 AI나 증강현실AR 스타트업을 인수하고 있다. 이는 애플 비전 프로나 애플 인텔리전스 등의 생태계를 고도화하는 전략의 일환이다.

빅테크의 이 같은 M&A 전략이 가능했던 건 금고에 든 막대한 돈뭉치 때문만은 아니다. 2000년에서 2010년 사이 미국 내 느슨한 규제 프레임이 지금의 빅테크 기업들을 만드는 데 결정적인 역할을 했다. 당시 규제 당국은 '성공한 기업은 건드리지 않는다'는 레이거노믹스 이후 기조 속에서 독과점 가능성을 충분히 인식하면서도 무수한 M&A를 허가해 줬다. 메타의 인스타그램과 왓츠앱 인수는 지금이라면 절대 승인해 주지 않았을 것이란 미국 연방거래위원회FTC 내부 평가도 있다. 연방거래위원회는 우리나라의 공정거래위원회와 같은 기구다.

레이거노믹스는 1980년대 미국 레이건 정부가 주도한 경제 전략이다. 당시 경기침체 중 물가가 오르는 스태그플레이션을 극복하기 위해 감세·규제 완화·작은 정부·저금리 정책을 핵심 기치로 내걸었다. 공급 측 경제학에 근거해 기업 투자와 부의 낙수 효과를 기대했다. 하지만 부의 양극화가 심화하고 재정적자가 확대하는 그림자도 남겼다. 특히 당시 무분별한 금융규제 완화는 2008년 금융위기로 이어지는 토대를 만들었다는 비판을 받고 있다.

빅테크의 정치권과 정책연구소에 대한 로비도 한몫했다. 빅테크는 민주당이나 공화당 등 특정 정당에 편중되지 않고 양당 모두를 동시에 공략하는 전략을 취했다. 또 진보 또는 보수 성향의 싱크탱크에 후원하는 방식으로 본인들에게 유리한 여론을 구조화하는 데 힘을 쏟았다. 2016년에서 2020년 사이, 아마존과 페이스북은 미국 내 최대 로비 지출 기업 상위 10위 안에 꾸준히 포함됐다. 빅테크는 한 해에 많게는 2000만 달러 이상을 로비에 썼다.

싱크탱크를 포섭해 여론을 장악한 사례도 있다. 구글은 진보 성향 브루킹스연구소에 후원, 자사에 우호적인 디지털 정책 보고서 발행을 유도했다. 구글은 여론 형성 과정에서 잡음을 일으키기도 했다. 2017년에 있었던 일명 뉴아메리카재단^{NAF} 사건이다. NAF의 한 연구원이 구글을 비판하는 글을 썼는데, 구글의 로비로 해당 연구원이 쫓겨난 일이 있었다. 이와 관련 NAF 측은 "후원사(구글)의 영향력은 없다"라고 해명했다. 하지만 학계에서는 "빅테크가 돈으로 비판 자체를 사라지게 한다"라며 강하게 비판했다.

메타는 보수 성향 싱크탱크인 아메리칸 엔터프라이즈 인스티튜트^{AEI}와 협력해 '정부의 과도한 규제가 혁신을 막는다'는 프레임을 유통시켰다. 메타의 이 같은 노력은 2019년 이른바 리브라^{Libra} 사태 이후 본격화했다. 리브라란 메타(당시 페이스북)가 발행하려던 스테이블코인이다. 페이스북의 월간활성이용자수^{MAU}는 30억 명이 넘는다. 이 중 60% 이상이 매일 페이스북에 접속한다. 전 세계 인구의 30%가량이 매일 쓴다는 얘기다. 이 때문에 미국은 물론 EU 규제 당국도 페이스북의 화폐 발행 계획을 '통화 패권에 대한 도전'으로 간주하고 리브라 계획을 저지하는 데 총력을 기울였다. 마크 저커버그는 리브라 프로젝트를 디엠 프로젝트로 이름을 바꾸고 사업 규모를 축소했다. 스테이블코인 육성 법안, 일명 지니어스 법안이 통과되면서 빅테크의 스테이블코인 발행이 얼마든지 가능해진 상황에서 메타의 행보가 주목된다.

저커버그는 규제 당국의 저지로 리브라 발행 계획이 불투명해지자 정치권이나 정책 싱크탱크에 대한 로비와 후원에 적극적으로 나섰다. 2019년 3분기 페이스북이 리브라 관련 로비나 후원에 쓴 돈은 1260만 달러에 달했다. 이후 페이스북은 리브라 관련 로비팀 규모를 71명에서 79명으로 늘렸다. 저커버그는 또 AEI, 브루킹스연구소, 심지어 보수 매체 미디어리서치센터MRC 등에도 접근해, 다양한 이념 스펙트럼에서 우호적 여론을 조성하려는 시도를 했다. 2024년 트럼프 집권 후에는 백악관 방문, 트럼프 인사들과의 식사, 100만 달러 기부 등 트럼프와 우호적인 관계를 유지하는 데 적잖은 노력을 하고 있다. 특히 FTC 소송 직전 보수 매체 MRC에 접촉한 것을 두고 일각에서는 단순한 로비가 아니라 '언론 압박'이었다는 해석이 나온다.

전직 고위 관료를 영입해 규제의 그물을 벗어나려는 시도도 종종 이뤄진다. 아마존은 전직 국방부, 백악관, 중앙정보부CIA 출신 인사들을 자사 정부계약 담당 부서와 로비팀에 대거 채용했다. 연방정부의 클라우드 입찰에 유리한 고지를 점하려는 전략이다. 구글은 전직 FTC 직원들을 채용해 이슈가 됐었다.

빅테크가 직접 정치운동에 참여하는 경우도 있다. 우버, 리프트, 도어대시 등은 2020년 캘리포니아에서 '플랫폼 노동자 지위 강화'를 골자로 한 법안 통과를 막기 위해 '프롭 22'라는 주민투표를 밀어붙였다. 구글과 아마존도 관련 로비 단체를 후원했던 것으로 전해졌다. 결과적으로 관련 조항이 삭제된 채 법안이 통과됐다. 노동자보다 빅테크 쪽에 유리한 프레임을 만든 것이다.

피터 틸의
독점 지상주의,

"경쟁은 미친 짓이다."

페이팔의 전신 컨피니티와 팔란티어Palantir 창립자인 피터 틸의 사상은 미국 빅테크의 경쟁에 대한 관점을 대변한다. 틸은 경쟁을 위험하고 무의미한 것으로 본다. 그는 경쟁이 사람을 소모시키고, 창의력을 죽인다고 믿는다. 틸은 경쟁을 통해 얻는 이익에는 한계가 있고, 진정한 가치는 독점에서 나온다고 본다. 그는 저서 『제로 투 원』에서 "0에서 1로 가는 창조만이 새로운 가치를 만든다"라고 강조했다. 이미 존재하는 시장에서 경쟁하는 것은 '1에서 N'이 되는 단순 복제일 뿐이다. 틸에게 중요한 것은 빨리 가는 것이 아니라, 아예 다른 길을 가는 것이다.

틸의 이런 관점은 철학자 르네 지라르의 영향을 받았다. 틸은 스탠퍼드대학교 재학 시절 지라르의 수업을 들었다. 지라르는 인간 욕망의 핵심을 '모방'이라고 주장했다. 사람은 자신이 진짜 원하는 것을 알지 못한다. 다른 사람이 원하는 것을 따라 한다. 이를 지라르는 '모방 욕망Mimetic Desire'이라고 정의했다. 이 욕망은 경쟁을 낳고 갈등으로 이어진다. 결국 서로 비슷한 것을 원하게 되면서 충돌이 불가피해지기 때문이다.

지라르는 이것이 폭력과 희생양의 메커니즘으로 발전한다고 봤다. 틸은 이 사상을 기업 세계에도 적용했다. 그는 경쟁이란 결국 남을 흉내 내는 모방의 산물이라고 본다. 따라서 경쟁을 피하려면 모방이 아닌 창조로 나아가야 한다고 믿는다. 이 철학은 틸의 실제 경영에도 깊이 반영됐다. 그는 페이팔을 만들 때 기존 은행 시스템과 경쟁하려 하지 않았다. 대신 전혀 새로운 결제 방식을 제안했다. 이메일을 통해 돈을 주고받는 개념은 당시로선 완전히 생소했다. 누구도 그 방식에 주목하지 않았기에, 경쟁자가 없었다. 페이팔은 독창성으로 시장을 선점했고, 결국 독점적 지위를 확보하게 된다.

팔란티어 역시 마찬가지다. 팔란티어는 단순한 데이터 분석 회사를 지향하지 않았다. 미국 정부와 군을 위한 비밀정보 분석 플랫폼이라는, 누구도 들어가지 않은 틈새를 공략했다. 경쟁이 없기에 기술력과 신뢰를 쌓을 수 있었다. 이는 독점으로 이어졌다. 틸은 항상 '경쟁이 없는 시장'을 찾았다. 그것이 성공의 핵심이 됐다.

피터 틸의 경영 철학은 철저히 지라르식 인간 이해에 기반을 둔다. 사람은 남을 따라가려는 욕망을 갖는다. 틸은 그 욕망을 거부하고, 자신만의 방향으로 나아가야 한다고 말한다. 틸의 기업들은 지라르의 철학을 실현한 실험장이자 증거다.

Big-Tech Capitalism

"스테이블코인이 달러를 지킨다"

세계경제를 장악한 빅테크 기업들의 다음 목표는 '금융'이다. 메타, 애플, 구글, 아마존, 테슬라는 모두 수억 명에서 수십억 명에 이르는 이용자를 보유하고 있다. 이들은 높은 충성도와 방대한 데이터를 기반으로, 자사 생태계 안에서 통용되는 화폐를 구축하려 한다. 새로운 기축통화를 만들겠다는 의지다.

메타는 2019년, '리브라'라는 스테이블코인 프로젝트를 공개했다. 달러 등 법정화폐 바스켓에 연동된 디지털화폐였다. 전 세계 27억 명 페이스북 사용자를 '글로벌 디지털화폐'로 연결하겠다는 야심 찬 구상이었다.

애플은 애플페이와 애플카드를 통해 자사 생태계 내 폐쇄형 결제 네트워크를 구축했다. 여기에 선구매 후결제BNPL 기능까지 붙이면서 금융 플랫폼으로 진화 중이다. 아마존은 아마존코인이라는 자체 토큰을 일부 게임 콘텐츠에 이미 실험적으로 적용했다. 테슬라는 비트코인으로 결제를 받겠다고 발표한 적도 있으며, 일론 머스크는 도지코인을 공개적으로 지지했다. 구글은 외부 은행들과 협력해 '구글페이'를 확장하면서, 자체 금융 서비스 구축을 탐색해 왔다.

이들의 공통점은, 생태계 내부에서 '현금이 아닌 자산'을 굴리게 만든다는 점이다. 이것은 단순한 결제 수단이 아니라, 사용자를 그 생태계 안에 묶어두는 락인 전략이다. 디지털화폐를 통해 지배력을 확대하겠다는 전략이다.

리브라는 초기에 비자, 마스터카드, 우버, 이베이, 스포티파이 등 굵직한 기업들의 컨소시엄 참여로 주목을 받았다. 마크 저커버그는 이 프로젝트가 "전 세계 수십억 명에게 더 나은 금융 접근성을 제공하는 동시에, 미국의 금융 리더십을 지키는 데 기여할 수 있다"라고 강조했다. 그는 단순한 결제 혁신을 넘어서, 리브라를 미국의 전략적 수단으로 규정했다.

저커버그는 2019년 미국 하원 금융서비스위원회 청문회에서 "중국은 몇 달 내로 유사한 디지털화폐를 출범시키려 하고 있다. 리브라는 대부분 달러를 기반으로 하며, 나는 이것이 미국의 금융 리더십을 확장하는 데 도움이 될 것이라 믿는다"라고 주장했다. 그는 이어서 "미국이 혁신하지 않는다면, 우리의 금융 리더십은 보장되지 않는다"라며 달러 패권의 위험성을 경고했다. 이는 명확한 메시지였다. 중국의 디지털 위안화 프로젝트가 이미 진행 중이며, 미국이 이에 대응하지 않으면 글로벌 금융 패권을 잃을 수 있다는 것이다. 저커버그는 리브라를 통해 미국 달러의 디지털 버전을 사실상 구축하려 한 셈이다.

미국과 EU의 규제 당국은 저커버그의 이런 주장에 회의적이었다. '중국 견제'라는 지정학적 논리보다는, 자신들의 통화 주권과 금융 통제력 유지에 초점을 맞췄다. 미국 연방준비제도^{Fed}(이하 연준) 제롬 파월 의장은 2019년 7월 청문회에서 다음과 같이 말했다. "리브라는 프라이버시, 자금세탁, 소비자 보호, 금융 안정성 등 여러 심각한 우려를 제기한다. 이러한 우려는 실행에 앞서 철저하고 공개적으로 검토돼야 한다." 파월은 "리브라는 알람이다"라며, "리브라가 디지털화폐 개발의 필요성을 자극한 것은 맞지만, 동시에 규제의 중요성을 일깨워 주는 경고이기도 하다"라고 덧붙였다.

당시 재무장관 스티븐 므누신은 "우리는 책임 있는 혁신, 암호화폐를 포함한 기술을 환영한다. 그러나 디지털 자산 제공자가 그늘 속에서 작동하도록 허용하지는 않을 것이다"라고 말했다. 므누신은 이어서 '국가 안보와 테러 자금 차단'을 리브라 발행 반대의 주요 명분으로 내세웠다. 재무부가 리브라 협회 회원사들에 직접적인 경고를 보냈다는 사실도 공개했다.

EU도 강경했다. 프랑스 재무장관 브뤼노 르메르는 "리브라는 국가 통화 주권에 대한 위협이며, 유럽은 이를 허용하지 않을 것"이라고 선언했다. 독일 역시 비슷한 입장을 보이며, 유럽 내 리브라 도입을 사실상 차단했다.

이처럼 리브라는 단순한 기술 프로젝트가 아니라, 디지털 통화 주도권을 둘러싼 기득권과 혁신 세력 간 충돌의 장이었다. 저커버그는 금융 혁신과 미국의 글로벌 리더십 유지를 강조했지만, 정부는 이를 국가 주권의 도전으로 간주했다. 기득권은 달러 패권이 중국 같은 외부의 적보다 그 자체의 구조적 모순으로 인해 내부에서부터 무너지고 있다는 사실을 당시만 해도 과소평가했다.

결국 파월과 므누신은 '혁신보다 안정을', '경쟁보다 규제를' 우선시했고, EU는 디지털 유로 개발을 가속화하는 방식으로 반격에 나섰다. 리브라는 규제 당국의 전방위 압박 속에 주요 파트너 이탈을 겪고, 이름을 '디엠Diem'으로 바꾸는 등 쇄신에 힘썼지만, 2022년 완전히 해체됐다. 메타는 암호화폐 지갑 '노비Novi' 서비스도 함께 접었다. 이는 빅테크의 금융 진출이 단순한 기술 문제가 아니라 통화 주권의 문제임을 보여준 상징적인 사건이었다.

결제 앱의 진화, 우회로를 찾다

이후 빅테크는 노선을 바꿨다. 직접적인 화폐 발행보다, 결제 플랫폼을 통한 금융 지배에 초점을 맞췄다. 특히 인공지능과 결합된 결제 앱이 그 핵심이다. 애플은 아이폰 내에서 개인 맞춤형 소비 분석, 예산 관리 기능을 강화하고 있다. 애플페이는 '어디서, 무엇을, 얼마나 썼는지'를 알고 추천까지 제공한다. 이는 개인 금융 비서로 진화하는 단계다. 구글은 사용자의 소비 습관을 AI로 분석해 금융

상품까지 연결하려 한다. 구글페이와 지메일, 구글맵, 유튜브 데이터가 결합되면 소비·소득·위치·관심사까지 한눈에 파악할 수 있다. 아마존은 '지출에 따라 가격을 맞춤 제공하는' 다이내믹 프라이싱 알고리즘을 실험 중이다. 테슬라는 자사 차량에 탑재된 소프트웨어를 통해, 자동차 자체를 결제·이동·데이터 수집 수단으로 진화시키고 있다.

결제 앱은 단순한 돈의 흐름을 넘어서, 행동 데이터와 연결된 AI 기반의 개인화 금융시스템으로 진화 중이다. 이는 빅테크가 금융 소비자의 뇌와 지갑을 동시에 장악하려는 시도다. 빅테크는 더 이상 단순한 테크 기업이 아니다. 그들은 데이터, 사용자, 하드웨어, 소프트웨어, 심지어 화폐까지 장악하려는 거대한 플랫폼 제국이다. 금융은 그 제국의 마지막 퍼즐이다. 리브라의 실패는 잠깐의 좌절일 뿐이다. 지금 그들은 AI를 무기로 새로운 형태의 통화 권력을 구축하는 중이다.

화폐 패권에의 재도전,
"빅테크가 달러 패권을 지킨다"

리브라 사태가 보여주듯 미국과 EU의 규제 당국과 월가, 시티 오브 런던의 금융 세력은 빅테크를 기득권에 대한 위협으로 간주한다. 빅테크 천재들이 이에 대응하기 위해 만든 프레임이 '빅테크가 달러 패권을 지킨다'는 캐치프레이즈다. 기술 기업이 월가 기득권을 지키는 데 일조하겠다는 일종의 타협안을 제시한 것이다. 이는 저커버그가 리브라 프로젝트 발표 당시 제시했던 명분과 같다. 저커버그의 당시 전략은 너무 앞섰기 때문에 실패했다.

빅테크들의 이 같은 전략은 2025년 6월 의회 상원을 통과한 스테이블코인 육성 법안, 일명 '지니어스 액트'에서 비로소 결실을 맺는다. 미국 국채 발행 규모가 36조 달러를 넘어서면서 달러 패권이 내부 요인에 의해 무너지고 있다는 현실을 정치권이 자각하기 시작한 것이다. 6월 17일 미국 상원은 68 대 30이란 압도적인 표차로 지니어스 액트를 통과시켰다. 이 법은 디지털 통화가 제도권 화폐로 진입하는 데 역사적 전환점으로 평가받는다. 단순한 암호자산 규제가 아니라, 스테이블코인을 국가 통화 시스템의 일부로 인정하고, 그 발행과 운용을 중앙집중적 금융 감독 체계에 편입시킨 것이다.

지니어스 액트는 발행사가 발행된 스테이블코인에 대해 일대일 비율로 고품질 준비금을 보유하도록 의무화했다. 준비금 자산은 미국 달러 현금과 만기 90일 이내 단기 국채로 제한되며, 월별 공개 및 외부 감사를 받아야 한다. 고객확인제도KYC · 자금세탁방지AML 요건도 은행 수준으로 강화됐다. 발행사가 파산할 경우 투자자 보호를 위한 우선 변제권도 부여된다.

무엇보다 중요한 변화는 감독 권한이 미국 연준과 통화감독청OCC에 부여됐다는 점이다. 이는 미국 통화 역사상 처음으로 중앙은행과 은행감독기관이 민간 디지털화폐를 직접 감독하게 된 첫 사례다. 그 이전에 규제 당국은 암호화폐에 대한 프레임을 만들 때 증권성 여부에 따라 증권거래위원회SEC나 상품선물거래위원회CFTC를 감독 주체로 설정했다. 통화 발행은 전통적으로 국가의 독점 영역이었지만, 이 법은 디지털 시대에 맞춰 통화 주권의 기술적 관리 방식을 확장한 것이다.

또 하나의 역사적 의미는 지니어스 액트가 비은행 기업, 즉 빅테크도 발행 주체로 포함시켰다는 점이다. 일정 발행 규모 이상이면 은행이 아니더라도 OCC의 감독을 받아야 하며, 이는 페이팔, 메타, 서클 같은 기업들에 사실상 '합법적 통화 발행 자격'을 부여하는 셈이다.

이에 대해 엘리자베스 워런 민주당 상원의원은 강하게 반발했다. 워런은 "빅테크는 이미 시장지배력과 데이터 권력을 과도하게 행사하고 있다. 여기에 화폐 발행력까지 얹는 것은 위험한 조합이다"라며 빅테크 포함 조항을 삭제하려 했다. 하지만 수정안은 채택되지 않았다. 워런은 특히, 이 법안이 대통령과 직계 가족을 일부 조항에서 면책한 점도 "권력과 돈이 결합되는 전형적 사례"라며 문제 삼았다.

공화당은 이 같은 민주당의 반대 논리를 금융 '혁신'이라는 명분으로 무력화했다. 지니어스 액트는 우리말로 풀면 '미국 스테이블코인 육성을 위한 국가 혁신법안Guiding and Establishing National Innovation for US Stablecoins'이다.

앞서 페이팔은 2023년 페이팔스테이블코인PYUSD 발행을 허가받았다. 뉴욕금융당국NYDFS 승인 당시, 페이팔은 다음과 같은 논리를 내세웠다. "PYUSD는 미국 국채에 연동된 스테이블코인이며, 이는 미국 재정의 수요 기반을 확장시킨다. 스테이블코인은 달러의 국제적 신뢰와 위상을 강화하는 도구다." 즉, 스테이블코인은 달러의 대체자가 아니라 달러 패권의 확장 수단이라는 논리였다. 실제 페이팔의 스테이블코인 PYUSD는 팍소스와 협업해 일대일 현금 및 단기국채 준비금 구조를 유지하고 있다. 준비금은 매월 공개되며, 독립된 회계 감사도 진행된다. 이는 지니어스 액트의 준비금 조건 및 공시 요건과 사실상 동일한 구조다. 페이팔은 법률이 통과되기 전부터 이 같은 시스템을 운영하며, 규제 친화적 모델을 선제 구축했다는 평가를 받는다.

향후 스테이블코인은 비트코인과 같은 디지털 자산 기반 준비금 구조와도 접점을 가질 가능성이 있다. 현재 지니어스 액트는 고정수익 자산만을 허용하지만, 일부 발행사들은 비트코인 담보 스테이블코인 또는 하이브리드 준비금 모델을 실험하고 있다.

이러한 모델은 디지털 경제 내에서 비트코인을 '디지털 준비자산'으로 제도권에 편입시키는 우회로가 될 가능성이 크다. 빅테크라는 새로운 국채 수요처를 찾은 미국 정부는 낮은 비용으로 국채를 추가 발행할 수 있게 됐다. 달러 패권이 타락한 가장 큰 이유는, 국채 발행이 남발됐기 때문이다. 스테이블코인이 당장은 이 같은 위기의 탈출구처럼 보인다. 하지만 문제의 본질을 해결하지 않는 이상, 스테이블코인은 국채 발행 남발을 더욱 부추기는 독이 될 것이다. 머지않은 미래에 스테이블코인 사용자들은 발행사에 "미국 국채 준비금은 과연 안전한 것인가?"라고 묻게 될 것이다. 이 같은 질문이 이어질 경우 발행사는 실물 금이나 비트코인 같은 디지털 금 등의 안전자산으로 준비금을 바꾸는 법제화를 정치권에 요구할 수밖에 없다.

　스테이블코인은 블록체인상에서 가동된다. 블록체인 네트워크인 비트코인과 연결될 가능성이 크다. 이 같은 관점에서 보면 스테이블코인은 빅테크 등 암호화폐 진영이 규제 당국과 월가에 보낸 트로이 목마라고 할 수 있다. 화해의 제스처로 보이지만 그 안에 비트코인이라는 정예군이 숨어 있는 것이다.

"다 할 수 있지만 무엇도 뛰어나지 않은 멍청한 F-35"

　빅테크 기업들이 의도했든 아니든 공통적으로 향하고 있는 또 하나의 영역은 '군수산업'이다. 인공지능과 드론, 휴머노이드 등 핵심적 신기술들이 전략적으로 가장 유용하게 활용될 수 있는 분야가 바로 군수산업이기 때문이다. 오픈AI나 구글, 마이크로소프트 등 빅테크들은 금융에서는 JP모건과 군수산업에서는 F-35 전투기를 만드는 록히드마틴과 경쟁하는 셈이다. 록히드마틴 등 군수산업은 월가의 자산운용사와 은행들이 대주주인, 사실상 월가의 산업이다.
　2024년 말, 일론 머스크는 '정부효율부DOGE, Department of Government Efficiency' 수장을 맡으며 공식적으로 공공정책의 영역에 들어섰다. 이후 그는 F-35 유인 전투기에 대해 "아직도 어떤 멍청

이들은 F-35 같은 유인 전투기 같은 걸 만들고 있다"라고 비판했다. 그는 이어 "유인 전투기는 미사일 사거리 연장이나 폭탄 투하에서 비효율적이다. 재사용 가능한 드론이 훨씬 간편하게 같은 임무를 수행할 수 있으며, 유인기는 곧바로 격추될 수 있다"라고 덧붙였다. 이는 단순한 방위산업 비판이 아니다. 유인기 중심의 군수 체계가 기술 발전에 뒤처졌으며, 드론과 AI 중심으로 재편돼야 한다는 주장이었다. 머스크의 이 발언은 그가 가진 민간 우주·로봇·AI 기술력과 맞물려, 실제로 미국 내 F-35 예산 조정 논의에 영향을 미쳤다. 전투기보다 저비용·고기동성을 가진 드론 및 로봇 체계로의 전환을 주장하는 목소리가 힘을 얻었기 때문이다.

빅테크가 군수 분야로 침투하는 흐름은 점점 구체화되고 있다. 구글, 아마존, 메타, 테슬라 등 주요 테크 기업들은 AI, 드론, 로보틱스 분야에 대규모 투자를 진행해 왔다. 구체적으로, 아마존과 구글은 자율 전투 드론 개발사인 안두릴, 스카이디오, 쉴드 AI에 투자를 단행했다. 이들 기업은 국방부와 실제 전장 운용 테스트를 진행 중이다.

안두릴은 2017년 설립된 기업으로, 첨단 군 네트워크 시스템 프로젝트에 참여하며 미 국방부와 협업하고 있다. 또한 구글 클라우드와 협업해 관세국경보호청CBP 등 국경 보안 기관들의 AI 구현을 지원하고 있으며, 현재 140억 달러 이상의 기업가치를 보유 중이다.

스카이디오는 소비자 드론 시장에서 군사·정부용으로 방향을 전환했다. 2025년 7월까지 7억 4000만 달러의 투자금을 모으며 미국 내 최대 드론 제조사로 자리 잡았다. 이 회사의 기술은 전장 지역에서 자율 순찰, 상황 인식, 기지 감시 용도로 실전 테스트되고 있다.

쉴드 AI는 AI 기반 전투 드론을 개발해 국방부와 실제 전장 운용 테스트를 진행해 왔다. 특히 우크라이나에서 GPS·통신 차단 상태에서도 작동 반경을 확보해 화제가 됐다.

이들 스타트업은 정부의 국방혁신부서DIU와 긴밀히 협력하고 있다. DIU는 아마존과 마이크로소프트에 드론과 항공 영상에서 물체를 식별하는 과제를 각각 5000만 달러 규모로 맡기며, 실전 배치 테스트를 장려해 왔다. 이러한 흐름 속에서 국방부와 정보기관은 2019년부터 2022년까지 빅테크에 280억 달러를 투자했다. 동시에 방위기술 스타트업에는 1000억 달러 이상의 투자가 이뤄졌다.

미국 국방부와 오픈AI는 미사일 탐지, 드론 요격 등에서 정확도와 속도 향상을 목표로 공조 중이다. 이는 인공지능이 전장 판단을 스스로 내리는 시대로 진입했다는 신호로 해석된다.

전통 군수업체 측도 움직임이 뜨겁다. 록히드마틴, 노스럽그러먼, 레이시온 같은 곳은 여전히 월가 자본과 결합해 있지만, 실리콘밸리 기업들이 가져온 AI·자율 시스템과 경쟁하거나 합작하며 제품군과 전략을 전환 중이다. 투자자들은 미래 전장 기술을 선점할 스타트업에 수십억 달러를 베팅하고 있다.

이처럼 구글·아마존 등의 드론 투자와 펜타곤과의 협업은 단순한 기술 지원을 넘어 군사력 디지털 전환에 초점을 맞추고 있다. 실리콘밸리 주도의 드론과 AI 로보틱스는 전통 군수산업의 혁신 파트너이자, 때로는 경쟁자로 기능하면서 국방의 판도를 바꿔가고 있다.

AI 기술도 본격적으로 군수산업에 투입되고 있다. 미 국방부는 오픈AI와 약 2억 달러 규모의 계약을 맺고, 사이버 보안, 위성 분석, 자동 번역, 부상병 대응 시스템 등 다방면의 AI 기반 전장 보조 기술 개발을 진행 중이다. 이 흐름은 단순한 군사 기술 이전이 아니라 '기술 기업이 군사 전략을 설계하는 시대'로의 전환을 뜻한다.

 테슬라가 개발 중인 휴머노이드 로봇 '옵티머스Optimus'도 예외는 아니다. 처음에는 공장용 노동 대체 모델로 시작됐지만, 현재는 정찰·보급·구조 임무로까지 확장되고 있다. 중국 등 일부 국가에서는 이미 휴머노이드의 군사적 활용 사례가 등장하고 있다. 빅테크의 로보틱스 기술이 군사력과 결합되는 것은 시간문제다.

 록히드마틴, 노스럽그러먼, 레이시온 같은 대표적인 군수업체들은 블랙록, 뱅가드, 스테이트스트리트와 같은 대형 자산운용사들이 각각 7~10%씩 주요 지분을 보유하고 있다. 미국의 군수산업은 월가의 자본과 긴밀히 얽혀 있다. 기술 기업의 진출은 이들과의 충돌 혹은 제휴라는 새로운 권력 지형을 만든다.

 군수산업계 내부의 역학 구도 변화에서 팔란티어의 행보가 주목된다. 팔란티어는 AI 기반 군사 기술에서 독보적인 위치를 점하고 있다. 미국 국방부의 영상 분석 프로젝트 메이븐Project Maven의 핵심 파트너로 참여한 팔란티어는 이후 4억 8000만 달러 규모의 장기 계약을 체결했다. 최근에는 '미국 해군 함정 AI 전력화 프로젝트Warp Speed for Warships'에도 참여했다. 이를 통해 함정 설계·보급·함상 운용까지 데이터 기반으로 통제하는 시스템을 구축했다. 이 과정에서 팔란티어 고위 임원들이 미국 육군 예비역 장교 신분으로 '혁신

군단'에 공식 참여했다. 민간 AI 기업이 군 조직의 일원으로 포섭되는 이례적 사례다.

군사력의 핵심은 이제 총과 탱크가 아니라, 알고리즘과 데이터가 되고 있다. 테크 기업은 드론과 로봇을 만들 뿐 아니라, 전쟁의 두뇌가 되는 AI를 설계하고 통제하고 있다. 머스크는 이를 두고 "우리가 지금 설계하고 있는 시스템은 무기를 넘어서, 전략과 판단을 자동화하는 것이다. 전쟁의 개념 자체가 바뀌고 있다"라고 언급했다.

스페이스X 없이는 속수무책인 미국 국방부

2025년 7월 《월스트리트저널》 보도에 따르면, 도널드 트럼프 전 미국 대통령이 일론 머스크와의 관계 악화를 이유로 스페이스X를 연방정부 사업에서 배제하려 했지만, 그 시도는 결국 무산됐다. 미국 국방부와 항공우주국NASA은 스페이스X를 대체할 기술적, 인프라적 수단이 존재하지 않는다는 점에서 계약 유지가 불가피하다는 결론을 내린 것으로 알려졌다. 즉, 머스크는 밉지만 스페이스X는 뺄 수 없는 존재가 돼버린 것이다.

트럼프와 머스크는 세기의 브로맨스라 불릴 정도로 각별한 연대 관계를 형성한 바 있다. 하지만 트럼프가 밀어붙인 감세법안OBBBA, One Big Beautiful Bill Act을 계기로 둘의 사이가 급격하게 틀어졌다. 특히 머스크가 창당을 통해 정치 세력화에 나서면서 둘 사이는 돌이

킬 수 없는 상태가 됐다. 트럼프 대통령은 머스크가 자신과 대립각을 세우기 시작한 시점부터 노골적인 불쾌감을 드러냈다. 최근에는 스페이스X의 국가계약을 "재검토할 수 있다"라는 식으로 압박을 가하며, 머스크에 대한 견제를 시도했다.

하지만 트럼프의 이 같은 구상은 미 행정부 내부에서도 현실성 없는 시도로 받아들여졌다. 백악관과 국방부, NASA는 스페이스X가 보유한 기술력을 감안할 때 대체 가능한 민간 기업이 존재하지 않으며, 계약을 해지하더라도 이를 대체할 시스템을 단기간 내에 구축할 수 없다는 판단을 내렸다. 특히, 스페이스X의 로켓 재사용 기술은 비용 절감뿐 아니라 발사 간격을 획기적으로 단축하는 핵심 인프라이며, 이는 미국이 기존에 확보하지 못했던 민간 우주 역량의 결정체로 평가된다.

스페이스X는 팰컨9 로켓으로 세계 최초의 재사용 로켓 발사체를 상용화했고, 크루 드래건 유인 우주선으로 NASA의 국제우주정거장 임무에 투입되고 있다. 또한 스타링크 위성망을 통해 지구 저궤도 통신 인프라를 장악하고 있으며, 미 국방부와는 고성능 정찰위성 발사 및 운영 계약까지 체결한 상태다. 실제로 2025년 4월에만 미국 국방부는 스페이스X와 총 28건, 59억 달러 규모의 발사 계약을 새로 체결했다.

이처럼 스페이스X는 더 이상 단순한 민간 우주 기업이 아니라, 사실상 미국의 전략 안보와 직결된 핵심 기술 파트너로 기능하고 있다. 이에 따라 미국 정부 내에서도 스페이스X를 정부 사업에서 배제하려는 트럼프의 의도에 제동이 걸렸고, 일부 고위 당국자는

"계약 해지는 사실상 불가능하다"라고 선을 그었다.

    트럼프와 머스크 간의 정치적 불화는 이어지겠지만, 연방정부 차원에서 스페이스X를 배제하는 결정은 현실적으로 불가능하다. 기술적 독점성과 국가 전략 안보를 지탱하는 인프라로서의 역할 때문이다. 머스크의 개인적 평판과 무관하게, 스페이스X는 지금 미국 안보의 기반 일부가 되어버린 셈이다. 이 역설이야말로 오늘날 미국의 민간 기술 패권이 안고 있는 가장 묘한 풍경이다.

Big-Tech Capitalism

기술은 미국이 만들고, 기준은 EU가 정한다

2017년, 유럽의회는 전 세계적으로 주목받은 하나의 결의안을 통과시켰다. 인공지능이 고도의 자율성을 가질 경우, '전자 인격Electronic Personhood'을 부여하자는 내용이었다. 법적 책임 주체로 간주하자는 것이다. 당시 전 세계 언론은 "AI를 살인죄로 처벌할 수 있다"라는 자극적인 제목으로 이를 대서특필했다. AI가 살인을 저질렀을 때 제조사나 소유자가 아니라 AI 자체를 처벌할 수 있다는 건 역사적인 사건이었다.

실제 이 결의안은 강제력이 있는 법은 아니었다. 하지만 유럽연합EU 집행위원회가 입법을 검토하도록 공식 요청했다는 점에서 단순한 제안 이상의 무게를 가졌다. 이 논의의 핵심에는 AI의 '자의 성'이라는 복잡한 개념이 자리 잡고 있었다. AI가 내부 알고리즘으로는 설명되지 않는 방식으로 판단하고 행동할 때, 그것은 더 이상 인간의 도구가 아니라 자율적인 행위자로 봐야 한다는 것이다.

이는 자율주행차, 드론, 자동화 무기 같은 기술들이 사고를 냈을 때, 누가 책임져야 하느냐는 질문으로 이어졌다. 유럽은 그 해답을 AI 자체에 책임을 묻는 법적 지위 부여에서 찾으려 했다. 이러한 제도적 실험이 이루어질 당시, 정작 고도 AI 기술은 대부분 미국 기업의 손에 있었다. 유럽은 이 같은 제도적인 프레임을 왜 논의한 것일까.

구글, 메타, 아마존, 애플 등은 이미 전 세계에서 AI 기반의 서비스를 확장하고 있었다. 반면 유럽은 기술 개발에서 한참 뒤처진 상황이었다. 유럽은 이 기술 격차를 '표준'과 '규범'으로 역전시키는 전략을 택했다. 유럽이 내세운 무기는 바로 법과 제도, 그리고 윤리적 프레임이다. 기술을 통제하지 못하면, 기술이 사용하는 룰을 통제하자는 접근이었다.

EU가 2018년 발효한 '일반개인정보보호법GDPR'은 단순한 국내법이 아니다. '데이터는 개인의 소유'라는 유럽식 철학을 글로벌 표준으로 강제한 규범 체계였다. 이 법은 기업이 수집한 개인정보를 명확한 목적 아래 최소한으로만 사용하고, 사용자에게 명시적이고 자발적인 동의를 받아야 하며, 수집된 정보에 대한 열람 · 정정 · 삭제 · 이동 · 이의 제기의 권리를 보장해야 한다고 규정했다. 나아가 기업은 이러한 절차를 단지 준수하는 데 그치지 않고, 스스로 증명할 수 있어야 하며, 일정 규모 이상의 조직은 개인정보보호책임자를 지정하고, 사고 발생 시 72시간 내에 보고해야 하는 등 내부 통제 체계까지 요구받는다. 이 법은 연간 전 세계 매출의 최대 4% 또는 2000만 유로 중 더 큰 금액이라는 초고강도 벌금 조항을 담고 있다.

메타는 2023년 12억 유로라는 유럽 역사상 최대 개인정보 과징금을 부과받았다. 이처럼 GDPR은 유럽 시민의 권리를 넘어, 미국 빅테크의 데이터 수집·처리 방식 전반을 바꾸는 글로벌 질서로 작동하기 시작했다. 결국 구글, 메타, 아마존, 애플은 초반에 반발하기도 했으나 유럽 사용자를 위한 별도의 동의 체계와 기능 개편, 유럽 현지 데이터센터 구축 등 현실적 수용을 선택할 수밖에 없었다.

이러한 흐름은 디지털시장법^{DMA}, 디지털서비스법^{DSA}, 그리고 세계 최초의 포괄적 인공지능 규제인 AI법^{AI Act}으로 확장됐다.

DMA는 구글, 애플, 메타, 아마존, 마이크로소프트, 바이트댄스를 '게이트키퍼^{Gatekeeper}'로 지정했다. 이들이 자사 플랫폼에만 유리한 생태계를 구축하는 것을 금지한 것이다. 예컨대 애플은 iOS에서 외부 앱스토어 허용, 구글은 브라우저·검색 엔진 선택권 제공, 메타는 사용자 동의 없는 데이터 통합 금지 조치를 강제받았다.

DSA는 틱톡^{TikTok}, 메타, 유튜브 등 거대 플랫폼의 콘텐츠 책임을 명확히 하며, 알고리즘의 투명성과 사용자의 제어권을 보장하는 규정을 담고 있다. 특히 아동 대상 콘텐츠와 허위 정보, 혐오 표현에 대한 실시간 대응 의무를 부과하고 있다.

AI법은 2026년 시행 예정으로, AI 기술을 위험도에 따라 금지·고위험·중위험·저위험으로 나눈다. 고위험 AI에는 알고리즘 설명 책임, 인간의 개입 가능성, 편향 평가, 사전 등록 등 높은 투명성과 책임 기준을 요구한다. 오픈AI, 구글, 메타는 유럽 사용자 대응을 위한 보고서 작성, 투명성 강화, 편향 리스크 시스템 개선 등 각각의 조치를 취하며 대응하고 있다.

이처럼 유럽은 기술을 직접 만들거나 독점하지는 못했지만, 기술이 작동하는 '규칙'을 설계하는 방식으로 전 세계 디지털 생태계의 트랙을 장악하고 있다. 그 트랙에서 벗어난 기업에는 수조 원의 벌금이라는 대가를 부과함으로써 사실상 글로벌 기술 질서를 설계하는 입법 강국으로 자리 잡았다. 결국 '기술보다 규칙이 권력이다'라는 문장이 현실이 됐다. 유럽의 규제는 이제 '디지털 통행세'의 역할을 하며, 미국 빅테크들조차 그 질서 안에서 전략을 바꿔가고 있다. 이처럼 유럽은 규제를 무기로 기술 패권의 한 축을 설계하고 있는 것이다.

유럽이 이런 표준 패권 전략에서 앞서 나갈 수 있었던 데는 몇 가지 구조적 이유가 있다. 첫째, EU는 다국적 이해관계를 조율해 온 합의 기반 체제이기 때문에 규범과 제도 설계에 능하다. 둘째, 기술 개발에서 밀린 대신 '윤리'와 '인권'을 전면에 내세워 국제 담론을 주도할 수 있었다. 셋째, 세계 최대 단일시장 중 하나인 유럽 내수의 크기 덕분에, 글로벌 기업들은 유럽 기준을 무시할 수 없는 시장의 압력을 받게 된다.

결과적으로 유럽은 기술이 아닌 '제도'를 통해 기술을 통제하고 있으며, 표준을 장악하는 자가 세계경제의 새로운 권력 중심이 된다는 사실을 몸소 입증하고 있다. 탄소배출권도 규제 프레임으로 글로벌 시장을 지배하는 EU 전략의 대표적 사례다. 탄소배출권 시장은 겉으로 보면 환경 규제다. 지구를 지키기 위한 시장 기반의 해결책처럼 보인다. 하지만 탄소배출권의 본질은 지정학적으로 경제 패권을 유지하겠다는 전략에서 유럽이 만든 프레임이다.

탄소배출권의 기원은 1997년 교토의정서다. 이때부터 온실가스 감축을 위해 국가별 할당량 개념이 도입됐고, 남는 배출권을 사고파는 구조가 만들어졌다. 2005년, EU는 세계 최초로 탄소배출권거래제ETS를 제도화했다. 이후 시장은 빠르게 확산됐다. 현재는 글로벌 기업의 필수 대응 과제가 됐다. 그런데 왜 EU가 이 제도를 주도했는가? 그리고 이 시장은 정말 환경을 위한 것인가, 아니면 통제 수단인가?

역사적으로 가장 많은 탄소를 배출한 곳은 유럽이다. 산업혁명 이후 200년 넘게 석탄과 석유에 의존했다. 현재의 기후위기 책임은 주로 서구 선진국에 있다. EU도 그 중심에 있다. 그런 유럽이 지금 "탄소를 줄이지 않으면 세금을 매기겠다"라고 말한다.

미국과 중국은 이 같은 유럽이 달갑지 않다. 도널드 트럼프 미국 대통령은 파리기후협정을 탈퇴했다. 그는 기후변화 이슈를 두고 "미국 산업을 죽이려는 국제 사기극"이라 말했다. 시진핑도 EU 주도의 감축 목표에 거리감을 드러냈다. "중국은 중국의 속도로 탄소중립을 하겠다"라고 했다. 이들의 관점에서 탄소배출권은 단순한 환경 규제가 아니다. EU가 만든 비관세 장벽이다. 다시 말해, 경제적 통행세다.

탄소배출권은 대부분 유로화로 표시된다. 중국·미국·한국·일본 기업들은 EU에 제품을 팔기 위해 유로화 기반 배출권을 구매해야 한다. 이는 실질적 세금이다. 유럽이 만든 기준에 맞지 않으면 수출 시점에서부터 비용이 붙는다. 화폐·규칙·기준까지 EU 중심으로 움직인다. 2026년부터는 탄소국경조정제도CBAM가 본격 시행된다. "너희 나라 기준은 상관없다. EU 기준에 못 미치면 세금을 내야 한다." 이것이 CBAM의 핵심이다. EU는 자국의 환경 기준을 세계에 강제하려는 것이다.

이 모든 흐름은 '지속 가능한 지구'라는 명분으로 포장된다. 거부할 수 없는 대의다. '기후위기 대응', '다음 세대를 위한 책임', '윤리적 소비' 같은 프레임은 정치적으로 완벽하다. 하지만 그 안엔 EU의 숨겨진 전략이 도사리고 있다. 2023년 기준, EU 탄소배출권 시장 규모는 약 900억 유로에 달한다. 2022년 한 해 동안 EU는 배출권 경매를 통해 약 390억 유로(약 55조 원)의 수익을 얻었다. 이 돈은 신재생에너지 보조금, 탈탄소 산업 전환 등에 사용되지만, 결국 EU의 재정 기반 역할도 한다.

2025년 현재, 기술 패권은 미국과 중국이 쥐고 있다. 그 기술과 제품이 국경을 넘어올 때 어떤 기준을 따를지는 EU가 정한다. 그 기준은 유로화로 표시된다. 그 기준에 맞추지 않으면 세금이나 규제가 따라온다. 이런 구조는 EU가 비군사적 방식으로 세계 시장을 통제하는 방법이다. 규칙을 만들고, 통화로 표시하며, 도덕적 명분으로 무장한다. 환경을 내세우지만 실제론 규범과 돈을 거머쥔 자가 권력을 행사한다. 탄소배출권은 이제 하나의 제도 그 이상이다. EU가 만든 세금형 제국주의의 설계도다.

— Big-Tech Capitalism —

실리콘밸리 자유주의자들이 워싱턴으로 간 이유

2025년 7월, 일론 머스크는 '아메리카당America Party' 창당을 공식 선언했다. 그는 "미국의 양당 체제는 부패했고, 새로운 기술 기반의 정치가 필요하다"라고 밝혔다. 핵심 계기는 도널드 트럼프 미국 대통령이 강하게 밀어붙인 'OBBB 법안'이었다. 이 법안은 3조 3000억 달러 규모의 세금 감면과 국방비 증액 등 지출 계획을 포함한다. 머스크는 이를 "산업 혁신을 가로막는 국가주의적 괴물"이라고 맹비난했다. 그는 "정부는 돈을 찍어내고, 미래 세대를 빚더미에 앉힌다"라고 쏘아붙였다. 또 "정부보다 기업이 혁신을 이끈다. 국가 시스템을 재설계해야 한다"라고 밝혔다. 머스크가 트럼프의 조력자에서 권력의 핵심이 되려는 이유는 바로 정치가 혁신의 걸림돌이 된다는 판단에서다. EU와 미국 내부의 규제 프레임이 사사건건 빅테크의 혁신을 가로막자, 창당이라는 강수로 정면 돌파하겠다는 것이다.

머스크는 처음엔 민주당과 친밀한 입장을 유지했다. 테슬라의 친환경 기술은 오바마 행정부 시절 보조금을 받았고, 2016년 트럼프 당선 당시에도 초기엔 일정 거리를 뒀다. 머스크는 2016년과 2020년 대선에서 민주당을 지지한다고 밝혔다. 하지만 시간이 지나면서 그는 급격히 정치적 중심을 오른쪽으로 이동하기 시작했다.

핵심 전환점은 규제 철폐에 대한 열망이었다. 머스크는 수년간 미국의 규제가 민간 혁신을 억누르고 있다고 주장해 왔다. 그는 특히 대규모 지출·복지성 법안들에 대해 비판적이었다. OBBB 법안이 통과될 위기에 처하자, 머스크가 이를 "기술 기업에 대한 정밀 타격"이라고 비난한 것도 같은 맥락이다. 이러한 철학은 트럼프와 맞닿아 있었다. 트럼프는 규제 완화와 민간 우선주의를 주창했다. 머스크는 바로 이 '작은 정부, 큰 기술'이라는 노선에 강하게 끌렸다.

결정적인 전환은 2024년 미국 대선 무렵이었다. 머스크는 기존 민주당의 규제 강화 흐름에 실망하고, 트럼프 지지를 공개 선언했다. 그는 2024년 대선 직후 트럼프의 경제 자문 역할을 자임했고, 이후 정부효율부^{DOGE} 설립에 참여했다. 이 부서는 국방부, 연준, 총무청^{GSA} 등 정부 기관을 기술로 개혁하겠다는 목표로 신설됐다.

머스크는 DOGE 책임자로 임명되며 기술을 활용한 정부 슬림화 작업에 착수했다. 그는 "AI, 클라우드, 블록체인을 통해 수십 년 묵은 정부 관료제를 혁신하겠다"라고 선언했다. 특히 국방 계약, 연방 기관의 예산 사용, 조달 시스템에 대한 데이터 기반 평가와 자동화 시스템 도입을 강력히 추진했다. 머스크는 연방 재정적자 문제를 '기술이 해결할 수 있는 영역'으로 간주했다. 그는 "재정적자가 국가 혁신의 엔진을 고장 낸다"라고 강하게 비판했다. 이어 "불필요한 예산 낭비를 기술로 추적하고 자동 차단하겠다"라고 했다. 실제 2025년 상반기 동안 DOGE는 수천 건의 지출 조항을 정밀 감시해 약 1350억 달러 규모의 지출 삭감 성과를 달성했다고 보고됐다.

머스크는 단순한 기술인의 역할을 넘어서 정책 설계자이자 정치 실무자로 행동했다. 트럼프 체제에서 '테크 권력자'로 탈바꿈한 것이다. 대표적인 조치 중 하나는 연방 기관에서 쓰는 스마트페이 SmartPay 법인카드의 지출 상한을 1달러로 제한한 것이다. 이는 상징적 조치였다. 하지만 수천 개의 불필요한 카드 지출 내역을 자동 차단하는 신호탄이 됐다. GSA, 인사관리처 OPM, 농무부 등의 일부 예산은 기술적 감시 시스템을 통해 실시간으로 차단되거나 수정 요청을 받게 됐다.

이에 강한 반발이 일었다. 미국 라스베이거스 테슬라 서비스 센터에서 차량 여러 대가 방화됐다. 매장 외벽에는 붉은 스프레이로 "RESIST 저항"라는 문구가 칠해졌다. 런던에서는 'Everyone Hates Elon 모두가 일론을 싫어해'이라는 단체가 테슬라 모델 S 차량을 망치로 부쉈다. 이 퍼포먼스는 정치적 메시지를 담은 상징 행동으로 해석됐다.

보이콧 움직임도 거셌다. 테슬라 오너 중 일부는 차량을 팔겠다고 선언했다. 한 설문에서 응답자의 31%가 "머스크 정책에 반대해 테슬라를 팔거나 매도할 계획"이라고 답했다. 테슬라 주식 보유자들 중 일부는 동시 매도 움직임에 가세했다. 일부 금융기관은 이 사태를 이유로 테슬라 ETF 출시를 연기했다.

시위는 미국과 유럽 전역으로 확산됐다. 3월 29일, 시애틀·샌프란시스코·런던·베를린 등 250여 개 도시에서 집회가 열렸다. 시위대는 테슬라 매장 앞에 모여 '기술 독재 반대', '머스크 OUT' 같은 팻말을 들었다. 일부 매장은 당일 운영을 중단하고 문을 닫았다.

개인정보 공격도 있었다. 'DogeQuest'라는 사이트가 등장했다. 사이트에는 테슬라 오너와 DOGE 관계자들의 이름·주소·연락처가 지도 위에 표시됐다. 일부 게시물은 방화나 폭력을 암시하는 표현까지 포함했다. 이후 몇몇 관계자들은 경찰 보호를 요청했다. 이 모든 일은 머스크의 DOGE 활동이 단순 행정 개혁이 아님을 보여준다. 그는 실질적 권한을 행사했고, 이에 대한 반대는 상징적 수준을 넘어섰다. 그에 반발한 세력은 시위, 불매, 파괴, 해킹 등 다양한 방식으로 대응했다.

이 같은 상황에서 트럼프가 강행한 OBBB 법안은 머스크의 분노를 유발했다. 자신은 온갖 수모 속에서 예산 절감에 매진하는데, 트럼프가 감세와 국방비 증액안을 밀어붙인 것이다. 머스크의 이전 발언과 경제철학을 되짚어보면, 머스크가 이 정책을 어떻게 받아들이고 있을지는 명백하다. 머스크가 감세를 싫어하는 가장 핵심적인 이유는, 그 결과로 인한 재정적자와 그에 따른 후폭풍 때문이다. 그는 이미 트럼프 1기 시절부터 경고해 왔다.

"국가가 감세를 하면, 일시적으로는 사람들이 좋아할지 몰라도, 결국 그 재정 구멍은 다른 방식으로 메워진다. 인플레이션이 그 첫 번째 방식이고, 두 번째는 기업에 대한 실질적 증세다."

그는 감세가 장기적으로는 전체 경제의 구매력을 약화시키고, 통화량 증가를 유도하며, 결국 중산층과 기업 모두에 '보이지 않는 세금'인 인플레이션으로 돌아온다고 지적해 왔다. 그는 이렇게 단언한다. "감세는 처음엔 선물 같지만, 결국은 국민이 뒤처리를 한다." 문제는 그다음 단계다. 재정적자가 커지면 정부는 결국 기업들에서 세금을 더 걷거나, 간접세를 올리거나, 규제를 강화하는 방식으로 구멍을 메운다. 머스크는 이 구조를 '조용한 처벌'이라 부른다. "기업들은 처음엔 감세로 숨을 돌리지만, 몇 년 지나면 숨통이 다시 조여온다. 정부는 적자를 이유로 새로운 방식의 징세를 시작하니까."

이런 현실을 누구보다 직접 경험한 인물이 바로 머스크 자신이다. 그는 "세금을 줄인다고 했던 정부가 결국 나중에는 더 많은 규제와 간접 부담을 안긴다"라며, "이럴 거면 차라리 처음부터 정직하게 과세하라"라고 비판했다.

이런 철학은 국방비 증액에도 그대로 이어진다. 머스크는 "정부는 자본을 쓰는 데 매우 비효율적이며, 군사비 증액은 국민 세금을 태우는 가장 빠른 방법"이라고 말했다. 그에게 국방비는 "필요할 때만 쓰여야 할 특수 예산"이지, 정치적 메시지를 위한 '과시비용'이 아니기 때문이다. "실질적 위협이 없는데도 군사력을 키운다는 건, 결국 국민에게 공포와 세금만 남긴다."

예산 절감에 성공할 경우 트럼프는 반발 세력을 무마시키기 위해 '머스크의 과잉 충성'이란 프레임을 씌울 것이고, 반대의 경우엔 그 책임을 머스크에게 물을 수 있다. 머스크는 토사구팽을 당하느니 먼저 판을 엎자는 판단을 했을 수 있다.

당시 백악관 내부의 미묘한 기류 변화도 머스크가 결단한 이유인 듯하다. 트럼프가 2023년, 대선을 1년 앞두고 만든 공약집 '어젠다47 www.agenda47.com'에는 집권 이후의 계획이 세계관처럼 나열돼 있다. 여기서 트럼프는 세계화주의자 Globalist와 전쟁광 Warmongers, 그리고 중국이라는 세 주체를 반드시 무찔러야 할 거대한 적으로 설정해 놓았다. 세계화주의자는 자유무역과 자본자유화를 통해 달러 패권의 주조 이익을 가로챈 월가와 월가가 지원하는 민주당을 의미한다. 월가가 이를 통해 막대한 부를 축적하는 과정에서 미국은 제조업 일자리 500만 개를 중국에 빼앗겼다. 이 때문에 백인 중산층이 몰락했다는 게 대안 우파인 트럼프 세계관의 골자다. 세계화를 해체해 제조업 일자리를 다시 미국이 되찾으려면, 재정적자와 무역적자 문제를 우선 해결해야 한다는 게 트럼프와 머스크의 공통된 생각이었다. 트럼프가 머스크를 도지 수장에 앉힌 건 바로 이 같은 반세계화 전략의 일환이었다.

이 같은 배경하에 트럼프 집권 후 4월부터 관세 전쟁이 본격화했다. 상호 관세와 중국에 대한 125%에 달하는 막대한 추가 관세가 골자였다. 반세계화 전쟁의 포문을 열고 '공격 앞으로'를 외쳤던 트럼프가 5월 14일 중국에 대한 추가 관세 '유예'를 선언하고 돌연 회군한다. 관세 전쟁이 협상을 위한 전략이라고 해도 급작스러운 회군에 백악관 안팎에서도 당황하는 기색이 역력했다.

트럼프의 회군은 채권자경단 Bond Vigilantes 때문이었다. 채권자경단은 정부나 정치인이 무책임하게 재정이나 통화 정책에 개입하려 할 때, 시장 참여자들이 스스로 국채를 매도하고 금리를 끌어올림으로써 사실상 '비공식적 응징'을 가하는 집단적 현상을 말한다. 관세 전쟁은 세계경제에 불확실성이란 서사를 만들었다. 안전자산인 미국 국채에 돈이 몰리면서 국채 가격이 올랐다. 채권 금리가 떨어진 것이다. 의도했든 아니든 이 같은 상황은 트럼프가 원하는 것이었다. 트럼프 행정부는 9조 달러 규모 이상의 채권을 2025년 한 해 동안 차환해야 한다. 새 채권으로 옛 채권을 갚아야 하는데 채권 금리가 떨어지는 게 차환 부담이 적어지기 때문이다.

하지만 5월에 들어서며 상황이 급반전됐다. 누군가 채권을 내다 팔면서 채권 금리가 1%p가량 급등했다. 4% 초반에서 5% 선을 위협했다. 36조 달러 이상의 부채를 떠안고 있는 트럼프 행정부 입장에서 채권 금리가 1%p 오른다는 건 엄청난 부담이다.

《뉴욕타임스》와 《월스트리트저널》 등 민주당 지지 성향의 언론은 캐시트레이드 청산 과정에서 미국 국채를 팔고 일본 국채를 매입하는 세력이 채권자경단이라고 보도했다. 일본 금리가 오르면서 금리 차액을 노린 캐시트레이드 자금이 청산됐다는 것이다. 중국이 미국 국채를 팔아 금을 사고 있다는 것도 영향을 미쳤다고 해석했다. 사실이 아니라고 할 수는 없지만 채권 금리가 1%p가량이나 급등한 상황을 설명하기엔 부족한 측면이 있다는 생각이다. 일본과 중국의 미국 국채 보유고는 합쳐서 2조 달러를 넘지 않는다. 반면 월가 은행들이 5조 달러, 연준이 또 5조 달러가량의 미국 국채를 갖고 있다. 채권을 팔아 국면을 전환하고 싶었다면, 채권자경단은 월가라고 판단하는 게 합리적이다. 직접 내다 팔지 않고도 우회적인 방법을 통해 채권시장을 얼마든지 움직일 수 있기 때문이다.

트럼프가 회군한 지 2주 정도 지난 시점에서 제이미 다이먼 JP모건 회장이 이 같은 추론을 뒷받침할 만한 발언들을 쏟아냈다. 다이먼 회장은 5월 30일 캘리포니아에서 열린 레이건국가경제포럼에 참석한 자리에서 언론의 질문에 답하는 형식으로 사실상 월가가 채권자경단임을 시인했다. 그는 "채권자경단이 돌아온 것인가?"란 기자의 질문에 "당연하지Absolutely"라고 답했다. 그러면서 다이먼은 트럼프를 향해 세 가지 경고를 했다.

첫째, 다이먼은 "국채 시장이 붕괴할 경우 월가가 백악관을 도울 수 없다"라고 했다. 2008년 글로벌 금융위기 당시 월가은행이 자기자본으로 채권 투자를 할 수 없게 한 규제 때문에 프라이머리 딜러로서 채권시장의 조성자 역할이 불가능해졌다는 경고다. 월가 프라이머리 딜러들은 재무부가 발행하는 채권 수요가 없을 때 사실상 무조건 사주는 수요의 조성자 역할을 해왔다. 월가를 공격하지 말고, 파트너로 재설정하라는 것이다.

둘째, 다이먼은 "비트코인 살 돈으로 총알을 사라"라고 했다. JP모건은 자체 코인을 발행할 정도로 암호화폐에 관심이 많지만 공식적으로는 여전히 부정적인 입장을 주로 취하고 있다. 총알을 사라는 건 국방비를 늘리라는 말을 우회적으로 한 것이다.

다이먼의 마지막 경고는 중국을 내버두라는 것이다. 2001년 클린턴 정부 당시 세계무역기구WTO에 가입한 중국은 월가 입장에서는 저가품 생산으로 인플레이션 압력을 낮춰주는 세계화의 파트너다. 파생상품과 대출을 남발해도, 다시 말해 달러를 무한정 찍어도 인플레이션 걱정을 하지 않아도 되는 배경에 중국이 결정적인 역할을 해주고 있는 것이다. 같은 맥락에서 중국은 미국과의 무역으로 벌어들이는 달러를 월가가 파는 자산을 사는 데 투자한다. 중국의 대미국 무역흑자는 한 해 3000억 달러 정도다. 이는 고스란히 월가 자산에 대한 투자로 돌아온다. 그만큼 월가의 매출이 늘어나는 셈이다.

채권시장을 움직이는 것을 보고 트럼프는 월가의 힘을 자각한 것으로 보인다. 이 무렵부터 트럼프는 머스크보다는 스콧 베선트 재무장관의 말에 힘을 실어준다. 스콧 베선트는 조지 소로스와 함께 영국은행 공격에 가담했던 월가 헤지펀드 업계의 대부다. 그를 재무장관에 기용한 건 트럼프가 반세계화 전쟁을 하면서 동시에 월가와의 접점을 유지하려고 했다는 방증이다.

OBBB 법안은 이 같은 기류 변화를 감지한 머스크가 폭발한 기폭제가 된 것일 뿐이다. 머스크의 멘탈이 붕괴된 근본적인 이유는 트럼프가 반세계화 노선을 끝까지 함께할 수 있을지에 대한 회의감 때문이다. 창당 선언에 앞서 머스크는 소셜미디어 X(구 트위터)에서 여론조사를 실시했다. 응답자 120만 명 중 약 65%가 새로운 정당 창당에 동의했다. 이 결과를 근거로 그는 "선택된 주와 선거구를 중심으로 전략적 후보를 내겠다"라고 발표했다. 그는 정당의 핵심 노선을 기술 혁신, 규제 완화, 재정 책임, 국방 현대화로 설정했다.

이념적으로는 중도 우파에 가깝지만, 당의 정체성을 '탈이념 기술 중심'으로 규정했다. 이번 창당 선언은 단순한 정치 참여가 아니다. 머스크는 "정치에 침투해야 기술을 지킬 수 있다"라는 논리로 정치 세력화의 문을 열었다. 그는 오픈소스 정치, 블록체인 투표, 기술 기반 예산 검증 시스템도 언급했다.

공화당 내부에서는 "보수표 분산으로 트럼프가 손해 볼 수 있다"라는 우려가 제기된다. 민주당전국위원회DNC의 제이미 해리슨 위원장은 "머스크의 세력은 실제 위협이며 무시해선 안 된다"라고 경고했다. 머스크의 정치 세력화 시도가 갖는 파괴력이 크다는 방증이다.

하지만 머스크의 도전이 성공하기까지는 넘어야 할 산이 많다. 미국 선거 시스템은 주별 등록 절차, 예비선거 구조, 후보 요건이 복잡하다. 미국 정치사상 제3당 시도는 대부분 실패했다. 머스크는 "진입 장벽이 높지만 기술과 자본으로 뚫겠다"라고 말했다.

시장 반응은 복합적이다. 창당 선언 이후 테슬라 주가는 약 7% 하락했다. 680억 달러가량의 시가총액이 증발했다는 분석도 나왔다. 비판 여론은 "CEO가 정치에 발을 들이면, 기업가치가 희생된다"라고 지적한다.

이번 행보는 머스크 개인의 정치 야망 그 이상이다. 그는 빅테크가 이제 더는 정치 외곽의 기술공급자가 아닌, 권력의 내부자가 돼야 한다고 본다. 이 선언은 빅테크의 정치 진입을 상징하는 첫 공개 시도다.

기술과 정치의 경계가 무너지고 있다. 머스크가 '아메리카당' 창당을 선언하자, 정치권과 언론, 금융시장 전반에서 즉각적인 반응이 터져 나왔다. 가장 격하게 반응한 인물은 브로맨스의 당사자인 트럼프였다. 트럼프는 머스크의 창당을 "말도 안 되는 알ridiculous"이라고 치부했다. 이어 "그는 지금 완전히 미쳐 있다off the rails"라고 냉소했다. 그는 머스크를 "기차 사고train wreck"라며 조롱했고, "이 나라의 정치 시스템은 그런 제3당을 염두에 두고 설계된 게 아니다"라고 경고했다. 이어 머스크가 자신과 갈등을 빚던 과거를 언급하며, 그의 정치 참여가 "혼란과 파괴만 초래할 것"이라고 주장했다.

트럼프를 지지하는 우파 매체들의 반응도 곱지 않았다. 《뉴욕포스트》와 《배런스Barron's》는 테슬라 주가 하락과 이사회 리스크를 집중 조명하며, 머스크의 정치적 움직임이 주주 가치를 훼손한다고 보도했다. 폭스뉴스는 머스크가 당을 "총기 소유 옹호, 비트코인 찬성, AI 자유 개발" 같은 이슈로 포지셔닝할 것이라 분석하며, "결국 이는 기존 보수 진영 내부 균열로 이어질 수 있다"라고 우려했다. 중도 우파 성향의 《더 가디언》은 "머스크에게 트럼프급 정치 카리스마는 없다"라고 잘라 말했다.

좌파 매체들은 좀 더 체계적이고 냉소적인 시선을 보였다. 《워싱턴포스트》는 "제3당이 뿌리내리기엔 미국 정치 지형이 너무 경직돼 있다"라며 현실 가능성에 의문을 제기했다. 《뉴욕매거진》은 머스크의 정당을 "공화당의 변형일 뿐"이라며, "정치적 대안이 되기 어렵다"라고 평가했다. 《악시오스Axios》는 앤드루 양Andrew Yang의 '전진당Forward Party'이나 자유당Libertarian Party과의 연합 가능성을 언급하며, 머스크의 당이 단일 정치 브랜드가 아닌 기술계 연합 정당의 실험 무대가 될 수 있다고 분석했다.

금융권의 반응은 실질적인 우려에 가깝다. JP모건 측의 공식 입장은 없지만, 웨드부시Wedbush의 애널리스트 다니엘 아이브스는 "머스크가 정치에 집중하는 순간, 테슬라의 경영 집중력이 흐트러질 수 있다"라며 CEO 리스크를 경고했다. 투자사 아조리아 파트너스Azoria Partners는 머스크의 창당 선언 직후 테슬라 상장지수펀드ETF 출시 계획을 연기했다. 그들은 "정치적 리스크가 기업가치에 영향을 줄 수 있는 상황"이라고 명확히 선을 그었다. 일부 애널리스트들은 "머스크의 정치적 행보가 지속된다면, 테슬라 이사회가 그의 보상 구조나 권한 집중 구조를 다시 검토해야 한다"라고 촉구했다.

머스크가 만든 정치적 파문은 단순한 개인의 야망을 넘어, 빅테크와 정치, 자본과 권력의 경계를 다시 그리는 실험으로 번지고 있다. 머스크가 관종 스타일로 빅테크의 정치 세력화를 전면에 드러내고 있다면, 피터 틸은 조용하고 은밀한 전략가로서 같은 비전을 은밀히 실현하고 있다.

틸은 실리콘밸리의 상징적 창업자이자 일론 머스크와 함께 페이팔을 공동 창업한 인물로, 페이팔 매각 이후에는 정보 분석과 감시 중심의 인공지능 기업인 팔란티어를 설립해 미국 중앙정보국CIA, 연방수사국FBI, 국방부와 계약을 맺었다. 그는 페이스북에 초기 투자하고 벤처캐피털 업체인 파운더스 펀드Founders Fund를 설립했으며 블록체인, AI, 국방기술 분야에 집중 투자하는 투자자로서의 면모도 갖추었다.

틸은 단순한 사업가를 넘어 철학자이자 리버테리언이다. 그는 정부를 불신하고 규제에 반대하며 국가는 작아야 한다고 믿고 자유는 기술에서 온다고 주장한다. 그는 정치는 기술보다 항상 뒤에 있어야 하며, 민주주의는 기술 발전을 방해하며 다수결은 혁신의 적이라고 본다. 그는 진정한 통치는 엘리트에 의한 통치여야 한다고 확신한다.

2009년 4월, 틸은 웹진에 "나는 더 이상 자유와 민주주의가 양립한다고 믿지 않는다"라고 쓰며 "정치는 분열을 조장한다. 나는 기술을 통해 자유를 확보하겠다"라고 선언했다. 그는 여성 참정권 확대와 복지 수혜자 증가를 자본주의의 적으로 간주했다. 이러한 극단적 주장은 그를 캘리포니아 자유주의자들과 확연히 구분시키는 계기가 됐다. 그는 해상 도시, 우주 식민지, 사이버 공간을 민주주의의 대안 공간으로 제안하기도 했다.

틸은 1970년 독일 프랑크푸르트에서 태어나 어린 시절 미국으로 이주했고, 보수적인 루터교 가정에서 자라 텍사스와 캘리포니아를 오가며 성장했다. 그는 1985년 캘리포니아의 매트라도 고등학교를 졸업하고 스탠퍼드대학교에서 철학을 전공했으며, 1992년에는 스탠퍼드 로스쿨을 졸업했다. 대학 시절에는 《스탠퍼드리뷰》라는 보수 언론을 창간했다. 그 매체를 통해 진보 성향이 강한 교내 여론에 대항해 자유지상주의적 반론을 제기했다.

냉전의 종식과 소련의 붕괴, 시장 자본주의의 승리를 목격하면서 그는 기술이 역사를 이끈다는 믿음을 확신하게 됐다. 하이에크와 프리드먼의 사상에 영향을 받으며 유럽 고전 자유주의 전통에 가까운 경제관을 형성했다. 그는 정치보다 시장이 우위에 있다고 믿었고 기술이 국가를 뛰어넘을 수 있음을 체감했다.

틸은 2016년 미국 대선에서 트럼프를 공개 지지한 실리콘밸리 유일의 인사였다. 그는 공화당 전당대회 연설에서 "나는 게이이고, 공화당원이며, 트럼프를 지지한다"라고 밝혀 대중적 파장을 일으켰다. 이후 트럼프 대통령직 인수위원회에 합류해 공식 직함 없이도 핵심 기술정책 조언자로 활동했다. 그는 트럼프와 실리콘밸리 간의 중재자로 기능하며 2016년 말 테크 리더 회의를 주도했다. 이 회의에는 일론 머스크, 팀 쿡, 제프 베이조스 등이 참석했고, 이는 틸이 트럼프의 신뢰를 얻는 결정적 계기가 됐다.

틸은 정부조직보다 개인의 창의성과 기술 기업의 역량을 중시하며 반관료주의 성향을 가진 트럼프와 정책적 파트너십을 형성했다. 이후 국방·정보·사이버 안보 영역에서 입김을 확대했다. 그는 팔란티어를 통해 영향력을 행사했고, 트럼프 행정부는 그 대가로 그의 기업에 다수의 계약을 제공했다. 동시에 그는 JD 밴스, 블레이크 마스터스 같은 차세대 정치인을 발굴하고 집중 지원했다. 마스터스는 스탠퍼드 후배로서 '틸리즘'의 정치적 구현을 위한 핵심 멘티다. 밴스는 오하이오 출신의 해병대 전역 노동자계급 출신으로, 예일대 로스쿨 재학 중 틸과 만나 성장의 계기를 잡았다.

밴스는 『힐빌리의 노래』라는 회고록을 통해 몰락한 미국 중산층의 실태를 고발했다. 이 책은 보수 진영에서 큰 반향을 일으켰다. 틸은 그를 실리콘밸리로 불러 자신의 벤처캐피털인 미스릴캐피털에서 정치 감각과 자금 운용 능력을 키우게 했고, 언론 노출과 강연을 통해 대안 우파 내 입지를 구축했다. 원래 트럼프를 비판했던 밴스는 틸의 설득 아래 전략적 전환을 단행했다. 틸은 트럼프에게 그를 다시 소개하면서 서민적 배경을 부각시켰다. 트럼프는 밴스를 차세대 러닝메이트로 눈여겨보게 됐다. 밴스는 오하이오 공화당 경선에서 승리해 상원에 입성했다.

틸은 그를 위해 1500만 달러 이상을 지원하며 슈퍼팩Super PAC까지 조직했다. 2024년 대선에서 밴스는 부통령 후보로 공식 지명돼 트럼프와 함께 백악관에 입성했다. 이 모든 흐름은 틸이 설계한 정치적 프로젝트의 결과였다. 그는 선거와 정당이라는 공식 경로를 우회해 권력구조를 재구성했다. 밴스는 그 결과이자 산물이며, 틸리즘은 이제 백악관 내부에 자리 잡게 됐다.

실리콘밸리 자유주의자들이 워싱턴으로 향한 이유는 규제를 규제하기 위한 목적이었다. 팔란티어의 CEO 알렉스 카프Alex Karp는 한 걸음 더 나아가 기술이 디지털 영토를 방어하는 '이데올로기적 무기'가 돼야 한다고 주장했다. 그는 기술은 정부와 동맹을 맺고 민주주의의 편에 서야 한다고 강조하며, "AI는 민주주의를 지켜야 한다"라고 역설한다.

카프는 1967년 뉴욕 출신으로, 독일계 유대인 아버지와 아프리카계 미국인 어머니 사이에서 태어나 펜실베이니아에서 성장했고, 하버포드 칼리지를 졸업한 뒤 스탠퍼드 로스쿨에서 법학 박사, 독일 프랑크푸르트 괴테대학교에서 철학 박사 학위를 받았다. 그는 아도르노, 호르크하이머, 하버마스 같은 프랑크푸르트학파의 영향을 받아 사회 비판과 이성의 역할, 권력구조 분석을 깊이 있게 연구했다.

2004년 피터 틸과 함께 팔란티어를 공동 창업한 그는 지금까지도 CEO로서 회사를 이끌며 미 국방부, CIA, FBI 등과 계약을 맺고 있다. 그는 실리콘밸리 내에서도 드물게 철학자적 성향을 가진 CEO로, 기술은 사회를 지키기 위한 도구이며, 통제돼야 하며, 국방과 안보는 기술이 회피할 수 없는 책임이라고 본다. 그는 리버테리언이 아닌, 기술과 국가가 동반자여야 한다는 신념을 갖고 있다. 이는 틸과는 정반대의 정치철학이다. 틸이 민주주의를 비효율로 간주한다면, 카프는 기술이 민주주의를 방어하는 도구가 돼야 한다고 믿는다.

그는 자신을 사회주의자라 부르며 힐러리 클린턴에게 투표했다고 밝혔지만, 이는 가치 지향에 대한 표현일 뿐, 사유재산과 시장을 부정하지는 않는다. 그의 사회주의자 발언은 도덕적 태도에 가깝고, 공공성 중심의 기술 활용에 대한 지속적 주장을 담고 있다. 그는 2023년 CNBC와의 인터뷰에서 "기술이 민주주의 편에 서지 않으면 전체주의에 기여하게 된다"라고 발언했고, 2024년 팔란티어는 EU 및 우크라이나와 계약을 체결해 민주주의 방어의 첨병 역할을 하게 된다. 2025년 그는 『기술 공화국 Technological Republic』을 출간했다. 이 책에서 카프는 "기술은 공공성과 결합되어야 하며, 공동체를 방어하는 무기여야 한다"라고 강조했다.

일론 머스크, 피터 틸, 알렉스 카프는 빅테크 파워맨으로서 트럼프주의 기반의 정치 세력화를 추진했다. 이 가운데 틸은 트럼프 진영의 핵심 전략가가 됐다. 머스크가 창당 계획을 기정사실화하기 전, 틸 사단은 트럼프와 머스크의 관계 회복을 도모했다. 밴스 부통령이 양측 간 오작교 역할을 수행했다.

이 정치 네트워크의 중심에는 '록브리지 네트워크 Rockbridge Network'가 있다. 2019년 밴스와 보수 지식인 크리스 버스커크가 공동 설립한 이 조직은 '정치 벤처캐피털'을 표방하며, 보수 생태계를 혁신하기 위한 폐쇄형 전략 조직으로 운영된다. 약 15만 200명의 회원으로 구성돼 있으며 연회비는 10만~100만 달러로, 2024년 기준 연간 예산은 약 7500만 달러에 달했다. 미디어 인수, 전략 소송, 주정부 권력 강화, 전환정부 준비 등이 주요 활동이다. 2022년 플로리다 마러라고 회의에서는 트럼프가 영상으로 연설을 보냈고, 2024년 라스베이거스와 마이애미 회의에는 트럼프 주니어와 틸 계열 인사들이 대거 참석했다. 2025년 6월, 록브리지는 서울, 도쿄, 타이베이에 아시아 지부를 출범시키며 국제화 전략에 돌입했다.

피터 틸은 이 네트워크의 실질적 후원자다. 그는 밴스의 상원 선거에 1500만 달러, 블레이크 마스터스의 슈퍼팩에도 같은 액수를 기부했으며, 이들 슈퍼팩의 90% 이상 자금을 단독으로 책임졌다. 그는 록브리지를 통해 실리콘밸리의 기술자본과 공화당의 반엘리트 서사를 결합시켰다. 이를 통해 공화당 내 차세대 정치인을 육성하는 전략을 설계했다. 록브리지는 그 중심 플랫폼이며, 트럼프 주니어의 벤처펀드 '1789 캐피털'도 이 안에서 탄생했다. 록브리지는 이제 기술자본의 정치 무대가 되었고, 피터 틸은 이 구조를 통해 백악관 권력에 영향력을 행사하고 있다.

미중 패권 전쟁은
기술 전쟁이다

중국은 미중 패권 전쟁에 맞서 기술 자립과 글로벌 영향력 확대를 동시에 꾀하고 있다. 핵심 전략은 2015년 5월 국무원이 발표한 '중국제조 2025'와 2017년부터 본격화된 '디지털 실크로드Digital Silk Road'다. 두 전략은 기술 내재화와 외부 확장을 동시에 노린 쌍두마차다.

먼저 중국제조 2025 계획은 10대 핵심 산업 육성을 목표로 했다. 구체적으로는 반도체, 인공지능, 로봇, 항공우주, 선진 철도, 해양 장비, 바이오의약, 전기차, 전력 장비, 농업기계다. 이들은 첨단 제조업의 전략 요충지로 지정됐다. 중국은 '중국제조 2025' 전략의 핵심축으로 반도체 기술 자립을 추진 중이다. 그 중심에는 국가 집적회로 산업투자기금, 일명 대기금Big Fund이 있다. 이 펀드는 1기부터 3

기까지 이어지는 대규모 정책 자본 투입의 핵심 통로다.

1기 펀드는 2014년 9월 29일 공식 출범했다. 총조성규모는 1389억 위안(약 27조 원)이다. 투자는 SMIC, 화웨이Huawei의 하이실리콘, JCET, ASMC 등 주요 파운드리 및 후공정 업체에 집중됐다. 2019년 말까지 대부분 집행됐고, 일부 성과는 화웨이 자체 칩 개발, SMIC 기술 확장으로 이어졌다.

2기 펀드는 2019년 10월 22일 설립됐다. 조성액은 공식적으로 2041억 위안(약 40조 6000억 원)이다. 집행은 2025년까지 단계적으로 진행 중이다. 2기는 특히 반도체 장비·소재·전자설계자동화 EDA 툴·설계 IP 분야에 무게를 두었다. 대표 수혜 기업은 장비 업체 AMEC, EDA 소프트웨어 기업 엠피린, SMIC, 양쯔메모리테크놀로지스YMTC 등이다.

3기 펀드는 2024년 5월 24일 공식 설립됐다. 초기 조성액은 3440억 위안(약 66조 원)으로, 향후 최대 5000억 위안까지 확대 가능성이 있다. 이전 기수에 비해 극자외선EUV 대체기술, 리소그래피 장비 국산화, RISC-V CPU, 고성능 GPU 생태계 구축에 더 집중한다. 2025년 7월 10일, 3기 펀드는 이미 상하이·우시·허페이·선전 등지에서 반도체 기업과 전략적 협력을 체결했다. 화웨이, SMIC, CXMT, 안로직Anlogic 등 국산화 핵심 기업에 대한 투자 심사가 진행 중이다.

중국 반도체 국산화율은 2025년 상반기 기준 약 30% 내외로 추산된다. 정부 목표인 70% 자립까지는 아직 갈 길이 멀지만, 국가 차원의 자금 투입은 계속 확대되고 있다. 지방정부도 뛰어들었다. 허페이시는 BOE(중국 최대의 디스플레이 제조사)와 CXMT에 거액을 투자했고, 우시, 상하이, 선전 등은 반도체 클러스터를 구축했다. 한때 지방 반도체 펀드만 1400개 이상이었고, 이 중 일부는 부실과 부패로 폐지되기도 했다.

시진핑 중국 국가 주석은 여러 차례 기술 자립의 필요성을 강조했다. 2018년 4월, 화웨이와 ZTE(화웨이와 쌍벽을 이루는 중국 통신 장비 제조사)가 미국 제재를 맞은 직후, 그는 "핵심 기술은 구걸해서 얻는 것이 아니다. 자력갱생만이 답이다"라고 말했다. 2020년 10월, 19기 5중전회 연설에서는 "기술 자립은 국가 발전의 전략적 뿌리"라고 강조했다.

성과도 있었다. 2023년 8월, 화웨이는 7나노급 칩이 탑재된 '메이트 60 프로'를 깜짝 출시했다. 칩은 SMIC가 중국 내에서 생산한 것으로 알려졌다. BYD는 2023년 말 기준 연간 302만 대 전기차를 판매하며 세계 1위에 올랐다. CATL은 전기차 배터리 점유율 세계 1위를 유지 중이다. 롱그린에너지LONGi Green Energy는 세계 최대 태양광 패널 제조업체가 됐다. 통신장비에선 화웨이와 ZTE가 5G 장비 점유율에서 여전히 글로벌 톱2를 차지한다.

약점도 여전하다. 반도체 분야에서 가장 핵심인 극자외선EUV 노광장비는 ASML(네덜란드 굴지의 다국적 기업)이 독점하고 있으며, 미국의 압박으로 중국은 이를 수입할 수 없다. 미국은 2022년 10월 '반도체 수출 통제 조치'를 통해 장비, 인력, 소프트웨어까지 전방위적으로 차단했다. 2023년 6월, 네덜란드도 미국 압박에 따라 DUV 장비 수출까지 제한했다.

중국이 미중 패권 전쟁에 맞서는 또 다른 핵심 전략은 '디지털 실크로드'다. '중국제조 2025'와 사실상 한 몸이다. 이 전략이 드러나자 미국은 강하게 반발했다. 무역 전쟁의 핵심 타깃이 바로 이 계획이었다. 화웨이에 대한 제재도 이 맥락에서 나왔다.

중국은 2017년 5월 14일, 베이징에서 열린 '일대일로 국제협력 정상포럼'을 통해 '디지털 실크로드'를 공식 출범시켰다. 시진핑 주석은 이 자리에서 "공동의 사이버 공간을 만들자"라며 디지털 협력을 새로운 일대일로BRI, Belt and Road Initiative의 축으로 끌어올렸다. 이는 단순한 통신망 설치를 넘어, 전 세계에 중국식 디지털 생태계를 심는 전략이었다.

디지털 실크로드는 중국 기업들이 해외에 통신망, 인터넷 인프라, 위성항법 시스템, 전자결제 플랫폼, 감시 기술까지 수출하는 사업이다. 핵심 참여 기업은 화웨이, ZTE, 차이나텔레콤, 알리바바, 텐센트, 바이두 위성개발 컨소시엄 등이다.

주무 부처는 국가발전개혁위원회NDRC, 상무부, 공업정보화부MIIT, 외교부가 맡고 있다. 금융 지원은 중국수출입은행, 국가개발은행, 일대일로 개발기금 등을 통해 이뤄졌다. 민간 기업이 주도하는 듯 보이지만, 사실상 정부-금융기관-기업이 하나의 전략 블록으로 움직이고 있다.

사업은 동남아, 아프리카, 중동, 중앙아시아 등지에서 활발히 전개됐다. 라오스와 캄보디아는 화웨이를 통해 5G망과 CCTV 감시 시스템을 도입했고, 말레이시아에는 알리바바가 디지털 허브를 세웠다. 에티오피아는 중국자금 23억 달러를 받아 전국 통신망을 구축했다. 케냐와 나이지리아는 AI 감시 시스템과 바이두 기반 위성항법 기술을 도입했다. 사우디아라비아와 파키스탄은 각각 스마트시티와 광통신망 사업을 중국과 공동으로 추진 중이다.

2023년까지 디지털 실크로드 프로젝트는 170여 개국에 확산됐고, 해외 수주 규모는 누적 2000억 달러에 이르렀다. 성과도 뚜렷하다. 화웨이는 5G 구축 국가 수에서 세계 1위를 기록했고, 바이두 위성항법 시스템은 이미 150개국에서 상용화됐다. 알리페이와 위챗페이는 동남아와 중동에서 수억 명의 사용자 기반을 확보하며 중국식 전자결제 생태계를 확장 중이다. 2025년 7월 시점에서 중국은 아프리카 12개국에 AI 데이터센터를 수출했고, 디지털 위안화 기반 해외 결제 시스템 통합도 추진하고 있다.

비판도 크다. 중국은 디지털 인프라를 수출하면서 감시 기술과 권위주의적 통제 시스템도 함께 확산시켰다는 지적을 받아왔다. 일부 국가에선 디지털 실크로드가 '감시국가 패키지'로 작동하고 있다는 우려가 제기됐다. 서방은 이를 '디지털 권위주의 수출'로 규정하고 경계하고 있다.

미국은 중국의 기술 굴기에 정면 대응했다. 첫 타깃은 '중국제조 2025'였다. 트럼프 정부는 이를 단순한 산업 전략이 아닌 패권 도전으로 간주했다. 2018년, 미국은 '무역확장법 301조' 조사 결과를 발표했다. 중국이 지식재산을 침해하고, 기술 이전을 강제한다는 결론이었다.

이에 따라 본격적인 관세 전쟁이 시작됐다. 3700억 달러 규모의 중국산 제품 대부분에 25% 고율 관세를 부과했다. 전기차, 로봇, 통신장비, 첨단기기 부품이 핵심 타깃이었다. 같은 해, 미국은 기술 제재로 전선을 넓혔다. 2019년 5월, 화웨이를 '엔티티 리스트Entity List'에 올렸다. 엔티티 리스트는 미국 상무부 산하 산업안보국BIS, Bureau of Industry and Security이 운용하는 수출 통제 명단이다. 이 명단에 오른 기업이나 기관은 미국 기술, 장비, 소프트웨어, 부품 등을 미국 정부의 특별 허가 없이는 수입할 수 없다. 허가 신청은 할 수 있지만 사실상 '무허가'가 기본값이다. 한번 리스트에 올라가면 거의 모든 미국 기술이 끊긴다. 2019년 5월 16일, 화웨이가 이 리스트에 오른 날부터 구글의 안드로이드 운영체제OS 공급이 중단됐다. 퀄컴의 통신칩도 차단됐다. 화웨이는 스마트폰 OS, 애플리케이션 생태계, 칩 공급 모두에서 급속히 고립됐다.

더 무서운 건, 이 제재가 미국 외 국가에도 영향을 미친다는 점이다. 미국은 '해외직접생산규칙FDPR, Foreign Direct Product Rule'을 적용한다. 미국 기술이 10% 이상 들어간 제품은 미국 외 기업이라도 중국에 수출할 수 없다. 대표 사례가 TSMC다. TSMC는 대만 업체지만 미국의 설계 소프트웨어와 장비를 사용하기 때문에, 자국 생산 칩조차 화웨이에 공급하지 못했다. 이후 SMIC, YMTC, DJI(중국의 드론 제조사), 하이크비전, 다화테크놀로지 등도 잇따라 엔티티 리스트에 올랐다. 특히 SMIC는 7나노 이하 공정 기술 확보에 필요한 미국산 장비를 사용하지 못하게 되면서, 중국의 반도체 굴기에 심각한 타격이 갔다. 엔티티 리스트는 단순한 블랙리스트가 아니다. 이는 미국이 가진 기술 패권의 결정판이다. 전자설계자동화EDA 소프트웨어, 리소그래피 장비, 서버 칩, AI 반도체 등 핵심 기술을 무력화시킨다.

2020년부터 미국은 '클린 네트워크 구상 Clean Network Initiative'도 함께 추진했다. 이는 통신망, 클라우드, 앱스토어, 해저케이블 등에서 중국 기업을 배제하려는 전략이었다. 그 연장선에서 ZTE, 화웨이, 알리바바 클라우드, 바이두 AI 등 주요 기업이 디지털 생태계 밖으로 밀려났다.

2025년 기준, 엔티티 리스트는 여전히 확장 중이다. 미국은 첨단 반도체뿐 아니라, AI 칩, 양자컴퓨팅, 항공우주, 바이오 기술 분야까지 리스트를 확대하고 있다. 이 리스트에 오른다는 것은 글로벌 기술 생태계에서의 실질적 퇴출을 의미한다.

트럼프는 거칠고 직설적이었다. 그는 관세를 부과하고, 기업을 퇴출시키며, 중국의 기술 성장에 제동을 걸었다. 트럼프 행정부는 미중 기술 경쟁에서 '디커플링 Decoupling'을 전면에 내세웠다. 디커플링은 말 그대로 중국과의 기술·경제 관계를 끊어내겠다는 탈동조화 전략이다. 공급망, 통신망, 투자, 교육, 금융까지 중국과의 연결고리를 절단하려 했다. 그가 보기에 중국은 '협력 대상'이 아니라 '위협'이었다.

2021년 1월, 정권은 바이든으로 넘어갔다. 바이든 행정부는 다른 표현을 꺼냈다. 그것이 바로 '디리스킹 De-Risking'이다. 표현은 부드럽지만, 의도는 다르지 않다. 디리스킹은 중국과 완전히 단절하진 않되, 핵심 분야에서 위험을 최소화하겠다는 전략이다. 즉, 모든 분야를 끊는 게 아니라, 반도체·AI·양자·5G 같은 민감 기술만 차단한다는 방식이다. 중국은 여전히 중요한 공급국이지만, 중국에만 의존하는 건 위험하다는 판단이다. 바이든은 이 전략을 유럽, 한국, 일본 등 동맹국과 공조의 틀 안에서 추진했다. 그래서 수출 통제는 정교해졌고, 공급망은 다변화됐다. 말은 다르지만, 결국 둘 다 중국의 기술 부상을 억제하는 데 목적이 있다.

2021년 6월, 백악관은 '반도체 공급망 100일 검토 보고서100-Day Supply Chain Review for Semiconductors'를 발표했다. 보고서는 반도체, 배터리, 희토류, 의약품 등 4대 핵심 품목에서 중국 의존을 줄이자는 방향을 제시했다. 그 결과가 '미국 반도체 지원법CHIPS Act, Creating Helpful Incentives to Produce Semiconductors'이다. 이 법은 2022년 8월 제정되었고, 미국 내 반도체 산업에 총 520억 달러를 지원한다. TSMC, 인텔, 삼성전자 등이 미국 내 생산설비를 확대했다. 같은 해 10월 7일, 바이든 행정부는 반도체 수출 통제 조치를 발표했다. 14나노 이하 공정 로직칩, 고성능 DRAM, 고단수 3D NAND 등은 중국에서 생산이 불가능해졌다. 미국 시민권자나 영주권자도 중국 반도체 기업에서 일하는 것이 금지됐다. 2023년, 네덜란드와 일본도 이 제재에 동참했다. ASML은 극자외선 노광장비를, 도쿄일렉트론은 첨단 증착장비 수출을 중단했다.

바이든은 기술 제재를 다자 전략으로 끌어올렸다. 중국을 포위하려면 연합이 필요하다는 판단이었다. 2022년, 미국은 '인도·태평양 경제프레임워크IPEF, Indo-Pacific Economic Framework'를 출범시켰다. 한국, 일본, 인도, 호주 등 14개국이 참여해 공급망, 디지털 경제, 탈탄소 산업 등에서 중국을 배제한 협력 구조를 구축했다. 서방은 '글로벌 게이트웨이Global Gateway'와 '더 나은 세계 재건B3W, Build Back

Better World' 계획을 추진했다. 중국의 '디지털 실크로드'에 맞서는 서방식 디지털 인프라 공급 전략이다. 2021년 출범한 '신뢰 기반 연결 구상Trusted Connectivity Initiative'도 여기에 포함된다. 디지털 감시기술, 통신장비, 데이터센터 등에서 화웨이, ZTE, 알리바바 클라우드를 배제하는 데 집중했다.

결국 미국은 두 정권을 거쳐 전략을 갈고닦았다. 트럼프는 가격을 때리고, 회사를 정지시켰다. 바이든은 법과 동맹으로 포위망을 쳤다. 기술 하나하나가 전장이 됐다. 케이블, 칩, 운영체제, 결제망까지 모두가 전략 자산이 됐다.

그런데도 중국은 기술 굴기奇術崛起 전략을 멈추지 않는다. 2025년 들어 디지털 실크로드는 2.0 단계로 진입했다. 기존의 인프라 수출을 넘어, AI 플랫폼과 RISC-V 기반 칩 생태계 구축, 스마트시티 통합 운영 시스템 수출로 진화 중이다. 시진핑 체제는 데이터와 기술을 외교의 도구로 삼았고, 케이블을 깔아 영향력을 넓히고 있다. 디지털 실크로드는 도로보다 깊고, 무기보다 은밀하다. 그리고 2025년 7월이 지난 이 시점에도, 중국은 이 길을 더 빠르고 더 멀리 뻗어나가고 있다. 중국이 기술로 세계를 장악하려는 한, 미국은 기술로 중국을 고립시키려 할 것이다. 이는 단순한 경쟁이 아니다. 표준과 질서, 미래의 주도권을 둘러싼 구조 전쟁이다.

화웨이의 급성장과
미국의 공포

2025년 6월 22일, 중국 저장성 항저우에서 화웨이가 초대형 연구개발R&D 센터를 언론을 통해 처음 공개했다. 부지 면적은 여의도의 2.5배에 이르는 190만㎡ 규모다. 건물은 총 105개 동이고, 하루 입주자는 10만 명에 달한다. 화웨이 관계자는 "최대 8만 명의 연구 인력이 동시에 근무할 수 있다"라고 했다. 단순한 연구소가 아니라 하나의 도시를 구현했다. 프랑스 루브르, 영국 케임브리지, 스위스 취리히를 모티프로 건축한 공간이다. 화웨이 측은 "사람이 머무는 곳이 미래의 중심이 된다"라고 밝혔다.

R&D 투자 규모는 한국 전체를 앞질렀다. 최근 4년간 누적 투자액은 1800억 위안(약 34조 원)을 기록했다. 2023년 한 해만 1645억 위안(약 31조 원)을 쏟아부었다. 이는 한국 정부 전체 R&D 예산을 넘어서는 수준이다. 화웨이 R&D 본부장은 "미국 제재로 주저앉지 않고, 오히려 전방위적 재편을 진행하고 있다"라고 말했다.

2022년 이후, 화웨이는 전략을 전면 수정했다. 외주를 줄이고, 직접 설계하고 개발하며 생산하는 체제로 전환했다. 운영체제OS는 하모니Harmony OS로 자체 개발했고, 칩은 퀀텀칩으로 고도화했다. AI, 반도체, 클라우드까지 독자 생태계를 완성해 가고 있다. 화웨이 창업자 런정페이任正非 CEO는 다음과 같이 말했다. "과거 화웨이는 통신장비 회사에 머물렀지만, 이제는 인공지능, 반도체, 소프트웨어에 집중하는 기술 기업으로 변신했다. 자립률은 70%를 넘길 것이다."

실적도 반등세로 돌아섰다. 2020년 매출은 8914억 위안(약 172조 원)으로 정점을 찍었고, 2022년엔 미국 제재로 6368억 위안까지 떨어졌다. 2024년에는 8621억 위안(약 166조 원)으로 회복에 성공했다. 전체 매출의 71%는 중국 내수에서 발생했다.

글로벌 특허 기준도 압도적이다. 세계지식재산기구WIPO, World Intellectual Property Organization에 따르면 화웨이는 2023년 국제 특허 출원 세계 1위를 기록했다. AI, 반도체, 통신 분야에서 집중적으로 특허를 확보했다. 화웨이는 매년 100만 건 이상의 연구 데이터를 생산하고 있다. R&D 인력 규모도 세계 최고 수준이다. 중국 톱3 대학 출신 인재 3만여 명이 이 센터에서 근무하고 있다. 하버드, 스탠퍼드, 옥스퍼드 등 해외 명문대 출신도 상당수 포함돼 있다.

중국 정부는 기술 자립에 올인하고 있다. 2022년 기준 중국 반도체 시장 규모는 1809억 달러였고, 2027년까지 3431억 달러로 키운다는 계획이 추진 중이다. 국산 반도체 비중은 34%에서 70%로 확대할 예정이다. 전체 예산은 344조 원에 달하며, 국가 차원의 총력전이 벌어지고 있다.

화웨이는 기술 융합형 기업으로 진화하고 있다. 스마트폰, 인공지능, 칩, 클라우드, 운영체제를 자체 생태계로 통합하고 있다. 이제 화웨이는 단순한 제조기업이 아니라 글로벌 기술 패권을 겨누는 전략 기업으로 탈바꿈했다. 그 중심에 있는 곳이 바로 항저우다. 화웨이 고위 관계자는 단언했다. "세계의 미래가 여기 있다. 이곳이 바로 그 시작점이다."

이 같은 화웨이의 성장은 미국엔 공포 자체다. 2025년 4월 2일,

토머스 L. 프리드먼Thomas L. Friedman은 《뉴욕타임스》 칼럼에서 "미래가 더 이상 미국이 아니라 중국에 있다는 사실을 실감했다"라고 밝혔다. 그는 디즈니랜드의 인공적인 '가짜 투모로우랜드' 대신, 화웨이가 항저우에 건설한 진짜 '투모로우랜드'를 방문했다고 표현했다. 해당 R&D 센터는 미식축구장 225개 규모로 조성됐으며, 규모와 내용 면에서 자신이 이전에 본 그 어떤 기술 공간과도 비교할 수 없다고 평가했다. 그는 "매혹적이고 인상적이었지만 동시에 깊은 불안을 느꼈다"라고 고백했다. 베이징에서 만난 한 미국 기업인은 "한때 사람들은 미래를 보러 미국에 왔다. 이제는 중국으로 온다"라고 말했고, 프리드먼은 "이 말을 직접적인 현실로 받아들였다"라고 밝혔다.

프리드먼은 화웨이 캠퍼스가 104개의 독립 건물, 디즈니풍 모노레일, 100개의 카페, 피트니스 시설 등으로 구성됐으며, 최대 3만 5000명의 연구 인력이 근무할 수 있도록 설계됐다고 설명했다. 그는 이 공간이 중국 내외의 최고 기술 인재들을 끌어들이기 위한 완성형 기술 생태계라고 정의했다. 그는 이 캠퍼스가 미국의 기술 수출 제재, 특히 2019년 이후 반도체 수출 제한에 대한 화웨이의 전략적 반응이라고 해석했다. 미국의 고립 전략이 오히려 화웨이의 내재화와 자립화를 가속화했다고 강조했다.

프리드먼은 한국의 언론 보도를 인용하며, 화웨이가 2023년 첨단 반도체를 탑재한 '메이트60' 스마트폰을 출시해 전 세계를 놀라게 했다고 언급했다. 이어 세계 최초의 트리플 폴딩 스마트폰 출시, 자체 운영체제인 홍멍Hongmeng(영문명 하모니) 공개 등을 통해 화웨이가 애플과 구글에 정면으로 도전하고 있다고 평가했다. 프리드먼은 "이 모든 과정을 통해, 진정한 미래가 더 이상 실리콘밸리에만 존재하지 않는다는 사실을 목격했다"라고 밝혔다. 그는 "내가 본 미래는 미국에 있지 않았다. 화웨이에 있었다"라고 단언했다.

중국의 창 vs 미국의 방패

2025년, 통화는 무기가 됐다. 중국은 디지털 위안으로 달러 패권을 우회하겠다는 전략을 짰다. 미국은 스테이블코인으로 달러 패권을 지키겠다는 구상이다.

2019년, 중국 인민은행은 세계 최초로 중앙은행 발행 디지털화폐CBDC 개발을 선언했다. 2020년 말, 선전과 쑤저우에서 시범 유통이 시작됐다. 2023년에는 베이징·상하이·광저우 등 전국으로 확대됐다. 2024년 이미 디지털 위안 사용 인구는 중국 인구 전체의 30%를 넘어섰다. 정부는 디지털 위안을 발행하고, 사용을 통제했다. 현금 없는 사회를 밀어붙였고, 민간 결제망을 국유화했다. 화폐는 기술이 아니라 권력의 구조가 됐다. 알리페이와 위챗페이는 더 이상 독립적이지 않았다. 두 앱은 중국 디지털 결제 시장의 92%를 장악하고 있었다. 인민은행은 이들을 '중개 플랫폼'으로 편입했다. 민간 결제는 국가 화폐의 배급자가 됐다.

중국은 금을 사들이고 미 국채를 팔았다. 2013년 이후 중국의 금

보유량은 1054톤에서 2215톤으로 증가했다. 2025년 기준, 중국은 미국 국채 보유고를 7600억 달러 이하로 축소했다. 1조 2000억 달러에서 지속적으로 줄여온 결과다. 디지털 위안은 '금으로 뒷받침된 통화 실험'이 됐다.

국경 밖으로는 디지털 위안의 블록을 만들었다. 중국은 일대일로 국가를 대상으로 디지털 위안 결제망을 시범 도입했다. 2024년 기준, 파키스탄·캄보디아·UAE·러시아 등 13개국이 시범 사업에 참여했다. 디지털 위안은 위안화 결제망 CIPS을 통해 달러 결제망 SWIFT을 우회했다.

2024년, 브릭스 BRICS는 5개국에서 11개국으로 확장됐다. 사우디, UAE, 이란, 이집트, 에티오피아가 새로 가입했다. 새 브릭스는 세계 원유 생산량의 43%, 전 세계 인구의 45%, 글로벌 GDP의 35%를 차지하게 됐다. 중국은 이 내부에서 디지털 위안 결제 시범망을 구축했다. 디지털 위안은 통화가 아니라 달러 패권을 우회하기 위한 구조였다. 중국은 창을 휘둘렀다.

미국은 방패를 들었다. 그 방패는 스테이블코인이었다. 2025년 6월 17일, 미 의회는 '지니어스 액트'를 통과시켰다. 스테이블코인을 제도권에 들여서 감독하고 육성하기 위한 법안으로, 빅테크를 끌어들여 미국의 금융을 혁신한다는 청사진을 담고 있다. 이 법은 스테이블코인을 연준의 감독 대상으로 편입했다. 스테이블코인의 담보는 미국 국채 또는 현금으로 제한됐다. 감독 기관엔 통화감독청도 포함됐다.

지니어스 액트는 비은행 기업의 스테이블코인 발행을 공식 허용했다. 사실상 빅테크가 스테이블코인을 발행할 수 있도록 문을 열어준 법안이다. 페이팔은 2023년 PYUSD를 발행했고, 서클은 USDC, 테더는 USDT를 운용 중이다. 2025년 기준, 전 세계 스테이블코인 시가총액은 1600억 달러를 넘어섰다. 이 중 약 60%가 미국 국채로 담보돼 있다.

이 법은 운용사가 사용자에게 이자를 지급할 수 없도록 명시했다. 이유는 명확하다. 즉 은행 예금 유출 방지, 연준의 기준금리 정책 보전, 그림자 은행 구조 차단을 위해서다. 미국은 규제 프레임에 기술을 끌어들여 방패를 만들었다. 달러는 민간이 유통하되, 연준이 통제했다.

중국과 미국의
금 투자 전략

2025년, 중국과 미국은 금과 비트코인을 두고 각기 다른 길을 택했다. 중국은 금을 무기로 선택했고, 미국은 비트코인을 디지털 방패로 만들겠다는 구상이다. 중국은 앞서 설명한 대로 금을 디지털 위안의 신뢰 기반으로 쌓고 있다. 반면 미국은 전혀 다른 선택을 했다.

2025년 3월 6일, 트럼프 대통령은 '전략 비트코인 준비금 Strategic Bitcoin Reserve'과 '디지털 자산 비축 U.S. Digital Asset Stockpile'을 설립한다는 행정명령을 발표했다. 비트코인을 미국 국채 상환을 위한 준비금에 포함시키겠다는 선언이었다. 알트코인을 전략 자산으로 비축한다는 게 디지털 자산 비축 내용의 골자다.

이날부터 미국은 약 20만 BTC 규모의 비트코인을 공식 보유 자산으로 인정했다. 크립토 차르인 데이비드 색스는 "디지털 금과도 같은 디지털 포트녹스를 구축했다"라고 말했다. 트럼프는 다음 날 백악관에서 열린 크립토 서밋에서 스콧 베선트 재무장관과 하워드 러트닉 상무장관, 색스 크립토 차르에게 세금을 쓰지 않고 비트코인을 매입할 수 있는 방안을 '반드시should' 찾아내라고 사실상 명령했다. 세금 중립적인 방안이란 전제 조건을 명시한 이유는 민주당이 비트코인 준비금에 부정적이어서다. 예산을 쓰게 되면 의회의 동의를 받아야 하는데, 공화당이 하원을 장악하고 있다고 해도 민주당이 반대할 경우엔 통과가 쉽지 않을 것이란 판단에서다.

트럼프는 금 보유의 투명성에 의문을 제기했다. 금을 비트코인으로 바꾸기 위한 빌드업 과정으로 해석된다. 그는 "포트녹스에 진짜 금이 있는지 확인이 필요하다"라고 주장하며, 비트코인의 투명성과 추적 가능성을 강조했다. "금은 금고를 열기 전엔 보이지 않지만, 비트코인은 누구나 열람할 수 있는 장부에 기록된다"라고 말했다.

이보다 앞서 2024년 7월 31일, 신시아 루미스 공화당 소속 상원의원은 비트코인 법안을 의회에 발의했다. 그녀는 향후 5년간 최대 100만 BTC를 정부가 전략 매입해야 한다고 주장했다. 이는 비트코인 총공급량의 약 5%에 해당하는 규모였다. 루미스는 "미국의 금융 독립과 디지털 경제 리더십을 확보하겠다"라고 강조했다.

트럼프와 루미스 모두, 미국의 준비금을 금에서 비트코인으로 전환해야 한다고 믿었다. 이유는 세 가지였다. 첫째, 비트코인의 공급은 2100만 개로 제한돼 인플레이션에 강하다. 둘째, 포트폴리오 다각화와 국가 부채 대비 헤지 수단이 필요하다. 셋째, 디지털 시대의 신뢰 자산은 이제 금이 아니라 비트코인이라는 인식 때문이다.

미국은 비트코인을 새로운 준비금 체계의 핵심 자산으로 인정했고, 중국은 금을 기반으로 디지털 위안을 확산시키는 전략을 강화했다. 이 싸움은 단순한 자산 선택의 문제가 아니었다. 금과 비트코인 사이의 경쟁은 통화 신뢰의 기준을 둘러싼 역사적 전환을 뜻했다. 과거에는 금이 신뢰의 기준이었다. 앞으로는 누가 더 투명하고, 분산되고, 해킹 불가능한 기반을 제공하느냐가 신뢰의 기준이 된다.

금은 여전히 안전자산으로서의 기능을 유지한다. 그러나 비트코인이 준비금 자산으로 지목되면서 금의 상대적 수요는 점진적으로 줄어들 가능성이 커졌다. 금과 비트코인은 점점 더 역상관 구조를 형성하고 있다. 디지털 통화의 확산이 금 가격의 상한을 결정할 수도 있다.

준비금 전환이 갖는 의미

브레턴우즈 협정이 체결된 것은 1944년 7월이었다. 당시 44개국 대표단이 미국 뉴햄프셔주 브레턴우즈에 모여 새로운 국제통화 질서를 구축하기로 합의했다. 하지만 이 협정이 곧바로 달러를 단일 기축통화로 자리매김하게 하지는 못했다. 협정은 금 1온스를 35달러에 고정하고, 다른 나라 통화는 달러에 고정하는 체계를 설계했다. 실제 국제 결제와 준비금 운용에서 달러가 중심적 위치를 차지하기까지는 몇 년의 시간이 더 필요했다. 전후 폐허 상태에 있던 유럽 국가들이 달러를 충분히 확보하지 못했고, 당시에는 파운드화나 프랑화 같은 전통적인 통화들도 여전히 일부 영향력을 유지하고 있었기 때문이다. 따라서 브레턴우즈 체제는 설계상 달러 중심 구조였지만, 실행에서는 이행을 위한 과도기를 거쳐야만 했다.

이 과도기를 종식시킨 결정적 계기는 1946년 말부터 논의되고 1947년 7월 15일 체결된 '영미대출협정Anglo-American Loan Agreement'이었다. 제2차 세계대전으로 심각한 외환위기에 직면했던 영국은 미국으로부터 37억 5000만 달러의 대출을 받는 조건으로, 파운드화를 달러로 자유롭게 전환할 수 있도록 허용했다. 이로 인해 세계 각국이 보유하던 파운드 준비금은 단숨에 달러로 교환되기 시작했다. 이는 파운드화의 국제적 위상에 치명타를 가했다. 그 결과 영국은 단 한 달 만에 달러 전환성을 중단할 수밖에 없었으며, 1949년 9월 18일에는 결국 파운드화를 공식 환율 기준으로도 30.5% 평가절하했다. 이 일련의 과정은 브레턴우즈 체제에서 달러가 명목상의 중심 통화를 넘어서 실질적인 기축통화로 부상하는 전환점을 형성했다.

이제 시계를 2025년으로 돌려보면, 도널드 트럼프 대통령은 "미국은 금 준비금의 일부를 비트코인으로 대체해야 한다"라고 선언했다. 이는 단순한 정치적 수사 이상의 의미를 담고 있다. 미국의 통화 정책과 준비금 구성에서 디지털 자산, 특히 비트코인을 제도권 준비금으로 포함시키겠다는 발언은 금 중심의 전통적 준비금 체계에 대한 근본적인 도전이기 때문이다. 이 선언이 실제 정책으로 이어지지 않더라도, 준비금 운용에 대한 국제적 여론을 자극하고, 특히 중앙은행과 대형 투자기관의 포트폴리오 전략에 직접적 영향을 미칠 수 있다.

이러한 맥락에서, 1947년 영미대출협정 사례를 떠올릴 필요가 있다. 그 협정은 준비금을 파운드화에서 달러로 실질적으로 이동시킨 제도적 계기로 작용했고, 결과적으로 파운드의 가치 하락과 달러의 부상이라는 구조적 전환을 유도했다. 마찬가지로, 금에서 비트코인으로의 준비금 전환은 금 수요의 감소를 불러일으키고, 금 가격에 하방 압력을 가하는 촉매가 될 수 있다. 특히 중앙은행이나 국가 차원의 금 보유 축소는 시장에서 금의 희소성과 가치 안정성에 대한 신뢰를 흔드는 계기가 되며, 이는 비단 투자심리에만 그치지 않고 실질적인 가격 조정으로 이어질 가능성이 있다.

브레턴우즈 이후 달러가 기축통화로 올라선 전례와 같이, 트럼프의 비트코인 준비금 구상은 디지털 자산이 준비금 생태계의 일부로 받아들여질 수 있음을 시사한다. 이는 단지 금의 대체라는 차원을 넘어서, 국제통화 체계 전반의 패러다임이 전환될 가능성을 내포한 신호로 볼 수 있다.

드론, 기술 전쟁의
또 다른 이름

미국 인도태평양사령부는 2025년 6월, 대만 유사시를 가정한 전쟁 시뮬레이션을 공개했다. 이 계획에 따르면 대만해협 일대는 수천 대의 드론이 뒤덮는 '지옥도 Hellscape'로 전환된다. 이 구상은 6월 21일, 데이비드 버거 전 해병대 사령관의 브리핑을 통해 알려졌다. 미군은 AI 스웜 드론, 자율정찰기, 로봇화 소형 해상 플랫폼 등을 동시 투입해 중국의 침공 시도를 사전 차단할 전략을 내세웠다. 대만 전쟁이 가까운 미래에 실제 일어날 경우 발발 초기엔 드론 전쟁 양상이 될 것이란 의미다.

2025년 5월 13일, 중국은 베이징 AI 산업 박람회에서 산업용 휴머노이드 로봇을 대중에 처음 공개했다. 이 로봇은 사람 대신 고열·고소음 환경에서 작업할 수 있고, 중국 정부는 이 기술을 군수 생산 체계에도 연계하겠다고 밝혔다.

2024년 11월, 유럽 스타트업 헬싱 Helsing과 방산기업 사브 Saab는 AI 기반 무인 전투기 실험에 성공했다. 단 72시간의 알고리즘 훈련으로 100만 시간에 해당하는 비행 데이터 학습 효과를 얻었다. 이 프로젝트는 2027년까지 실전 배치를 목표로 하고 있다.

같은 시기, 미국은 오픈AI·메타·팔란티어 등과 함께 국방부 산하의 '통합 지휘통제 네트워크'를 고도화하고 있다. 2025년 4월 기준, 오픈AI는 국방부와 2억 달러 규모의 AI 계약을 체결했다. 메타는 예비 장교 프로그램을 통해 군 내부 인력 양성에 참여했고, 팔란티어는 미 정보기관과 함께, 실시간 전장 인식 플랫폼을 공동 개발 중이다. 그 외 여러 기업이 실시간 데이터 기반의 AI 전투 시스템에 몰두하고 있다. 미국 드론 제조 스타트업 안두릴은 이미 자율 감시 드론, 무인 경비 시스템, 센서 융합 플랫폼을 실전 배치 단계까지 끌어올렸다. 2025년 상반기, 이들은 해병대 기지 세 곳에 자율무기 테스트 시스템을 구축했다.

미국이 민간 기업 주도의 국방 협업을 기반으로 AI·휴머노이드·자율무기 개발을 가속화하는 반면, 중국은 중앙정부 주도의 통제 모델로 생산, 배치, 실전 응용까지 일원화된 시스템을 구축하고 있다. 중국은 국가 주도의 AI-군사 융합 전략을 본격화하고 있다. 중국인민해방군은 2024년 말부터 AI 전투 시뮬레이션 훈련 체계를 채택했고, 2025년 3월에는 AI 기반 무인 잠수함 플랫폼 시험 운항에 성공했다. 베이징은 이를 '지능형화 전쟁' 전략의 핵심으로 규정하고 있다. 또한 AI 휴머노이드를 공장에 도입하며 민군 통합형 기술 생태계를 가동하고 있다.

대만 시뮬레이션은 이 두 흐름이 부딪칠 무대를 미리 보여준다. AI는 이제 군사 보조 기술이 아니라 전략 병기다. 휴머노이드는 노동 대체를 넘어 전장 운용의 핵심이다. 빅테크는 전쟁을 설계하는 실질적 플레이어가 됐다.

이 같은 변화는 미국 국방부 예산에도 반영된다. 2025년 3월, 미국 국방부는 2026 회계연도 예산으로 총 9616억 달러를 의회에 공식 요청했다. 이 예산은 중국·러시아와의 기술 경쟁, 인도태평양 전력 강화, AI 기반 무기체계 개발을 목표로 설계됐다. 이 중 1790

억 달러는 연구·개발·시험·평가에 배정됐다. 전년도 1410억 달러보다 380억 달러 늘어난 수치였다.

AI와 자율 무기 체계 예산은 22억 달러 이상으로 편성됐다. 이는 전장 상황 인식 AI, 인간-기계 협업 알고리즘, 실시간 판단 시스템 개발에 쓰인다. 해당 사업은 국방부 산하 디지털·AI 총괄 기구인 CDAO, DARPA, 민간 빅테크와의 공동 프로그램으로 운영된다.

비무인시스템과 드론, 대드론 기술에도 31억 달러가 책정됐다. 이 항목에는 감시 드론, 가미카제 드론, 전자전용 무인기 개발이 포함됐다. 육군은 이 예산을 기반으로 '전투 혁신Transformation in Contact'이라는 이름의 5개년 계획을 세웠다. 계획에 따라 각 사단당 1000대 드론을 도입하고, 총 360억 달러가 투입된다.

육군은 AI 기초 연구에 4억 8600만 달러, 로봇 개발에 3500만 달러, 신기술 일반 항목에 1억 4400만 달러를 별도로 요청했다. 국방부 전체로는 AI 데이터 라벨링, 모델 학습 및 배포에 5억 8200만 달러, DARPA에는 17억 달러, CDAO에는 4500만 달러가 책정됐다.

무인항공시스템UAS 분야 예산은 전년 대비 20% 이상 증액됐다. 2025년 7월 10일, 국방장관 피트 헤그셋은 "UAS는 세대 중 가장 큰 전장의 혁신"이라며, 수백 종의 무인 체계를 신속 승인하겠다고 발표했다.

국방 예산 중 1050억 달러는 AI 기반 가미카제 드론, 무인 수상·수중 시스템, 인도태평양 전략 작전에 배정됐다. 이 항목에는 트럼프가 밀어붙인 OBBB 법안에 추가된 150억 달러가 포함됐다. 이 예산 요청은 단순한 제안이 아니다. 2025년 5월부터 7월까지 국방위원회와 세출소위 심의를 거쳤고, 2025년 9월 최종 승인되면 실제 집행으로 이어진다.

미국 국방부는 이제 AI·드론·자율 무기 중심의 디지털 전장으로 완전히 방향을 전환하고 있다. 예산은 그 전략의 수단이 아니라 구조 자체가 됐고, 기술 기업은 무기 시스템의 외주 생산자가 아니라 핵심 전력의 동맹이 됐다. 2025년, 전쟁은 예산으로 설계되고, 코드로 실행되기 시작했다.

2025년 7월, 미국이 중국 드론에 본격적으로 제동을 걸기 시작했다. 표적은 DJI와 오텔 로보틱스로 두 업체는 중국을 대표하는 드론 제조사다. 미국 시장 점유율만 70% 이상이다. 싸고 빠르고 성능까지 좋다. 하지만 '보안'이 문제로 떠올랐다. 미국 하원 공화당 의원들이 국가정보국에 "중국산 드론이 안보에 어떤 영향을 미치는지 신속히 평가하라"라고 촉구했다. 이는 단순한 경고가 아니다. 평가 결과에 따라 수입 자체가 금지될 수도 있기 때문이다.

법적 근거도 있다. 2025년 발효된 국방수권법NDAA이 그 기반이다. 이 법은 중국산 드론을 안보 위협 요소로 간주하고, 국가 차원의 사전 검토를 의무화했다. 이르면 2025년 하반기, DJI와 오텔 로보틱스는 연방통신위원회FCC '커버드 리스트'에 오를 수 있다. 이 리스트는 미국 안보에 위협이 되는 기업 명단이다. 한번 이름이 오르면, 해당 기업의 장비는 미국 내 수입과 판매가 사실상 금지된다.

DJI는 반발한다. "정부에 데이터를 넘긴 적이 없다" "보안 감사도 이미 받았다"라고 주장했다. 하지만 미국은 이 주장을 받아들이지 않고 있다. 오히려 "시장 지배력이 크기 때문에 더 신중해야 한다"라고 본다.

이 갈등의 뿌리는 과거로 거슬러 올라간다. 2020년, DJI는 미국 상무부 블랙리스트에 올랐다. 2021년, 국방부는 DJI를 중국군과 연계된 업체로 판단했다. 2022년, FCC는 DJI를 국가안보 위협 가능 기업으로 지정했다. 이처럼 수년간 경고가 누적돼 온 결과, 2025년의 수입금지 검토로 이어진 것이다. 이제 남은 건 결정뿐이다. 미국은 더는 싸고 좋은 중국산 드론을 그냥 둘 생각이 없다. 자국 보안을 지키기 위해서라면, 공급망 혼란도 감수할 태세다.

경쟁 격화가 부른 생존 게임

2023년 5월, 샘 올트먼 오픈AI CEO는 미국 상원 청문회에 출석해 "AI는 핵무기만큼 위험할 수 있다"라며 강력한 규제 도입을 촉구했다. 그는 당시 "AI 안전성 확보를 위해 정부의 적극적인 개입이 필요하다"라고 주장하며, AI를 핵물질처럼 감독해야 한다는 데 목소리를 높였다. 이 같은 발언은 메타의 마크 저커버그, 테슬라의 일론 머스크, 구글의 순다르 피차이 등 다른 빅테크 CEO들과도 맥을 같이했다. 실제 2023년 9월 마크 저커버그는 "AI 안전 문제가 실제로 존재한다"라고 언급했고, 2024년 8월에는 "대중에게 위협이 될 수 있는 기술은 규제돼야 한다"라고 강조했다.

하지만 2025년 들어 상황은 급격히 달라졌다. 같은 해 5월, 샘 올트먼은 "혁신을 저해하는 규제들 대부분은 너무 낡았다"라며 규제에 반대하는 입장을 분명히 했다. 순다르 피차이 역시 2025년 2월 "AI는 한 세대에 한 번 나올 기술 혁신이며, 정부의 개입은 필요 없다"라고 선언했다. 일론 머스크도 같은 해 3월 "AI가 인류의 일자리 80%를 대체할 것"이라고 말하며, 위협보다는 기회에 집중하는 방향으로 논조를 전환했다.

이처럼 빅테크 CEO들의 태도는 2023년에서 2025년 사이에 급격히 변화했으며, 규제를 촉구하던 이들이 이제는 규제를 반대하거나 최소화하려는 입장으로 돌아선 것이다. AI 기술이 무서울 정도로 빠른 속도로 발전하면서 경쟁이 치열해지고 있기 때문이다. AI 모델 학습과 배포에 드는 비용이 수조 원 단위로 커지고, 규제가 강화되면 소송 리스크와 인증 절차로 인한 비용 부담이 급증할 수 있다. 더불어 규제 프레임이 강화될 경우, 스타트업보다 인프라가 잘 갖춰진 빅테크 대기업들이 유리한 위치를 차지하게 돼 시장 경쟁의 공정성에도 영향을 줄 수 있다는 우려도 작용하고 있다.

특히 미국 내에서는 규제가 과도할 경우, 중국이나 EU 같은 경쟁국에 AI 기술 주도권을 뺏길 수 있다는 위기감을 크게 느끼고 있다. EU는 이미 AI법을 통과시켰고, 중국은 AI 윤리 기준과 데이터 통제를 강화하며 정부 중심의 통제를 가속화하는 중이다. 이에 반해 미국은 규제안 도입이 지연되고 있으며, 그 중심에는 빅테크 기업들의 강력한 로비 활동이 있다. 실제로 오픈AI와 앤스로픽 등은 2025년 상반기 기준 수백억 원의 로비 자금을 투입하고, 전직 의원과 백악관 출신 인사를 대거 채용하며 규제 저지에 총력을 기울이고 있다.

　AI 규제를 핵무기 수준으로 강화해야 한다고 주장하던 빅테크 CEO들은 불과 1~2년 만에 전면적인 입장 선회를 하며, 지금은 규제가 아니라 자유와 시장 경쟁을 강조하고 있다. 규제의 명분은 여전히 '안전'이지만, 그 이면에는 기술 주도권과 비용 문제, 그리고 AI 상용화 속도 경쟁에서 밀려날 수 있다는 생존 전략이 자리하고 있다.

Big-Tech Capitalism
: The Rise of a New Empire

2장

월가와의 전쟁
화폐 주도권을 뒤흔드는 기술의 힘

Big-Tech Capitalism

월가의 사업모델이 된 세계화

1971년 8월 15일, 리처드 닉슨 행정부는 브레턴우즈 체제를 공식 폐기했다. 그 배경은 다음과 같다. 1944년, 제2차 세계대전 막바지에 미국은 브레턴우즈 체제를 주도했다. 이 체제는 모든 국가가 달러에 고정환율을 유지하고, 달러는 금(1온스 = 35달러)으로 태환되는 체계를 설계했다.

미국은 당시 금 2만 톤 이상을 보유하며 세계의 중심 통화국이 됐다. 하지만 1960년대 존슨 행정부는 베트남 전쟁과 '위대한 사회Great Society' 복지 확대를 위해 막대한 재정지출을 단행했다. 그 결과 달러가 대거 찍히기 시작했고 금 보유량은 고정된 채로 남아 있었다. 결국 1971년까지 미국의 금 보유량은 1만 톤 이하로 줄었다.

프랑스와 서독 등은 달러를 금으로 교환하겠다며 줄줄이 요구서를 제출했다.

1971년 8월 15일, 닉슨은 미국의 금 보유량이 고갈되기 전에 스스로 금 태환을 중단한다고 발표했다. "미국의 금 보유는 더 이상 달러와 교환되지 않는다." 이른바 닉슨 쇼크였다. 이로써 달러는 금이라는 실물 담보를 상실하고, 군사력과 금융시스템이라는 신뢰 기반 통화로 전환됐다.

브레턴우즈 체제는 사실상 무너졌다. 달러는 더 이상 고정환율 체계를 지키는 존재가 아니라, 미국의 금리·군사력·국채 시장 위에서 지탱되는 통화가 됐다. 그리고 1973년, 달러와 금의 연결이 끊긴 지 1년 반 만에, 미국은 달러의 고정 가치를 계속 지지하지 않기로 공식 선언하면서 1971년에 10개국이 체결했던 스미스소니언 체제를 폐기하고 변동환율제를 도입했다. 이로써 세계는 변동환율 시대로 진입했다.

이후 통화는 정부가 고정하는 것이 아니라 시장 변동성에 따라 결정되는 가격이 됐다. 각국 중앙은행은 이를 따라잡기 바빴다. 통화정책은 변동성의 뒤를 쫓는 불확실성의 게임이 됐다. 불확실성은 이제 구조가 됐다. 금융시장은 안정보다 변동을 먹고 자라는 시스템으로 바뀌었고, 예측 불가능성이 곧 리스크로 포장됐다. 이 리스크는 수익의 기회가 됐고, 변동성은 수익의 조건이었다. 세계는 더 이상 금속에 묶이지 않고, 달러와 시장 심리에 연결된 질서에 적응해야만 했다.

1981년, 로널드 레이건은 무너져 가는 미국 경제 앞에 섰다.

1970년대 말 미국은 물가 폭등, 고금리, 실업 급증이라는 세 가지 위기를 동시에 겪었다. 1979년 소비자물가는 13.3% 상승했고 1980년엔 기준금리가 20%를 기록하며, 1982년 실업률은 10.8%까지 치솟았다. 일본과 독일 산업에 밀리고, 이란 인질 사태와 소련의 아프간 침공으로 국제적 위신은 추락했다. 국민은 결국 카터 대신 배우 출신 보수 정치인 로널드 레이건을 선택했다.

레이건은 단호히 말했다. "정부가 문제다Government is the problem." 그는 시장에 경제 회복을 맡긴다는 확신으로, 경제를 리셋하겠다고 선언하며 신자유주의 물결, 즉 레이거노믹스Reaganomics의 시작을 알렸다. 그의 핵심 경제 카드는 공급 중심 경제학을 기반으로 한 대규모 감세, 규제 완화, 통화 긴축, 국방비 확대였다. 소득세와 법인세를 대폭 깎고, 연방 규제를 해체했다. 폴 볼커 당시 연준 의장은 인플레이션과 싸우기 위해 초고금리를 유지했고, 복지 지출은 축소했고 군사 예산은 대폭 증대했다. 이른바 낙수효과, 시장 절대주의, 작은 정부 전략이었다.

이 정책은 위기를 체질 개선의 기회로 바꿨고 결과는 분명했다. 인플레이션은 4% 아래로 내려갔고, 1984년 GDP 성장률은 7.2%를 기록했으며 다우지수는 1982년 776에서 1987년 2700으로 세 배 이상 치솟았다. IT 기업들은 재기했고 실리콘밸리는 자본을 끌어모았다.

그러나 대가는 컸다. 감세는 부유층에 집중됐고 중산층은 소외됐으며 세수는 감소했지만 국방비는 늘어났다. 국가부채는 1조 달러에서 3조 달러로 급증했으며, 달러 강세는 제조업 쇠퇴를 불러왔고,

공장은 해외로 이전했다. 사회복지는 축소됐고 도시 빈곤층은 갈수록 늘어났다.

레이거노믹스는 미국을 넘어서 세계를 바꾸었다. IMF와 세계은행은 구조조정을 강요했고, "작은 정부, 개방 시장, 민영화"라는 목표는 전 세계의 정답처럼 포장됐다. 세계무역기구가 출범한 이후 무역장벽은 사라졌다. 자본은 자유로워졌고 생산은 분업화됐다. 미국은 금융과 IT의 중심국이 됐고, 중국·한국·멕시코는 세계의 공장으로 성장했다. 부는 미국과 자산가에 집중됐으며 임금은 아시아의 공장 노동자에게 맡겨졌다. 이것은 단순한 경제정책이 아니라 미국의 헤게모니를 위한 글로벌 설계도였다.

미국은 실물 대신 금융으로 세상을 장악했다. 달러의 힘은 이제 금리가 아니라 자산 시장 위에서 세워졌다. 이 구조는 2008년 금융위기의 충격으로 흔들렸고, 2020년 코로나 이후 부채와 버블로 인해 다시금 확인됐다. 그리고 지금, 비트코인과 디지털 자산이 새로운 신뢰를 요구하는 시대가 됐다. 그 모든 출발점은 1980년대 레이건의 선택에서 비롯된 것이다.

월가의 리스크 파티, 파생상품과 대출

레이거노믹스 이후 금융시장은 파생과 대출의 홍수로 재편됐다. 레이거노믹스는 시장의 자유를 풀어줬고, 금융은 그 자유를 파생상품으로 표현했다. 1981년, 시카고옵션거래소CBOE는 금리선물 옵션 거래를 허용했다. 1982년, 미국 증권거래위원회SEC는 머니마켓펀드MMF와 주택담보증권MBS 거래를 승인했다. 이 시기부터 월가는 실물보다 위험을 상품화하는 기술에 몰두했다. 1980년대 중반, JP모건은 최초의 이자율 스와프 상품을 개발했다.

1987년에는 '블랙 먼데이'가 터졌고, 주가는 하루 만에 22% 폭락했다. 그 후 금융당국은 오히려 파생상품 헤지를 촉진했고, 기업들은 '위험 관리'를 이유로 신용부도스와프CDS 같은 위험 보증 거래를 일상화했다. 1990년대, 파생은 그 자체가 수익 수단이 됐다. 1994년, 키더피보디Kidder Peabody가 파생 손실로 파산했다. 1998년엔 롱텀캐피털매니지먼트LTCM가 알고리즘 기반 채권 파생 거래로 몰락했다.

하지만 구조는 변하지 않았다. 1999년, 클린턴 행정부는 글래스-스티걸법을 폐지했다. 이로 인해 상업은행과 투자은행의 장벽이 사라졌고, 파생과 예금이 한 지붕 아래에 공존하게 됐다. 2000년, '상품선물현대화법Commodity Futures Modernization Act'이 통과되며 CDS 시장은 완전히 규제 바깥으로 빠졌다. AIG는 총 400조 원 규모의 CDS를 팔았고, 골드만삭스, 뱅크오브아메리카 등은 이 상품을 '보험 없는 보험'처럼 쌓아 올렸다.

같은 시기, 대출상품도 폭증했다. 서브프라임 대출이 가장 악명 높았다. 소득·직업이 없는 저신용자에게도 가변금리 주택담보대출ARM이 제공됐다. 이 대출은 곧 주택담보증권으로 포장돼 월가로 팔려갔다. 투자은행들은 MBS를 다시 부채담보부증권CDO으로 재구성했고, 평가사들은 'AAA' 등급을 남발했다.

2007년, CDO 시장 규모는 640조 원을 넘었고, 전체 CDS 계약은 60조 달러를 돌파했다. 이는 전 세계 GDP의 네 배가 넘는 규모였다. 2008년 9월, 리먼브라더스는 결국 버티지 못했다. 그들은 4만 개가 넘는 파생 거래 계약을 안고 붕괴했다.

연준은 0% 금리와 세 차례 양적완화QE를 단행했고, 자산 시장은 다시 살아났지만 중산층의 삶은 다시 일어나지 못했다. 부동산은 헐값에 팔렸고, 주식은 헤지펀드가 가져갔다. 실물은 무너졌고, 금융은 살아남았다.

시장의 자유는 리스크를 자산화했고, 자산은 이자를 낳았고, 이자는 파생상품을 낳았다. 레이거노믹스는 감세와 규제 완화를 통해 월가에 무기를 쥐여 줬다. 금융은 그 무기로 위험을 구조화했고, 구조화된 위험은 상품이 됐고, 상품은 대출로 다시 환원됐다.

이 시스템은 가상의 신용과 실제의 부채가 뒤섞인 미로였다. 그리고 그 미로는 2008년에 무너졌다.

구조는 바뀌지 않았다. 연준은 다시 돈을 풀었고, 금융은 다시 파생을 쌓았다. 이제 신뢰는 더 이상 금도 아니고 부동산도 아니다. 사람들은 묻기 시작했다. "비트코인은 과연 이 시스템의 대안이 될 수 있을까?"

중국의 WTO 가입이
불러온 비극

2001년 12월 11일, 중국은 세계무역기구에 가입했다. 이 결정은 글로벌 공급망의 중추를 근본적으로 바꾸는 전환점이었다. 당시 미국의 대중 무역적자는 연간 837억 달러였고, 20년 뒤인 2022년에는 3829억 달러로 4.5배 급증했다. 중국은 저임금과 국유 기업 중심의 생산 인프라를 기반으로 세계 공장으로 부상했다. 삼성, 애플, GE, 나이키 등 다국적 기업들이 생산기지를 중국으로 옮겼고, 그 결과 중국의 제조업 고용은 2001년 약 1억 1500만 명에서 2013년 약 2억 명 수준까지 증가했다.

같은 시기, 미국의 제조업 고용은 2000년 1740만 명에서 2010년 1120만 명으로 600만 명 줄었다. 미국 중산층은 일자리를 잃었고, 금융권과 의료·IT 산업만 살아남았다. 미국은 대중 무역수지에서 만성 적자를, 중국은 미국 자산 매입을 통한 자본수지 흑자를 기록했다. 중국은 벌어들인 달러로 미국 국채를 대량 매입했고, 미국 국채 보유액은 2001년 600억 달러에서 2013년 1조 3000억 달러를 넘어섰다.

그 자금은 뉴욕 월가로 흘러갔다. CDO, MBS, 채권형 ETF 등으로 포장된 자산은 다시 미국 내 금융 엘리트의 보너스로 순환됐다. 2006년, 골드만삭스 CEO의 보너스는 6800만 달러였고, 같은 해 중서부 자동차 공장 노동자는 해고 수당으로 1200달러를 받았다.

이것이 바로 '글로벌 임밸런스Global Imbalance'의 본질이었다. 단순한 국가 간 무역 불균형이 아니라, 미국 내부의 계층 불균형이 전 세계를 경유해 재생산되는 구조였다. 무역적자는 수입 초과의 문제가 아니라, 제조업의 해외 유출과 금융 소득의 집중이라는 두 현상이 동시에 진행된 결과였다.

중국은 공장을 통해 무역흑자를 얻었고, 미국은 빚으로 소비하면서 자산 가격을 끌어올렸다. 미국 가계 부채는 2001년 7조 달러에서 2008년 14조 달러로 두 배 증가했고, 같은 시기 S&P 500은 세 배 상승했다. 월가는 세계화의 이득을 독점했고, 러스트 벨트Rust Belt(미국 제조업의 몰락을 상징하는 중서부 지역과 북동부 지역의 공장 지대)는 파산을 감당해야 했다.

저가 중국산 제품은 미국 내 인플레이션 억제 장치 역할을 했다. 의류, 전자제품, 가구 등 수입품이 물가를 눌렀고, 미국은 실질임금이 정체된 상태에서도 소비를 유지할 수 있었다. "중국산 덕분에 저소득층도 월마트에서 장을 볼 수 있었다"라는 말은, 실질소득이 아니라 빚과 수입품이 미국 중산층의 삶을 지탱했다는 의미였다.

미국의 만성 무역적자와 중국의 만성 흑자는 양국 간 갈등의 문제가 아니었다. 이는 미국 내부의 정치적 붕괴, 산업 해체, 계층 구조 균열의 결과물이었다. 세계화는 계층화를 수출한 시스템이었고, 그로 인한 글로벌 불균형의 본질은 결국 '아메리칸 임밸런스American Imbalance'였다.

2025년 뉴욕시장 선거는 바로 이 아메리칸 임밸런스 문제가 극명하게 드러난 무대가 됐다. 뉴욕 내 양극화가 심화하면서, 인플레이션에 지친 서민들이 '마르크시즘'을 재소환했다. 아메리칸 임밸런스의 축소판인 '뉴욕 임밸런스' 문제를 해결하겠다고 나선 후보가 바로 '조란 맘다니'다. 그의 등장은 전 세계적인 주목을 받았다.

2025년 여름, 뉴욕 정계는 '맘다니 신드롬'으로 요동쳤다. 맘다니는 뉴욕 퀸스에서 자란 30대 사회주의자다. 인도계 무슬림 출신이기도 한 그는 뉴욕시장 선거의 선두주자로 떠올랐다. 그가 시장 후보가 된 것은 하나의 기적이었다. 민주당 경선에서 앤드루 쿠오모를 꺾었는데, 쿠오모는 전직 뉴욕주지사이자 기성 정치의 상징이었다. 맘다니는 그 상징을 단숨에 무너뜨렸다.

그의 부상 배경에는 하나의 감정이 자리한다. "이렇게 살려고 뉴욕에 산 건 아니잖아"라는 서민과 중산층의 짙은 좌절감이었다. 임대료는 폭등했고, 장바구니 물가는 천정부지로 치솟았다. 육아비, 교통비, 보육비까지 감당하기 어려운 현실에서 시민들은 절망했다. 그때 맘다니가 외쳤다. "누구나 살 수 있는 뉴욕을 만들겠다." "우리에게 필요한 건 또 다른 억만장자가 아니라, 집값을 내릴 시장이다." 그는 임대료 동결, 20만 가구 공공주택 건설, 버스 요금 면제, 시영 슈퍼마켓 설립, 성소수자LGBTQ 정책 확대, 시내 기준 최저임금 30달러 인상, 그리고 부자 증세 등 현장에서 찾은 문제들을 공약으로 구체화했다.

사람들은 열광했다. 특히 20~40대, 중하위층, 다인종 시민들이 그를 지지했다. 그동안 "일해도 안 되는 삶"에 대한 분노가 마침내 정치로 연결된 것이다. 그 분노가 맘다니를 끌어올렸다.

하지만 부유층은 맘다니를 위험한 존재로 인식했다. 월가, 부동산업계, 보수 언론이 손을 잡고 저지에 나섰다. 'New Yorkers for a

Better Future Mayor 25'라는 정치자금 단체가 만들어졌고, 자금 규모는 수천만 달러에 달했다. 이들은 말했다. "맘다니가 시장이 되면 기업이 떠난다." "세금이 터무니없이 올라간다." "경제가 무너진다."

그 대열에는 제이미 다이먼도 있었다. JP모건 회장이자 월가의 상징인 그는 "맘다니는 사회주의자가 아니다. 마르크스주의자다"라고 말했고, "큰마음은 알겠지만, 머리는 없다"라고 비꼬았다. 그러나 이 발언은 오히려 역효과를 냈다. "보라, 저 사람들이 두려워한다." "우리가 드디어 제대로 된 싸움을 하고 있다는 증거다." 맘다니 지지층은 더 결집했고, 여론의 바람을 타고 그는 더욱 상승했다.

막판 여론조사까지 판세는 맘다니가 확실한 선두였다. 반면 반대 진영에서는 슬리와, 쿠오모 등이 단일화는커녕 서로를 공격하며 분열된 모습을 보였다. 결국 2025년 11월 4일, 맘다니가 뉴욕 시장에 당선되었다.

뉴욕은 지금 묻고 있다. "이 도시는 누구를 위한 도시인가." 투자자와 개발업자, 금융 엘리트를 위한 도시인가, 아니면 버스를 타고 출근하고 월세로 살며 마트에서 가격표를 두 번 보는 시민들을 위한 도시인가. 2025년 뉴욕시장 선거는, 하나의 도시가 자신을 다시 정의하려는 전쟁이었다.

금융위기와 팬데믹이 남긴 무제한 양적완화

2008년 9월 15일, 리먼브라더스 파산. 미국 역사상 최대의 민간 금융기관 붕괴였다. 그 배경은 파생상품과 저신용 대출의 결합이었다.

2001년에서 2007년, 미국은 서브프라임 대출을 퍼줬다. 직업·소득 없는 이들에게도 변동금리주택대출ARM을 남발했다. 대출은 주택저당증권MBS으로 포장됐고, MBS는 부채담보부증권CDO으로 재가공돼 전 세계에 팔렸다. 2007년 기준, 신용부도스와프 총규모는 약 60조 달러로 이는 세계 GDP의 네 배였다. 가짜 AAA 등급이 금융시장을 덮었고, 미국 가계는 부채로 집을 사고 부채로 소비했다.

거품은 무너졌고, 금융시스템은 결빙됐다. 2008년 10월, AIG는 파산 직전 850억 달러 구제금융을 받았다. 미국 정부는 부실자산구제TARP 프로그램을 통해 은행에 7000억 달러를 투입했다.

2008년 11월, 연준은 제로금리와 1차 양적완화QE1를 선언했다. 채권을 찍고 다시 사들이는 자전거 펌프 같은 방식이었다. 2009년 3월, QE1 규모는 1조 7500억 달러로 시작했다. QE는 화재 진압이 아니라 불을 끄는 척하며 기름을 뿌리는 것과 다름없었다. 은행은 자금 여력을 얻었지만, 가계는 신용 경색에서 탈출하지 못했다. 자산 시장은 살아났지만, 실물경제는 회복하지 못했다. 2010년 실업률은 9.6%였고, 월가는 1년 만에 보너스 1400억 달러를 뿌렸다. 양적완화는 시장이 아니라 자산을 가진 사람만 살렸다.

2009년부터 2015년까지 연준은 양적완화를 통해 총 4조 5000억 달러를 시장에 공급했다. 같은 기간 S&P 500은 세 배 상승했다. 실물 생산은 정체됐고, 자산 시장만 비대해졌다. 주택, 채권, 주식, 암호화폐까지 모든 자산 가격이 달러 유동성 위에 떠올랐다. 금융은 실물의 파생이 아니라, 실물이 금융의 그림자가 됐다. 은행은 제조업에 대출하지 않고, 자기 계열 헤지펀드에 CDO를 공급했다. 실물보다 수익률이 높았기 때문이다. 이때부터 세계경제는 실물 없이도 버블이 가능한 구조로 바뀌었다. 자산 가격이 '경제의 체온계'가 아니라 '발열기'가 된 시점이었다.

2020년 3월, 코로나19는 세계를 정지시켰다. 미국은 역사상 최대 규모의 현금 살포 정책에 돌입했다. 세 차례에 걸쳐 가구당 최대 3200달러씩 지급했고, 기업에도 직접 자금이 투입됐다. 2020년 6월까지, 미국·유럽·일본 등 선진국이 푼 돈은 20조 달러 이상이었다. 실물 없이 유동성만 늘어난 인류 최초의 세계적 실험이었다. 미국 개인저축률은 팬데믹 직후 33%까지 폭등했다가 1년 뒤 3% 아래로 급락했다. 모든 돈이 다시 자산 시장으로 흘러갔다. 암호화폐, 밈주식, SPAC 열풍이 뒤따랐다. 이는 경기부양이 아니라 자산 도박판이었다.

2021년에서 2022년, 미국은 40년 만의 인플레이션에 직면했다. 2022년 6월, 소비자물가지수^{CPI}는 전년 대비 9.1% 상승했다. 연준은 2022년 3월부터 11차례 금리를 인상했고, 기준금리는 5.5%까지 올랐다. 인플레이션은 돈 때문만은 아니었다. 공급망 붕괴, 에너지 위기, 구조적 통화팽창의 결과였다. 바이든은 "인플레는 푸틴 탓"이라 했지만, 사실 6조 달러를 살포한 자기 정부의 유산이었다.

부채는 줄지 않았다. 2020년 23조 달러였던 미국 연방부채는 2024년 34조 달러를 돌파했다. 달러의 신뢰는 구조적으로 흔들렸다. 달러의 무제한 발행은 세계의 통화를 위기로 몰았다. 신흥국은 환율을 방어하려다 금리를 올렸고, 글로벌 경기침체가 구조화됐다.

세계는 다시 묻기 시작했다. "무제한으로 찍히는 달러가 신뢰받는 자산일 수 있는가?" 그 질문은 금을 다시 호출했고, 비트코인을 새로운 '금의 메타 버전'으로 불러냈다.

왜 소수만 부자가 되는가

역사는 질문에서 시작된다. 단순한 의문 하나가 시대의 구조를 해체하고, 다음 세기의 길을 설계한다. 애덤 스미스, 카를 마르크스, 사토시 나카모토가 던진 질문 하나가 세기를 바꿨다.

"왜 ○○만 부자가 되는가?" 이 질문은 단지 돈의 흐름을 묻는 게 아니다. 권력의 구조, 제도의 민낯, 그리고 우리가 살아가는 세상의 판도를 근본부터 다시 묻는 질문이다.

애덤 스미스, 카를 마르크스, 사토시 나카모토는 서로 전혀 다른 시대를 살았고, 배경도 기술도 언어도 달랐지만, 모두 하나의 구조적 불공정을 목격했다. 그리고 그 부조리에 대해 각자의 언어로 질문을 던졌다. 그들의 질문은 곧 경제 패러다임의 변곡점이 되었다.

18세기, 유럽은 중상주의의 절정기에 있었다. 당시의 경제학은 이렇게 믿었다. "국부는 금이다." 국가가 수출을 늘려 금을 더 많이 확보하는 것이 부강한 나라를 만드는 길이라고 생각했다. 수입은 줄이고, 식민지를 개척하고, 무역흑자를 강제하면서 금을 모아들이는 게 최고의 경제 전략이었다. 말 그대로 '국가의 부'만이 중요했고, 개인은 그 과정의 부속품일 뿐이었다.

이 지점에서 애덤 스미스가 질문을 던진다. "그럼 국민은 언제 부자가 되는가?" 국가는 분명 부유해졌다. 창고에는 금이 가득 찼고, 국왕은 흥청망청했다. 하지만 정작 거리를 걷는 사람들, 매일 아침 일터로 나가는 사람들의 삶은 조금도 나아지지 않았다. 스미스는 국가의 부가 아닌, 국민 개개인의 부에 주목했다. 이 질문이 바로 『국부론』(1776)의 출발점이었다.

그는 진짜 부는 금이 아니라 노동의 생산성에서 나온다고 주장했다. 국가가 시장을 통제하는 것이 아니라, 시장에 자율성을 부여하고 개인의 선택과 이익 추구를 존중할 때 진정한 부가 창출된다는 것이다. 여기서 그 유명한 개념, '보이지 않는 손'이 나온다. 사람들이 자신의 이익을 추구하다 보면, 결국 사회 전체의 이익으로 이어진다는 논리는 곧 자유시장, 즉 자본주의의 탄생으로 이어진다. 애덤 스미스는 국가 중심의 경제를 개인 중심으로 전환했고, 중상주의 체제를 철거하며 근대 경제학의 토대를 마련했다.

그로부터 100년이 흐른 19세기, 산업혁명기 유럽은 새로운 현실에 직면했다. 기술이 발전하고, 공장이 세워지면서 생산량이 폭증했지만, 노동자들은 점점 더 가난해졌다. 도시는 빈민가로 가득 찼고, 어린아이들은 석탄가루가 자욱한 작업장에서 하루 16시간씩 일했다. 공장은 이윤을 남겼지만, 그 이윤은 공장주에게만 쌓였다.

카를 마르크스는 그 모습을 보고 또 다른 질문을 던졌다. "왜 자본가만 부자가 되는가?" 그는 애덤 스미스가 설계한 자본주의가 현실에서 노동 착취의 구조로 변질됐다고 보았다. 표면적으로는 '자유로운 시장'이지만, 그 이면에는 자본이 노동을 철저히 수탈하는 구조가 있었다.

그의 대표작 『자본론』(1867)에서 마르크스는 잉여가치 이론을 통해 이를 설명했다. 노동자는 자신의 노동력을 팔아 임금을 받지만, 실제로는 그 임금보다 훨씬 더 많은 가치를 창출하고 있다. 그 차액, 즉 잉여가치를 자본가가 가져간다. 이 구조는 필연적으로 빈익빈 부익부로 이어지며, 노동자는 자본가의 지배에서 벗어날 수 없게 된다. 마르크스는 이 착취 구조를 계급투쟁으로 해석했다. 자본가 계급(부르주아지)과 노동자 계급(프롤레타리아)의 이해관계는 절대로 화해할 수 없으며, 이 모순은 결국 자본주의의 붕괴를 불러오고, 공산주의 혁명으로 이어진다고 보았다. 그의 사상은 러시아혁명(1917), 중국혁명(1949) 등 20세기 사회주의 실험의 핵심 이론이 됐고, 자본주의가 만든 불평등을 직시하게 만드는 결정적인 프레임을 제공했다.

그리고 2008년, 또 다른 인물이 등장한다. 바로 사토시 나카모토다. 그가 등장한 배경은 우리가 아직도 생생히 기억하는 글로벌 금융위기였다. 서브프라임 모기지 사태로 인해 금융시스템은 붕괴 직전이었고, 거대 은행들은 자신들의 탐욕과 무능으로 자초한 위기를 국민의 세금으로 구제받았다. 수많은 사람이 집을 잃고, 실직하고, 파산했지만, 정작 그 위기를 만든 금융권은 살아남았다. 심지어 더 강력해졌다.

이때 사토시는 질문을 던진다. "왜 월가만 부자가 되는가?" 왜 우리는 중앙은행이 찍어내는 화폐의 가치에 의존해야 하는가? 왜 정부가 금융시스템을 통제하면서도 책임은 지지 않는가?

사토시는 이 질문을 하나의 백서로 응답했다. 「비트코인: 개인 간 전자화폐 시스템 Bitcoin: A Peer-to-Peer Electronic Cash System」(2008)에 따르면 그는 중앙은행도, 정부도, 월가도 없는 화폐를 만들고자 했다. 즉 비트코인은 탈중앙화된 디지털화폐로, 중개자를 거치지 않고 개인 간에 직접 전송이 가능한 화폐이며, 발행량이 2100만 개로 제한돼 있어 인플레이션의 위험이 없다. 중앙은행이 무한히 찍어낼 수 있는 화폐와 달리, 비트코인은 신뢰를 '사람'이 아닌 '코드'와 '수학'에 맡겼다. 블록체인이라는 기술을 통해 누구나 검증 가능한 거래 시스템을 만들었고, 이는 단순한 기술이 아니라 기존 금융시스템에 대한 철학적 반격이었다.

사토시 나카모토의 질문은 하나의 새로운 경제 생태계를 만들었다. 블록체인, 암호화폐, 탈중앙화 금융인 디파이 DeFi, NFT, Web3 등은 모두 이 질문에서 시작됐다. 이렇듯 비트코인은 단지 '돈'이 아니라 질문에 대한 저항의 상징이 됐다. 지금, 우리에게 여전히 남아 있는 질문은 이것이다. "왜 소수만 부자가 되는가?"

Big-Tech Capitalism

금수저 트럼프는
왜 반세계화 대통령이 되었나

도널드 J. 트럼프는 뉴욕 맨해튼 출신의 부동산 재벌이었다. 1971년 부친 프레드 트럼프로부터 사업을 이어받은 그는, 1980년대에는 트럼프 타워, 플라자 호텔 등 상징적 부동산으로 명성을 얻었다. 2000년대엔 리얼리티쇼 〈어프렌티스The Apprentice〉로 대중 인지도를 극대화했다. 정치 경험은 없었고, 전통적인 보수주의자도 아니었다. 그런데도 그는 2016년, 미국 제45대 대통령으로 당선됐고, 2024년 제47대 대선에서도 승리했다.

그가 내세운 정치 기조는 반세계화, 반월가, 반이민, 반엘리트였다. 이는 그의 개인적 배경과 뚜렷하게 모순된다. 트럼프는 왜 반세계화의 선봉장이 됐는가. 이 질문에 답하기 위해선 네 개의 결정적 전환점을 살펴야 한다.

2011년 정계 입문의 촉매, 오바마에 대한 공격과 '버서 운동'

트럼프가 정치적으로 처음 부각된 것은 2011년이었다. 당시 그는 버락 오바마 대통령의 출생지를 문제 삼았다. 하와이 출생이라는 공식적 기록이 있음에도, 트럼프는 오바마가 케냐 태생이며 "불법적으로 대통령직에 오른 것 아니냐"라는 의혹을 제기했다. 이른바 '버서 운동 Birther Movement'이었다.

이는 단순한 음모론이 아니었다. 트럼프는 백인 우월주의자들과 보수 진영 내 불만 세력의 감정적 코어를 정확히 건드렸다. 2008년 금융위기 이후 중산층은 급격히 붕괴됐고, 흑인 대통령의 등장은 백인 유권자들 사이에 상실감과 문화적 불안을 유발했다. 이 시점에서 트럼프는, 다문화주의·포용·세계시민주의라는 오바마의 이상을 정면으로 부정함으로써 자신의 정치적 상징성을 만들기 시작했다.

그의 언행은 자극적이었지만 효과적이었다. 2011년 NBC의 〈투데이쇼〉는 그를 '공화당의 잠재 대선 후보'로 거론했고, 여론조사에서 20% 이상의 지지율을 기록하기 시작했다. 정치는 여전히 '미개척지'였지만, 트럼프는 '문화 전쟁의 군주'로 자리 잡기 시작했다.

2015~2016년 대선 전략, 스티브 배넌과 대안 우파

2015년 6월 16일, 트럼프는 뉴욕 트럼프 타워에서 대선 출마를 선언했다. 이 자리에서 그는 "멕시코는 강간범을 보내고 있다"라는 발언으로 전 세계를 충격에 빠뜨렸다. 이는 전략적 발언이었다. 그는 백인 하층 노동자층의 불안감에 호소하는 정치 언어를 의도적으로 선택했다.

이 전략의 이론적 설계자는 스티브 배넌이었다. 그는 2012년부터 극우 매체 '브라이트바트 뉴스'를 이끌며 '대안 우파Alternative Right'라는 이념적 흐름을 조직하고 있었다. 이 흐름은 백인 민족주의, 기독교 근본주의, 반이민 정서를 기반으로 한다. 배넌은 이를 미국 중하층 백인의 정체성 정치로 변환시켰고, 트럼프는 이를 유세 전략으로 채택했다.

배넌은 2016년 8월, 공식적으로 트럼프 캠프의 수석 전략가로 합류한다. 그 직후부터 트럼프의 메시지는 더욱 급진화된다. 무슬림 입국 금지, 남부 국경 장벽 건설, 중국과의 무역 재협상 등은 배넌의 노선과 일치한다. 트럼프는 '기존 보수주의로는 이길 수 없다'는 판단 아래, 극우 포퓰리즘을 정치적 연료로 삼았다.

2008~2016년 지지율 상승, 반세계화 담론의 형성

2008년 글로벌 금융위기는 세계화에 대한 미국 중산층의 신뢰를 근본적으로 붕괴시켰다. 리먼브라더스의 파산 이후, 미국 정부는 수조 달러 규모의 구제금융을 통해 월가를 살려냈다. 반면 실직과 주택 압류는 서민층에 집중됐다. 월가는 살아남았고, 노동자는 추락했다.

그 여파는 특히 '러스트 벨트' 지역에서 뚜렷하게 나타났다. 오하이오, 미시간, 위스콘신, 펜실베이니아 등 산업 중심지는 2000년대 초반부터 제조업 기반이 붕괴되고 있었다. 여기에 결정타를 날린 것이 중국의 WTO 가입(2001년)이었다.

MIT 경제학자 데이비드 오터는 2000년대 초, 미국 노동시장의 구조적 균열에 주목했다. 표면적으로 미국의 실업률은 안정세를 유지하고 있었지만, 특정 지역에서만 제조업 기반이 급속도로 무너지고 있었다. 지역 간 격차는 연방 통계에 잘 드러나지 않는 방식으로 깊어지고 있었다.

이상 징후의 직접적인 계기는 2001년이었다. 이해, 중국이 WTO에 가입하면서, 미국은 값싼 중국산 제품의 대량 유입을 경험한다. 기업들은 생산기지를 해외로 옮기거나 중국산 중간재로 공급망을 재편했고, 노동집약적 산업은 경쟁력을 급속히 잃기 시작했다. 그 결과, 한편으론 소비자물가가 낮아졌고, 다른 한편으론 제조업 일자리가 빠르게 사라졌다.

오터는 이 현상을 '차이나 쇼크The China Shock'라 명명한다. 겉으로 보기엔 무역 확대였지만, 실질적으로는 특정 지역의 경제 기반이 붕괴하는 과정이었다. 그는 스위스 취리히대학교의 다비드 도른, 캘리포니아대학교 샌디에이고캠퍼스의 고든 핸슨과 함께 이 문제를 본격적으로 연구하기 시작한다.

세 사람은 미국 전역을 700개 이상의 지역 단위로 나눈 뒤, 노동시장과 사회통계 데이터를 결합하여 추적 분석했다. 연구의 핵심 개념은 '무역 노출도'였다. 중국과 직접적으로 경쟁하는 산업이 많을수록, 그 지역은 무역 충격에 더 취약하다는 전제였다. 2016년, 이들은 「무역 충격: 거대한 무역 변화에 대한 노동시장의 조정에서 얻은 교훈The China Shock: Learning from Labor Market Adjustment to Large Changes in Trade」이라는 제목의 논문을 《아메리칸이코노믹리뷰》에 발표한다.

이 연구는 결정적인 사실을 드러냈다. 2000년부터 2010년까지, 미국에서 약 200만 개의 제조업 일자리가 중국과의 무역 충격으로 사라졌다. 전체 제조업 고용 감소의 25~30%에 해당하는 수치였다. 그러나 이 손실은 균등하게 분포되지 않았다. 몇몇 지역, 몇몇 계층에 집중되어 발생했다. 가장 큰 타격을 입은 곳은 미시간, 오하이오, 펜실베이니아 등지의 이른바 '러스트 벨트'였다. 섬유, 철강, 완구, 전자 부품 등 중국과 경쟁이 치열한 산업 중심지들이었다.

오터의 분석은 고용지표에 그치지 않았다. 그는 실직 이후의 재취업률, 임금 회복 수준, 복지 수급률, 이혼율, 정신건강 지표까지 함께 분석했다. 결과는 일관됐다. 무역 노출도가 높을수록 지역 주민들의 삶의 질은 하락했고, 지역 공동체의 기반은 크게 흔들렸다. 경제적 손실은 사회적 해체로 이어지고 있었다.

이러한 결과는 경제의 문제를 넘어 정치의 문제로 확장되었다. 오터는 후속 연구를 통해 무역 피해 지역과 트럼프 지지율 간의 상관관계를 분석했다. 2017년 발표된 후속 논문「정치 양극화를 수입하다? 무역 노출 증가의 선거 결과Importing Political Polarization? The Electoral Consequences of Rising Trade Exposure」를 통해, 무역 충격이 미국 유권자들의 정당 지지 성향에 어떤 변화를 일으켰는지를 실증적으로 분석했다. 이 논문에 따르면, 제조업 일자리를 잃은 지역일수록 공화당 지지율이 빠르게 상승했다. 과거 민주당을 지지하던 노동자 계층은 트럼프에게 이동했다. 보호무역주의, 반세계화, 반이민 정서는 바로 이 지역의 경제적 상실감과 문화적 불안을 정서적으로 대변하고 있었다.

결과적으로, '무역은 모두에게 이익'이라는 교과서적 명제는 부서졌다. 무역의 이득은 넓게 분산되었지만, 손실은 특정 지역에 집중됐고, 시장은 자동적으로 조정되지 않았으며, 노동력은 쉽게 재배치되지 않았다. 오터는 자유무역 자체를 비판하지 않았다. 그가 경고한 것은 무역의 '설계'였다. 이득만을 구조화하고 손실을 방치하면, 그 손실은 단지 경제적 피해로 끝나지 않는다. 그것은 분노가 되고, 그 분노는 정치적 극단으로 이동하며, 결국 민주주의 자체를 변형시킨다.

'차이나 쇼크'는 단순한 무역 통계가 아니었다. 그것은 21세기 초 미국 중산층의 붕괴를 기록한 보고서였고, 동시에 도널드 트럼프라는 정치 현상의 출발점을 실증적으로 설명하는 문서였다. 경제는 정치를 바꾸고, 정치는 다시 세계질서를 바꾼다. 오터의 연구는 그 전환의 첫 단추에 대한 정밀한 기록이었다.

트럼프는 이를 이용해 전통적인 공화당조차 꺼리던 보호무역주의를 전면에 내세운다. 그는 환태평양경제동반자협정TPP 탈퇴(2017년), 북미자유무역협정NAFTA 재협상USMCA, 대중국 고율관세 부과(2018년) 등을 통해 기존 무역질서를 직접 해체하기 시작했다.

2017~2020년 반격, 세계화 해체 작업

트럼프의 외교정책은 일관되게 미국 고립주의와 일방주의에 기반했다. 그는 다자주의 체제를 신뢰하지 않았다. 국제기구는 미국의 자원을 빼앗는 기생 조직으로 간주했다. 이는 2017년 파리기후협약 탈퇴, 2018년 이란 핵합의JCPOA 탈퇴, 2019년 중거리핵전력조약INF 폐기로 이어졌다.

트럼프의 구호인 '아메리카 퍼스트America First'는 1930년대의 반전·고립주의 운동과 직접 연결된다. 세계는 '협력의 장'이 아닌 '전리품의 시장'이었다. 트럼프의 사고 속 세계는 제로섬 게임이며, 이익을 위해서라면 동맹도, 협약도 기꺼이 버릴 수 있는 대상이었다. 북대서양조약기구NATO는 방위비를 내지 않는 동맹국들의 '무임승차'라고 공격했고, UN은 '무력한 관료제'로 치부했다.

그의 세계관은 복잡하지 않다. 자국 우선, 경제적 계산, 외교의 탈도덕화로 요약된다. 이는 자유주의 국제질서Liberal International Order와 정반대 방향이었다. 자유주의 국제질서는 제2차 세계대전 이후 미국이 주도적으로 설계한 세계 운영 체계였다. 그 체계는 자유무역, 민주주의, 다자주의, 국제 규범이라는 네 개의 축 위에 세워졌다. 국가 간의 관계는 무력보다는 협력으로, 이해보다는 원칙으로, 경쟁보다는 제도로 조율돼야 한다는 이상이 그 뿌리에 있었다. 시장경제는 번영을, 자유민주주의는 정치적 정당성을, 국제기구 중심의 다자주의는 안정성을 보장할 수 있다고 믿었다.

이 질서는 전쟁의 폐허 위에서 태어났다. 1944년 브레턴우즈 회의에서 미국은 달러를 중심으로 한 고정환율제를 제안했고, 이를 통해 IMF와 세계은행이 설립됐다. 이듬해인 1945년에는 UN이 창설됐다. 1947년에는 관세 및 무역에 관한 일반협정GATT이 체결되며, 무역질서의 규칙이 형성됐다. GATT는 1995년 세계무역기구WTO로 진화하며, 다자간 무역 체제의 중심이 됐다.

한편 안보는 NATO를 통해 미국 중심의 집단안보 체계로 조직됐다. 경제는 자유무역, 외교는 UN, 안보는 NATO, 이 삼각 구도는 모두 미국의 패권을 전제로 작동했다.

질서를 설계한 것은 미국이었다. 그 설계는 미국의 전략적 우위, 경제적 이해, 정치적 가치에 따라 만들어졌다. 서유럽과 일본은 그 질서의 핵심 동맹으로 편입됐고, 냉전 구도 속에서 소련을 견제하는 반공 연합체로 기능했다. 아시아, 아프리카, 중남미 국가들은 질서의 설계에 참여하지 못했고, 대부분 그 규칙을 수용하거나 따라야 했다. 자유주의 국제질서는 이상주의의 언어로 포장됐지만, 실제 작동은 철저히 현실주의의 논리로 움직였다.

냉전이 끝나자, 이 질서는 전 지구적으로 확대됐다. 소련의 붕괴와 함께 미국은 세계 유일한 강대국으로 남았다. 자유주의는 단지 하나의 이념이 아니라 글로벌 표준처럼 강요되기 시작했다. IMF는 구조조정 조건으로 개도국에 긴축과 민영화를 요구했고, WTO는 각국에 무역장벽 철폐를 강제했다. 아시아 외환위기는 자유주의 국제질서를 강제했던 대표적인 사례다.

세계은행은 개발 프로젝트를 통해 세계 자본 흐름을 하나의 틀 안에 편입시켰다. 자본은 국경을 넘었고, 기업은 세율이 낮은 국가를 찾아 생산기지를 이전했다. 노동은 이동하지 못했지만, 자본은 무제한으로 이동했다. 자유주의 국제질서는 선택이 아니라 구조였다. 하나의 흐름이 아니라 일방적 압력이었다.

그 결과 세계경제는 폭발적으로 성장했다. 1970년대 이후 국제무역은 수십 배로 증가했고, 수억 명이 절대빈곤에서 벗어났다. 정보통신 기술의 발달과 글로벌 금융자본의 팽창은 새로운 세계를 열었다.

하지만 그 번영은 결코 평등하지 않았다. 저숙련 노동자는 일자리를 잃었고, 제조업 중심의 중소도시는 몰락했다. 러스트 벨트로 불리게 된 미국 중서부 지역이 그 상징이었다. 농촌은 쇠퇴했고, 지방은 고립됐다. 성장의 과실은 도시에 집중됐고, 특히 글로벌 도시에 속한 고학력 엘리트 계층에게 몰렸다. 다국적 기업은 사상 최대의 수익을 올렸고, 금융자산은 부유층에 집중됐다. 이 같은 체계의 승자는 초국적 자본과 금융, 그리고 다국어에 능숙하고 디지털 플랫폼에 편입된 전문직이었다.

2008년, 시스템은 한계에 도달했다. 미국의 서브프라임 모기지 사태로 촉발된 금융위기는 월스트리트의 탐욕이 만든 위기였다. 그럼에도 불구하고 구제받은 것은 은행이었고, 희생된 것은 서민들이었다. 수백만 명이 집을 잃고 일자리를 잃었지만, IMF나 월가의 책임자는 처벌받지 않았다. 시장은 실패했지만, 그 실패의 책임은 사회 전체로 이전됐다. 자유주의 질서가 약속했던 안정은 결국 특권화된 안정이었다.

그 무렵 중국은 비자유주의 체제 안에서 세계 2위의 경제 대국으로 부상했다. 국가 주도 성장, 정치적 권위주의, 시장 통제를 결합한 중국식 모델은 미국식 자유주의와는 전혀 다른 길이었다. 그러나 그것은 성공했다. 민주주의 없는 번영이 가능하다는 사실이 입증됐고, 자유주의 국제질서의 보편성에 의문을 품게 됐다.

러시아는 조지아와 우크라이나를 통해 무력으로 국경을 다시 그리기 시작했다. 유럽은 통합의 피로에 빠졌고, 복지와 주권 사이에서 균열을 일으켰다. 2016년, 영국은 브렉시트Brexit를 선택하며 EU에서 이탈했다.

이 질서로 가장 큰 이익을 본 세력은, 그 질서를 설계하고 유지한 자들이었다. 미국과 서유럽, 초국적 기업, 글로벌 금융자본, 그리고 고등교육을 받고 도시 기반의 삶을 사는 중상층 엘리트들이었다. 그들은 규칙을 만들었고, 그 규칙에서 면제받았다. 그들은 세계를 열었고, 동시에 세계를 자신에게 유리하게 봉쇄했다.

같은 해인 2016년, 대통령에 당선된 도널드 트럼프는 이 질서에 대해 전면적 공격을 감행했다. 트럼프는 그 질서의 외부에서 온 파괴자가 아니었다. 그는 그 질서가 남긴 상실감, 소외감, 분노가 만들어낸 정치적 산물이었다. 자유주의 국제질서의 수혜자와 피해자 간의 간극이 만들어낸 반작용이었다.

트럼프는 하나의 질문이다. 이 질서는 과연 누구를 위한 것이었는가. 왜 수많은 이들이 이 질서를 더 이상 받아들이지 않는가. 질서는 정당해야 한다. 그렇지 않다면, 질서는 지배일 뿐이다. 자유주의 국제질서 역시 예외는 아니었다. 그 이름 아래 구축된 세계는 어떤 이들에겐 문이었고, 어떤 이들에겐 벽이었다. 그리고 그 벽을 넘지 못한 이들이, 그 질서를 무너뜨리기 시작했다. 그 거대한 적의 이름은 세계화다.

2025년 재집권, 트럼프 2.0과 반세계화

2025년 1월, 도널드 트럼프는 재집권했다. 이제 반세계화는 단순한 슬로건이 아니다. 전략이자 체제다. 그는 브라질 제품에 50% 관세, 구리에 50% 관세, 철강·알루미늄에 50% 관세, 캐나다산 수입품에 35% 관세, 기본 수입품에는 10% 역관세를 도입했다. 이 조치는 8월 1일부터 발효되었다. 동시에 WTO, UN, NATO 같은 국제협력 체제는 기능을 상실하고 있다. 트럼프는 미국 우선 경제권으로 돌아가려 한다.

　금융시장에도 개입하고 있다. 그는 제롬 파월 연준이사회 의장에게 금리 인하를 노골적으로 압박하고 있다. 파월이 인플레이션 우려를 명분으로 금리 인하에 신중한 입장을 고수하자 인사 교체 압박을 강화하고 있다. 또 "관세는 인플레이션이 아니다"라는 발언으로 금융 안정론을 위협하고 있다. 사법·행정권 개입도 훨씬 심해졌다. 연방공무원 대량 해고를 추진하며 법관과 연방기관 인사를 충성도를 기준으로 교체하고 있다.

　이민정책도 강경하다. 캘리포니아 농장 급습과 함께 출생지주의 폐지 소송이 병행 중이다. 1기 때와 마찬가지로 반세계화, 반월가, 반엘리트, 반이민을 핵심으로 삼았다. 그러나 2025년의 트럼프는 훨씬 정교하다. 1기에는 즉흥적이었다. 지금은 프로젝트 2025·헤리티지재단 등 보수 네트워크와 협업하며 계획적으로 움직인다. 무역 패권 전략도 대상이 확대됐다. 1기는 중국에 집중했다. 2기에는 브라질, 캐나다, 멕시코, 일본, 한국, 브릭스 전반으로 넓어졌다.

　트럼프 2.0은 미중 디커플링(탈동조화)의 정점이다. 중국산 상품 대부분에 평균 30~50%, 최대 145% 관세를 부과하는 조치를 확장했다. 동시에 중국 기업의 미국 증시 상장 제한과 기술 공급망 분리, 디지털 위안화 등 탈달러 흐름에 대응하는 금융 규제 강화도 추진 중이다. 외교적으로도 대만 전략의 모호성을 벗어나, 자국 중심의 군산복합체와 산업 우선 외교를 강화하고 있다. 이는 경제·기술·금융을 아우르는 전방위적 미중 충돌로 귀결되고 있다.

관세 전쟁의 진면목,
'러스트 벨트-월가' 간의 내전

미국은 매년 약 1조 달러에 달하는 무역적자를 기록한다. 상품과 서비스의 수입이 수출을 압도하면서, 경상수지는 늘 적자다. 그러나 통화는 흘러 나가지 않는다. 오히려 같은 규모, 혹은 그 이상이 자본수지 흑자라는 이름으로 다시 미국으로 유입된다. 미국의 적자는 곧 외국의 미국 자산 매입을 의미한다.

이 구조는 단순한 우연이 아니다. 달러가 기축통화로 작동하는 현재의 글로벌 금융 체계 안에서, 미국의 무역적자는 구조적으로 자본수지 흑자를 수반할 수밖에 없다. 달러를 벌어들인 국가는 이를 다시 미국 국채, 월가의 금융자산, 부동산 등에 투자한다. 이는 선택이 아니라 제도적 귀결이다.

이 지점에서 '글로벌 임밸런스'라는 오래된 진단은 수정이 필요하다. 문제의 본질은 중국의 흑자나 독일의 저축률이 아니다. 불균형의 진짜 근원지는 미국 내부에 있다. 제조업과 금융업 간의 심화된 격차, 곧 '아메리칸 임밸런스'야말로 전 세계 불균형 구조의 원천이다.

미국은 지난 수십 년 동안 탈산업화의 경로를 걸었다. 제조업은 쇠퇴했고, 기술과 자본은 금융업으로 집중됐다. 실물 부문은 축소되었지만, 소비는 줄지 않았다. 소비를 유지하는 수단은 신용이었다. 신용을 공급한 주체는 월가였고, 그 신용을 떠받친 것은 외국의 자금, 특히 중국, 일본, 유럽 등으로부터의 지속적인 자본 유입이었다.

미국은 상품을 팔아 벌어들이기보다 자산을 팔아 자본을 유치하는 경제 구조, 다시 말해 금융 중심 수지 조정 체계로 진입했다. 무역적자는 더 이상 문제이기보다, 자본 유입을 위한 사전 조건처럼 작동했다. 수입이 늘어날수록 외국은 더 많은 달러를 벌게 되고, 더 많은 미국 자산을 매입하게 되기 때문이다.

이 구조는 미국을 기형적인 슈퍼파워로 만들었다. 생산 없이 소비할 수 있고, 적자에도 불구하고 통화를 발행할 수 있으며, 그 통화가 다시 외국의 수요를 유도하는 마법 같은 힘의 체계다. 하지만 그 근간에는 분명한 사실이 있다. 미국의 금융이 살아남기 위해 제조업은 희생되었고, 이 둘의 비틀린 균형이 전 세계 무역과 자본 흐름의 왜곡을 낳았다.

'무역적자 1조 달러, 자본수지 흑자 1조 달러.' 겉으로는 균형처럼 보이지만, 속을 들여다보면 산업과 자산, 생산과 소비의 전도된 질서가 놓여 있다. 그리고 이 질서의 본질은 미국 내부에서 먼저 시작되었고, 그 불균형을 흡수하는 역할은 외부 세계, 특히 신흥국들이 맡고 있다.

글로벌 임밸런스라는 말은 어쩌면 미국 내부의 아메리칸 임밸런스를 은폐하는 문법이었는지도 모른다. 영국 저널리스트 겸 작가 벤 추Ben Chu가 2025년 출간한 『유배 경제학Exile Economics』에서 펼친 논리도 필자의 견해와 같다.

벤 추는 영국의 경제 전문 저널리스트로,《인디펜던트》에서 경제부장을 지낸 인물이다. 경제를 대중적인 언어로 풀어내는 데 탁월하며, 특히 중국 경제, 글로벌 금융시스템, 세계화에 대한 서구의 고정관념을 비판적으로 해부하는 데 집중해 왔다. 그의 대표 저서 『차이니스 위스퍼스Chinese Whispers』는 중국에 대한 서구의 오해와 과장된 공포, 그리고 세계화 속 중국의 실질적 위치를 비판적으로 분석한 책으로, 균형 잡힌 시각과 통계 기반의 날카로운 비판으로 주목받았다.

『유배 경제학』에서는 세계화와 중국 경제의 관계를 둘러싼 통념에 의문을 제기하며, 우리가 당연하게 받아들여 온 '중국은 세계화의 승자'라는 구도가 실제로는 미국 중심의 자본 질서에 중국이 조력자contributor로 편입된 결과일 뿐임을 강조한다.

첫째, 이 책의 핵심 명제는 다음과 같다. 세계화란 결코 자연스럽게 형성된 경제적 질서가 아니라, 월가와 워싱턴이 주도하여 설계한 자본 중심의 글로벌 구조라는 것이다. 이 질서는 금융자본의 자유로운 이동, 미국 달러 중심의 통화 체계, 그리고 무역과 투자의 비대칭적 개방을 전제로 구축됐다. 중국은 이 구조 속에서 새로운 규칙을 만들거나 저항한 것이 아니라, 오히려 그 질서 안에 편입돼 시스템을 유지하고 확장하는 역할을 해온 국가였다.

둘째, 벤 추는 중국이 세계화의 '최대 수혜자beneficiary'라는 주장을 깊이 있는 시각으로 반박한다. 서구 언론은 중국의 막대한 무역 흑자와 빠른 성장률을 들어 중국이 부당하게 글로벌 자원을 흡수하고 있다고 비난하지만, 벤 추는 이런 주장이 단편적 수치에 근거한 편견이라고 본다. 중국의 대미 수출이 증가한 것은 사실이나, 그 대부분은 서구 다국적 기업이 중국 내 조립 공장을 통해 생산한 제품을 본국에 역수출하는 방식이었고, 그로 인해 발생한 부가가치는 상당 부분이 미국과 유럽의 기업, 투자자, 특허 보유자에게 귀속됐다. 즉, 중국은 세계화 체제에서 하청 노동력과 수출 플랫폼이라는 기능적 역할을 수행했을 뿐, 자산과 권력을 축적한 중심축이 아니었다.

셋째, 벤 추는 세계화 질서 안에서 벌어지는 구조적 불균형의 본질이 '글로벌 임밸런스'가 아니라, 오히려 미국 내부에서 벌어지고 있는 제조업과 월가 금융산업 간의 갈등이라는 점을 강조한다. 이것은 필자가 '아메리칸 임밸런스'라고 표현한 미중 간 무역 전쟁의 본질과 같은 개념이다. 즉, 중국의 흑자나 저축률이 미국의 소비 과잉을 유발한 것이 아니라, 미국 내 제조업manufacturing과 금융업finance 간의 구조적 불균형이 이미 심화된 상태에서, 중국이 그것을 일시적으로 완화하는 흡수 장치absorber 역할을 했을 뿐이라는 것이다.

미국은 탈산업화 이후 고용과 소득의 불균형을 해소하지 못한 채, 소비를 유지하기 위해 월가를 통해 신용을 확장했고, 이 과정에서 중국은 미 국채를 대량 매입하며 미국 내 금리 안정과 유동성 공급을 도왔다. 이는 중국이 미국의 부채 순환 구조에 깊이 얽혀 있었으며, 실제로는 자산 축적보다는 금융 질서 유지에 이바지해 온 국가였다는 점을 보여준다.

넷째, 이 책의 가장 중요한 통찰은 다음과 같은 명제로 요약될 수 있다. 중국은 서구 중심 자본주의의 대체자가 아니라, 그 보완 장치이자 안정화 도구였다. 중국은 IMF 체제, 세계무역기구 질서, 달러 기반의 글로벌 결제 시스템에 정면으로 도전하지 않았고, 자국의 외환 보유액을 이용해 오히려 그 질서의 지속 가능성을 높여왔다. 이러한 점에서 벤 추는 중국을 '질서의 파괴자destroyer'가 아니라, '질서의 실용적 관리자pragmatic stabilizer'로 본다. 그는 중국이 보여주는 국가자본주의state capitalism가 서구 리버럴 자본주의의 대안이기보다는, 그 구조 안에서 가장 효율적으로 작동하는 '내부자 전략internalized strategy'이라는 점을 강조한다.

요컨대 『유배 경제학』은 세계화와 중국 경제를 둘러싼 지배적 담론을 해체하며, 그 이면에 숨겨진 자본 권력의 방향, 책임의 구조, 그리고 권력 분배의 실체를 드러낸다. 중국은 세계화 질서의 기획자도, 수혜자도 아닌, 월가가 설계한 무대 위에서 가장 성실하게 움직인 무대장치에 가까웠다. 그리고 그 무대는 무너진 것이 아니라, 지속되기 위해 더 정교한 연기를 요구하고 있다.

Big-Tech Capitalism

초국가적 신흥 세력, 빅테크

트럼프의 반세계화 전략으로 세계경제는 다시 블록화하고 있다. "먹이가 줄면 깃털 색이 같은 새들끼리 모인다"라는 말이 있다. 경제가 어려워지면 이해관계를 같이하는 국가들끼리 뭉친다는 의미다. 세계를 단일시장으로 보는 게 세계화의 개념이라면, 트럼프의 반세계화는 단일시장을 소분하고 있는 셈이다.

트럼프의 관세 전쟁을 면밀히 들여다보면 트럼프가 실물경제에서는 반세계화 전략을 펼치면서, 디지털 경제에서는 세계화 전략을 펼치고 있다는 걸 알 수 있다. 실제 트럼프는 미국 내 생산과 고용, 제조업 재활성화를 최우선 과제로 삼고, 중산층을 되살리겠다며 관세정책을 강화했다. 철강과 자동차에는 25%, 반도체와 배터리에는 최대 50%의 고율 관세를 부과했다. 이에 "미국인을 고용하고, 미제를 사라 Buy American, Hire American"라는 구호 아래 실물 보호주의가 본격화됐다. 이것은 월가 중심의 금융 세계화에 대한 정면 반격이었다.

동시에, 그는 정반대의 길도 열어뒀다. 빅테크를 중심으로 한 디지털 세계화였다. 애플, 구글, 메타, 아마존, 테슬라, 엔비디아, 마이크로소프트 등 이른바 '매그니피센트 7'을 앞세운 새로운 영토 확장 전략이다.

그들은 국가의 벽을 넘어, 데이터와 플랫폼을 무기로 세계를 확장했다. 트럼프는 디지털 규제를 거론한 외국 정부에 관세를 협상 카드로 꺼내 들었다. 디지털세와 알고리즘 규제에 대응해 철강과 화장품, 와인과 명품에 관세를 예고했다. 톰 휠러 전 FCC 의장은 이를 "제조업 보호에서 빅테크 수익 보호로 관세의 목적이 바뀌었다"라고 지적했다.

구글은 글로벌 검색 점유율 92%를 유지 중이다. 유튜브는 100여 개 국가에서 로컬 콘텐츠를 제공하고 있다. 클라우드 사업 Google Cloud은 분기 매출 123억 달러를 기록했고, 글로벌 점유율은 12%를 넘어섰다.

메타는 페이스북과 인스타그램을 합쳐 30억 명이 넘는 월간 사용자를 보유하고 있다. 2025년 전체 광고 매출의 75%가 미국 외에서 나온다. 아마존은 연 매출 6380억 달러, 순이익 590억 달러를 기록했다. AWS는 글로벌 클라우드 인프라의 31%를 차지하며 독보적인 1위다.

마이크로소프트는 오피스·애저를 기반으로 전 세계 기업 운영의 표준 인프라가 됐다. 클라우딩 컴퓨터 플랫폼 애저의 2025년 1분기 매출은 268억 달러, 클라우드 시장 점유율은 21%다.

이 기업들은 단지 미국 기업이 아니다. 이들은 국가 바깥에 존재하는 '초국가적 플랫폼'이다. 데이터는 국경을 넘고, 서버는 바다 건너에 있다. 관세는 이들에게 영향을 주지 못한다. 반면, 실물 제조업은 국경 안에서 허덕인다. 미국은 철강을 보호하기 위해 수입을 제한하지만, 광고 알고리즘은 전 세계를 장악하고 있다.

이 모순이 바로 트럼프의 투 트랙 전략의 핵심이다. 트럼프는 공장에는 장벽을 쌓고, 서버에는 길을 열었다. 실물엔 보호주의, 디지털엔 세계화를 선택한 것이다. 이전에는 관세가 산업을 위한 것이었다. 지금은 관세가 협상 카드로 쓰인다. 유럽이 구글을 규제하면, 미국은 프랑스 와인에 관세를 올린다. 한국이 지리정보 반출을 막으면, 미국은 자동차 부품에 압박을 가한다. 디지털 규제를 풀지 않으면, 실물 산업에 보복하겠다는 논리다.

이런 전략은 디지털 세계화와 실물 블록화를 동시에 밀어붙이는 '모순된 병행 정책'이다. 하지만 그것이 바로 미국의 힘이기도 하다. 실물 보호주의는 제조업과 노동자에게 보상이며, 디지털 제국주의는 자본과 플랫폼의 이익을 극대화하는 무기다. 또한 국가라는 틀을 벗어난 빅테크와 국가 중심주의를 강화하는 정치 사이의 공생이다. 이 모순은 결국 새로운 규범 재편의 신호탄이다. 그 중심에는 매그니피센트 7이 있다. 이들은 국경 밖에서 작동하고, 국가 위에 군림한다. 21세기 디지털 제국의 실질적 주권자는, 국가가 아니라 알고리즘이다.

이제 무역은 철강을 위한 것이 아니라, 구글의 광고 수익을 위한 것이 되고 있다. 그리고 그 모든 흐름을 설계한 것은, 보호무역주의자 트럼프다. 디지털의 문을 여는 손이자, 철강에 관세를 때리는 주먹이다.

규제 완화의
선봉에 선 트럼프

2025년 3월 10일, 브루킹스연구소에 실린 칼럼에서 톰 휠러 전 FCC 의장은 트럼프의 관세정책이 더 이상 전통적 보호무역이 아니라고 주장했다. 그는 트럼프의 관세정책을 "제조업 보호에서 빅테크 수익 보호를 위한 것으로 변질됐다 From protecting production to protecting Big Tech's profits"라고 비판했다. 즉, 철강과 자동차를 보호하던 관세가 이제는 구글과 메타, 애플의 수익 마진을 지키는 데 쓰이고 있다는 뜻이다. 그는 트럼프가 외국 정부의 디지털 규제에 맞서 관세를 지렛대로 사용하고 있다고 지적했다. 특히 EU의 디지털시장법과 디지털서비스법을 겨냥했다고 분석했다. 이 법들이 미국 빅테크의 영업 모델을 위협하고 있다는 것이다.

휠러는 트럼프의 새 관세정책이 "타국 규제에 대한 반격이며, 기술 기업 수익 보호용"이라고 비판했다. 그가 이 발언을 한 시점은 트럼프가 직접 지시한 2월 관세 메모가 발효된 직후다. 당시 트럼프는 "EU의 규제가 미국 기업에 피해를 준다"라며 "관세를 포함한 강력한 대응 조치를 준비하라"라고 지시했다. 그 지시에 따라 상무부와 무역대표부USTR는 EU산 자동차와 화장품, 철강 제품에 10%에서 20% 관세 부과 방안을 검토했다. 휠러는 이 흐름을 정면으로 비판했다. 관세는 더 이상 '국가 산업'을 보호하는 도구가 아니라, 초국가적 플랫폼 기업의 글로벌 마진을 지키는 수단으로 바뀌었다는 것이다. 그는 이를 "무역정책의 탈선"이라 명명했다.

EU의 규제는 미국 빅테크의 글로벌 영업에서 가장 큰 걸림돌로 지적된다. 빅테크 입장에서는 EU 시장을 포기할 수 없다. 이 때문에 천문학적인 과징금을 물면서도 영업을 지속해야 한다. 천문학적인 과징금은 유로화 표시 세금인 셈이다.

구체적인 사례를 보자. 2025년 4월, EU 집행위원회는 애플에 5억 유로(약 5억 7000만 달러)의 벌금을 부과했다. 그 이유는 앱스토어의 반경쟁적 정책이었다. 같은 달, 메타는 2억 유로(약 2억 3000만 달러)의 벌금을 받았다. 광고 알고리즘의 투명성 부족과 사용자 데이터 활용 방식이 문제가 됐다. 알파벳(구글)도 마찬가지다. 디지털시장법에 따라 검색 알고리즘 개방과 안드로이드 독점 제한을 요구받았다. 이를 이행하지 않으면, 연간 글로벌 매출의 최대 10%, 즉 최대 350억 유로에 달하는 벌금이 부과될 수 있다. 미국 컴퓨터통신산업협회CCIA 보고서에 따르면, 이런 EU 디지털 규제로 인해 미국 빅테크 상위 5개 기업의 연간 리스크는 43억~125억 달러 수준이다.

트럼프는 이 규제를 미국 기업에 대한 '부당한 차별'로 간주했다. 그래서 대응에 나섰다. 그는 2025년 2월, 관세를 협상 지렛대로 활용할 수 있도록 USTR에 디지털 규제 대응 시나리오를 마련하라고 지시했다. EU는 긴장했다. 트럼프의 관세 타깃에 독일 자동차, 프랑스 와인, 이탈리아 명품이 포함됐기 때문이다. 일부 EU 국가들은 내부적으로 '디지털 규제 일부 완화'를 조건으로 10% 관세 유예 협상을 시도했다. 일부 유럽 언론은 "디지털세 철회 대가로 관세 철회 논의가 진행 중"이라고 보도했다.

이 흐름은 프랑스와 캐나다의 사례에서도 반복된다. 이들 국가는 미국 빅테크에 디지털서비스세DST를 부과하고자 했고, 미국은 이에 맞서 프랑스산 와인과 캐나다산 목재에 보복 관세를 경고했다. 2025년 상반기 협상 결과, 캐나다는 DST 도입을 유예했고, 미국은 목재 관세를 동결했다.

중국에는 또 다른 방식의 규제를 적용했다. 중국은 데이터 국외 이전 제한과 현지 서버 저장 의무화를 시행 중이다. 애플과 테슬라는 이미 중국에 전용 데이터센터를 운영하고 있다. 미국은 EV 배터리, 반도체 장비 등에 대한 고관세 조치로 맞섰다. 그러면서 중국에 "데이터 이관을 유연화해 달라"라고 요구했다.

이 같은 흐름은 2025년 7월, 한국과 일본으로까지 확장됐다. 7월 7일, 트럼프 대통령은 한국과 일본을 지목해 25% 기본 관세를 부과하겠다고 발표했다. 곧바로 "90일 유예 협상 가능"이라는 조건을 달았다. 그 핵심 전제는 디지털 규제 완화였다. 트럼프는 한국과 일본 정부에 "메타, 구글, 애플에 대한 자국 내 디지털세나 알고리즘 규제 움직임이 미국 기업 수익을 위협하고 있다"라며 이를 철회하라고 요구했다. 한국은 2026년부터 OECD 기준에 따라 디지털

세 도입을 예정하고 있었고, 일본은 플랫폼 광고 투명성 강화와 개인정보 보호 규제 개정을 추진하고 있었다. 이에 대해 미국은 "디지털세는 무역장벽"이라는 논리로 맞섰고, 트럼프는 협상 메모를 통해 "규제를 완화하면 관세를 철회할 수 있다"라는 입장을 전달했다. 일본과 한국은 즉각적으로 외교 채널을 가동했고, 일부 유럽 언론은 "한국과 일본도 디지털 규제 일부 유예를 검토 중"이라고 보도했다.

한편 구글은 2007년과 2016년에 이어 2025년 2월에도 한국 정부에 고해상도 지리정보(1 대 5000 배율)의 수출을 요청했다. 하지만 한국은 이를 국가보안 차원에서 거부했다. 1961년 제정된 '국가공간정보 보안관리규정'과 지리정보 관리법 제16조는 군사기지, 원자력발전소, 방위산업시설 등을 1 대 5000보다 상세히 노출한 지도는 해외 반출을 금지한다. 이 규정은 북한과의 군사·기술적 긴장 속에서 지도 정보가 정밀 표적화에 이용될 수 있다는 우려에서 비롯됐다.

우리 정부와 업계는 이에 대한 대안을 제시했다. "해외 반출은 제한됐지만, 국내에 서버를 둘 경우에 한해 요구하는 지도 정보를 제공할 수 있다"라는 것이다. 구글 본사는 이를 거부했다. 세금, 법적 책임, 현지 리스크 증가 등의 문제를 감안한 것으로 추정된다. 구글은 "한국 지도 데이터를 해외로 가져가야만 글로벌 인프라와 연동된다"라고 주장했다. 결국 구글은 한국에서 1 대 2만 5000 일반지도만 사용하고 있다. 이로 인해 구글맵스는 한국에서 도보·운전 길 안내가 불가능하며, 외국인 관광객이 불편을 겪고 있다는 게 구글 측 주장이다.

한국 벤처·중소 지도 서비스 기업들은 "구글이 진입하면 국내 지도 산업이 와해될 것"이라고 우려한다. 2025년 4월 기준 네이버맵의 월간 사용자는 2700만 명, 카카오맵은 1100만 명, T맵은 2400만이다. 이들 서비스는 1 대 5000 배율 지도, 길 안내, 외국어 지원 등 고품질 서비스를 국내에서 제공하고 있다.

미국 정부도 이 문제를 '비관세 장벽'으로 지목했다. 2025년 미국 무역대표부는 한국의 지도 반출 금지를 WTO 위반 요소가 있는 디지털 무역장벽이라고 분류했다. 미국 IT 업계는 "구글은 한국에서 매년 약 1억 3000만 달러의 수익 손실을 본다"라고 주장했다.

한국 정부는 고민 중이다. 범부처 지도수출심의위는 세부 논의를 이어가고 있다. 논의 중인 옵션은 다음 네 가지다. 즉 전면 금지 유지, 국내 서버와 함께 보안 마스킹의 조건부 허용, 도시 지역 1 대 5000 지도만 제한적 반출, 무제한 수출 허용이다. 한국 정부는 "국가 안보와 주권, 산업 보호를 지키면서도 외국인 관광객의 불편 완화 대책을 병행한다"라는 절충안을 검토 중이다. 더 큰 문제는 "한국 기업들이 미국에서 비슷한 자료 요구를 했을 때는 구글이 묵살했다"라는 지적이다. 이는 상호주의 원칙에도 배치된다.

톰 휠러의 경고는 현실이었다. 트럼프의 관세는 단순한 물리적 무역의 문제가 아니다. 관세는 디지털 규제에 대한 정치적 반격 수단이자, 미국 빅테크의 이익 마진을 방어하는 협상 칼날이 됐다. 문제는 이것이 전통적 무역질서의 원칙을 흔든다는 점이다. 관세가 더 이상 철강을 위한 것이 아니라, 구글의 광고 수익을 위한 것이

되는 순간, 우리는 새로운 형태의 보호주의, 즉 디지털 제국주의의 시대로 진입하고 있는 것이다.

Big-Tech Capitalism

빅테크와 월가의 충돌이 필연적인 이유

"상품은 국경에 걸리지만, 데이터는 국경을 넘는다." 도널드 트럼프 행정부 2기에 강화된 트럼피즘을 이해하려면 이 한 문장을 달달 외워야 한다. 트럼프는 오랜 시간에 걸쳐 반세계화, 반월가라는 사상적 토대를 숙성시키고 내재했다. 반세계화는 미국의 기독교인 백인 중산층을 위한 것이지만, 미국 기업으로서도 마냥 좋은 것만은 아니다. 작용이 있으면 반작용이 반드시 있는 법이어서 무역 상대국들도 트럼프의 매질을 넋 놓고 맞지만은 않을 것이기 때문이다. 이는 결국 미국 기업들의 영업 기반에도 치명적이다.

트럼프가 찾은 대안이 바로 '빅테크 자본주의'다. 애덤 스미스의 국부론에 의해 꽃을 피우게 된 자본주의는 시장 자율과 분업이 핵심이다. 요약하면, 트럼프는 닉슨 쇼크 이후 월가의 논리로 만들어진 자유시장 경제의 틀은 유지하되, 그 내용물은 전과는 전혀 다른 것으로 채우겠다는 것이다. 월가는 반세계화란 족쇄를 채워 보호무역주의라는 우리 안에 가두고, 성장 가도에 있는 매그니피센트 7의 비교우위를 앞세워 자본주의 이후의 자본주의, 즉 자본주의 2.0 체제를 만들겠다는 구상이다.

이 같은 대안을 트럼프 본인이 찾았다기보다는 빅테크 쪽 천재들이 트럼프에게 프레임을 만들어준 것으로 보는 게 진실에 더 가까울 듯하다. 부동산 재벌이었던 트럼프는 데이터 경제보다는 실물 경제에 더 익숙했고, 암호화폐에도 부정적인 입장을 취해왔다는 게 그 방증이다.

자본주의 2.0이 빅테크의 기술 천재들이 만든 프레임이라면 이는 그 안에 빅테크의 반세계화 구상이 고스란히 담겼음을 의미한다. 월가가 만든 자본주의 1.0, 즉 실물과 금융 중심의 세계화를 깨고, 데이터와 새로운 금융 패러다임 기반의 자본주의 2.0을 만들겠다는 마스터플랜을 짜놓고 트럼프의 손을 잡은 것이다. 그것은 어느 한 천재의 설계라기보다는 현재의 세계화 1.0 프레임 속에서 혁신을 가로막는 걸림돌을 제거하려고 몸부림치는 과정에서 만들어낸 일종의 집단지성이라고 봐야 한다. 즉 빌 게이츠와 마크 저커버그의 시행착오를 거쳐, 피터 틸과 일론 머스크라는 빅테크 업계의 햄릿과 돈키호테가 완성해 가고 있는 전 지구적 범위를 뛰어넘는 우주적 비전이라고 할 수 있다.

이들에게 국가는 혁신을 가로막는 리바이어던에 지나지 않는다.

월가는 빅테크가 가려는 길목을 선점하고 규제란 장벽으로 그들을 가로막는 낡고 비효율적인 구체제의 상징이다. 앞서 설명했듯 빅테크는 혁신의 마지막 단계에서 궁극적으로 금융이란 영역을 통과해야 한다. 선점 후 독점이란 빅테크의 성공 루트를 그대로 가다 보면, 지불과 신용 창출이란 금융의 역할을 스스로 해야 하기 때문이다. 역시 언급했듯이, 빅테크들의 인공지능 기술이 향하는 종착역은 군수산업이다. 이는 냉전시대를 거쳐, 닉슨 쇼크 이후 월가가 지배해온 미국의 패권 산업이다. 빅테크와 월가는 자본주의가 다른 단계로 넘어가는 과정에서 숙명적으로 충돌할 수밖에 없다. 이는 일종의 패권 전쟁이기 때문에 어느 한쪽도 양보할 수 없다.

이 전쟁의 승패를 가늠할 수 있는 바로미터는 빅테크가 언제 금융의 핵심 기능을 할 수 있느냐에 있다. 그 기능은 바로 지불에서 신용 창출로의 확장이다. 신용 창출은 간단히 말해 '대출을 통한 화폐 발행'을 의미한다. 또 하나의 잣대는 미국 국방부 예산의 무게중심이 F-35에서 드론으로 바뀌는 순간이다. F-35는 월가가 투자한 군산복합체의 무기를 의미하고, 드론은 빅테크의 AI 기술로 만들어진 무기를 포괄하는 대명사다.

이런 관점에서 보면 2025년 6월 17일 미국 상원을 통과한 지니어스 액트, 즉 스테이블코인 육성법의 한 조항이 의미심장하게 느껴진다. 지니어스 액트는 빅테크의 스테이블코인 발행을 허용하면서도, 스테이블코인 발행사가 이용자에게 이자를 지급하는 것은 금했다. 이자를 지급한다는 건 이용자의 예치금이 곧 예금이란 뜻이고, 이는 대출과 등을 맞댄 금융의 핵심 기능 중 하나다. 머지않아 빅테크들이 돌아서기만 하면 대출, 즉 신용 창출이 가능해질 것이라는 전조다.

빅테크의 여신을 허용한다면, 이는 월가엔 치명적이다. 빅테크의 기술력이 만들어내는 사용자 편의성을 월가는 당해낼 수 없다. 이에 대응하는 월가의 무기는 바로 각종 규제가 보장하는 안전성과 예금 이자다. 이런 상황에서 빅테크가 발행하는 스테이블코인이 일종의 예금 상품이 된다면, 그만큼 월가의 예금 계좌가 줄게 된다. 월가의 신용 창출 기반이 무너지는 것이다.

트럼프와 공화당은 빅테크를 연준의 감독하에 두고 스테이블코인을 발행할 수 있게 해주는 선에서 이번 지니어스 액트의 세부 항목을 두고 민주당 및 월가와 일종의 절충을 한 셈이다. 금융 혁신이란 명분 아래 빅테크의 기술력을 기존 통화 패권의 영역에 일단 들여놓는 게 관건이었을 것이다.

하지만 빅테크들은 이론적으로만 보면, 규제의 틀을 우회하는 방식으로 신용 창출을 얼마든지 할 수 있다. 예치금에 이자를 줄 수는 없지만, 발행한 스테이블코인으로 예금 계좌를 만들어 다양한 명목으로 이자를 지급하는 방법을 고안할 수 있다. 지금도 몇몇 디파이 업체들이 이 같은 서비스를 하고 있다. 대표적 사례 중 하나가 메이커DAO다. 메이커DAO는 DAI라는 스테이블코인을 발행한다. 이 코인을 'DAI예금이자율^{DSR}' 스마트 컨트랙트에 예치하면 이자를 준다. 예치자들은 현재 연 2~5% 수준의 수익을 올리고 있다.

규제를 우회하는 방식은 이렇다. 스테이블코인을 디파이 포털에 예치하면, 다른 이용자들은 비트코인이나 이더리움을 담보로 이 스테이블코인을 대출받는다. 대출자들은 이자와 수수료를 내고, 그 수익은 예치자에게 분배된다. 이 과정은 은행 예금처럼 보이지만, 실제로는 은행 규제나 예금보험 대상이 아니다.

   이 같은 구조는 빅테크·핀테크 기업들이 대규모로 구축 가능하다. 구글·애플이 스테이블코인 발행사와 협력해 예치형 디지털 지갑을 제공한다면, 이자 수익과 금융상품을 내재화할 수 있다.

   당장은 디파이 업체들이 주도하지만, 빅테크가 제도권과 협력하거나 우회로를 개발하면 예금 대체 플랫폼 시장이 열릴 수 있다. 이런 흐름은 규제 공백 속에서 신용 창출이 무한대로 확장될 수 있음을 시사한다.

통화 패권의 이동, '전기의 달러' 비트코인

　전 세계 기술 산업의 심장부인 빅테크 기업들은 인공지능과 데이터 중심의 디지털 경제로 빠르게 진입하고 있다. 하지만 이들이 작동하는 핵심 동력, 즉 전기와 자본을 둘러싼 문제로 들어가면, 이들의 패권은 구조적으로 제약을 받고 있다. 그 중심에는 여전히 '달러'라는 구시대적 화폐 체계가 자리 잡고 있다.

　달러는 표면적으로는 국제적 통용성을 갖춘 안정적인 결제 수단이지만, 실질적으로는 월가 중심의 금융 지배 구조를 전제로 하는 시스템이다. 1971년 닉슨 대통령이 금본위제를 종료한 이후, 달러는 실물자산이 아닌 신뢰에 기반한 '신용화폐' 체제로 전환되었고, 이 과정에서 월가는 달러 유동성을 창출하는 핵심 플레이어로 부상했다.

미국의 연준은 본원통화를 발행하고, 이를 바탕으로 시중은행들은 신용을 통해 대출을 확장시켜 통화 공급을 늘린다. 이 두 단계 모두에서 월가는 핵심 통제력을 행사한다. 특히 2008년 글로벌 금융위기 이후, 연준의 양적완화는 월가의 대형 투자은행과 자산운용사에 유례없는 유동성을 제공했고, 월가는 이를 다시 자산 시장으로 되돌려 부를 증폭시켰다.

반면 빅테크는 서비스 기반의 기업들로, 본질적으로 달러를 '사용'하는 쪽이지 '발행하거나 유통을 통제'할 수 없다. 애플, 아마존, 구글, 메타 같은 기업들이 아무리 현금 흐름이 좋고 글로벌 영향력을 가지더라도, 그들이 벌어들인 돈은 달러 체제의 인프라를 거쳐야만 움직인다.

글로벌 결제 시 고객은 자국 통화를 달러로 환전하고, 빅테크는 그 달러를 다시 미국 본사의 회계로 송금해야 하며, 그 과정에서 환전 수수료, 결제 수수료, 송금 수수료, 환헤지 비용 등 다양한 금융 비용이 발생한다. 예를 들어, 글로벌 앱스토어 결제의 경우, 사용자 결제가 완결되는 데까지 비자, 마스터카드, 스위프트SWIFT 네트워크, 그리고 중간 은행들을 경유하면서, 전체 결제액의 2~5%에 달하는 비용이 발생한다는 분석이 있다. 이는 단순한 수수료가 아니라, 월가 금융시스템의 '사용료'인 셈이다.

게다가 미국 국채 금리 상승과 그에 따른 달러 강세는 오늘날 빅테크 기업들이 추진하는 혁신 전략 전반에 실질적이고 구조적인 제약을 가하는 요인이다. 우선 미 국채 금리는 전 세계 모든 자산의 기준금리 역할을 하며, 이 금리가 상승하면 기업의 자금조달 비용이 직접적으로 증가하게 된다. 혁신을 추진하기 위해서는 막대한 자금이 필요한데, 특히 AI 개발, 반도체 설계, 데이터센터 구축, 전력 인프라 확보 등은 모두 자본집약적인 영역으로서 대규모의 장기 투자가 수반된다. 이때 필요한 자금은 회사채 발행, 대출, 외부 투자 유치 등을 통해 조달되는데, 미 국채 금리 상승은 이 모든 자금의 조달 비용을 상승시키며, 빅테크는 이자 부담이 커져 투자 여력이 위축된다.

실제로 2022년부터 2023년 사이 미국 연준이 기준금리를 급속하게 인상하고 10년물 국채 금리가 4%를 돌파했을 때, 메타는 메타버스 프로젝트인 리얼리티랩스Reality Labs의 손실을 줄이기 위해 대규모 구조조정을 단행했다. 아마존과 구글 역시 클라우드와 연구개발 부문에서 감원을 단행하며 혁신 프로젝트의 규모를 축소했다.

또한 미 국채 금리 상승은 글로벌 자금의 흐름을 바꾸면서 투자자들의 위험 선호 심리를 냉각시킨다. 국채 금리가 상승하면 채권은 더 높은 수익을 제공하는 '안전자산'이 되기 때문에, 투자자들은 불확실하고 수익 실현이 느린 기술주나 성장주에서 자금을 회수해 채권으로 이동한다. 이 과정에서 빅테크의 주가는 하락하고, 이로 인해 시가총액이 감소하며, 재투자 여력이 줄고, 스톡옵션 기반의 인재 유치력도 약화된다. 실제로 2022년 나스닥 지수가 30% 이상 하락하며 빅테크 주가가 대폭 조정되었고, 이로 인해 기술 인재들이 대기업에서 이탈하거나 스타트업으로 이직하는 흐름이 나타났다. 이는 곧 기업의 내부 혁신 역량이 약화되는 결과로 이어졌고, 단기 수익 압박이 장기 연구개발 프로젝트에 대한 투자 위축으로 연결되었다.

이와 동시에 달러 강세는 글로벌 시장에서 수익을 창출하는 빅테크의 수익성을 직접적으로 훼손한다. 빅테크의 매출은 전 세계에서 발생하지만, 회계상 기준통화는 달러이기 때문이다. 달러가 강세를 보일 경우 유럽, 아시아, 남미 등 비달러권 국가에서 발생한 매출은 달러로 환산하는 과정에서 손실이 발생한다. 이는 일종의 환차손이다. 실제로 마이크로소프트는 2022년 3분기에 달러 강세로 인해 6억 달러의 손실이 발생했다고 발표했고, 애플 또한 같은 해 실적 발표에서 유럽과 일본에서의 매출은 현지에서는 견조했지만 달러 기준으로는 역성장했다고 밝혔다. 당시 팀 쿡 애플 CEO는 "달러 강세가 애플 실적의 '가장 큰 역풍'"이라고 평가했을 정도로, 이는 단순한 환율 문제가 아니라 글로벌 수익 구조를 근본적으로 흔드는 변수다. 글로벌 수익이 줄어들면 이는 기업 실적 하락으로 이어지고, 이는 다시 주가 하락과 투자 여력 축소를 초래하며, 악순환이 반복된다.

이런 거시금융 환경은 특히 AI, 클라우드, 전기 기반 컴퓨팅 인프라와 같은 새로운 기술 패러다임의 성장을 더욱 어렵게 만든다. 대규모 언어모델LLM 개발, GPU 팜 구축, 전기 공급 계약, 데이터센터 유지보수 등은 모두 장기적이고 고비용의 투자가 필요하며, 금리가 오를수록 미래 수익에 대한 현재 가치가 낮아지므로, 기업의 입장에서는 투자 자체가 비경제적 선택으로 보일 수밖에 없다. 특히 전기 가격의 선도계약이나 대규모 장비 투자 등은 금리에 민감하게 반응하며, 이자율이 높아질수록 모든 인프라 비용이 불어나게 된다. 이처럼 자본조달, 투자 결정, 수익 환산, 인재 유지 등 혁신의 전

과정이 금리와 달러의 영향을 받기 때문에, 결국 미 국채 금리 상승과 달러 강세는 빅테크 기업에 단순한 거시경제 변수라기보다는 구조적이고 지속적인 혁신의 장애물로 작용하는 것이다.

이 모든 환경이 월가에는 오히려 유리하게 작용한다. 금리가 오르고 달러가 강세일수록, 월가는 자산운용, 채권 거래, 결제 수수료, 글로벌 금융 중개 등의 방식으로 더 많은 수익을 창출한다. 안전자산 선호로 자금이 채권으로 몰리면, 월가는 국채 유통시장에서 수익을 올리고, 자금조달이 어려워진 기업들은 더 높은 비용을 지불하며 월가의 금융서비스에 의존하게 된다. 결국 금리 인상과 달러 강세는 월가의 수익을 증대시키는 반면, 빅테크에는 자금 압박과 혁신 위축이라는 이중고를 안긴다. 이처럼 금리와 환율은 단순한 경제지표가 아니라, 오늘날 기술 패권과 금융 패권이 충돌하는 전장에서 가장 중요한 무기 중 하나다.

결제 시스템을 통제하고, 금융 인프라를 소유하며, 달러 유통의 거버넌스를 장악한 월가는 결제 한 건이 발생할 때마다 수수료와 금융정보, 유동성 활용 이익을 얻는다. 비자카드와 마스터카드의 시가총액이 1000조 원을 넘는 이유, 그리고 블랙록이나 골드만삭스가 디지털 결제 생태계에 투자를 집중하는 이유도 여기에 있다.

빅테크는 이러한 달러 중심 질서에서 항상 외부자로 남을 수밖에 없고, 전기 · 클라우드 · AI 인프라가 커질수록 더 많은 자금을 월가의 시스템에 예속시키는 구조에 갇힌다. 자율성은 커지는 것 같지만, 금융 주권은 오히려 약해진다.

이런 구조적 제약은 빅테크가 자체 결제 수단이나 대체 화폐에 주목하게 만든다. 대표적인 사례가 페이스북(현 메타)이 2019년 발표한 디지털화폐 '리브라' 프로젝트다. 메타는 이 프로젝트를 통해 글로벌 결제 시스템을 혁신하고자 했지만, 곧바로 미국 정치권과 규제 당국의 거센 반발에 부딪혔다. 당시 연준, 재무부, 의회 모두가 한목소리로 반대에 나섰고, "국가의 통화 주권에 대한 도전"이라는 이유로 사실상 프로젝트를 중단시켰다. 이는 명백한 신호였다. 빅테크가 화폐를 만들거나, 결제의 주체가 되면 월가의 권력이 약화된다는 인식이 작동하고 있음을 보여준 사례다.

이처럼 빅테크와 월가의 패권 전쟁은 자본이 아닌 화폐의 통제권을 둘러싼 구조적 갈등이다. 달러는 월가에 유리한 홈경기장이다. 빅테크가 이 경기장 안에서 아무리 잘 뛰어도, 규칙을 정하는 쪽은 월가다. 따라서 빅테크가 자신들의 기술 기반 패권을 지키기 위해 선택할 수 있는 유일한 길은, 전기·AI 기반 생태계에 자체적이고 탈중앙화된 결제 수단을 마련하는 것이다.

기축통화의 조건

기축통화는 단순히 가장 널리 쓰이는 결제 수단이 아니라, 핵심 자원에 대한 배타적 접근권을 화폐라는 형태로 제도화한 것이다. 역사적으로 화폐의 패권은 언제나 해당 시대를 지배하는 자원에 대한 우선적 접근과 독점적 결제권을 통해 성립됐다. 금본위제 시절, 영국 파운드와 이후의 미국 달러는 '금'에 대한 교환권을 가진다는 의미였고, 이는 금을 매개로 한 국제 무역질서에서의 통화 우위를 정당화했다. 금을 보유한 자만이 신용을 확장할 수 있었고, 중앙은행은 금 보유량만큼만 통화를 발행할 수 있었기에, 금에 대한 독점권은 곧 화폐 주권이었다.

그러나 1971년 닉슨 쇼크로 금본위제가 붕괴되면서, 달러는 실물 담보 없이도 기축통화의 지위를 유지해야 했다. 이를 가능케 한 것이 바로 페트로달러 체제였다. 미국은 사우디아라비아 등 OPEC 산유국과 협의하여, 국제 석유 거래를 달러로만 결제하도록 강제했고, 이는 전 세계가 석유를 사기 위해 달러를 필요로 하는 구조를 만들었다. 다시 말해, 달러는 석유라는 필수 자원에 대한 배타적 접근권을 획득한 셈이었다. 석유를 얻기 위해선 달러를 먼저 확보해야 하고, 달러를 확보하려면 미국의 금융시스템에 편입되어야 한다. 이렇게 달러는 기축통화이자 에너지 통제권의 상징이 됐다.

전기의 시대

세 번째 변곡점, 그것은 바로 전기의 시대가 개막되고 있다는 사실이다. 21세기 중반으로 갈수록 탈탄소, 전기차, 스마트시티, AI 인프라, 클라우드, 반도체 산업이 모두 전기를 핵심 자원으로 요구하고 있다. 특히 AI의 부상은 이 흐름에 가속을 붙였다. AI 모델을 학습시키는 데는 수천 메가와트시MWh가 소모되며, 데이터센터 하나가 도시 단위 전력을 빨아들이는 수준이다. 전기는 더 이상 공공재가 아니다. 통제와 결제의 대상이자, 경쟁의 무대가 됐다.

이 새로운 판 위에서, 과거처럼 특정 정부가 전기 생산을 독점하거나, 전력망을 통해 국제 결제를 통제하기는 어렵다. 대신 전기의 결정권은 수요자 쪽으로 이동하고 있고, 이 수요의 중심에 빅테크가 자리 잡고 있다.

마이크로소프트는 자체 태양광 설비를 갖추고, 구글은 세계 최대의 재생에너지 바이어가 되었으며, 아마존은 영국과 인도에 전력 구매 자회사를 설립했다. 이들은 국가를 뛰어넘는 초국적 전기 소비자이자 계약자로 진화 중이며, 전기를 소비할 뿐 아니라 직접 결제, 배분, 계약 구조를 설계한다.

여기서 달러 기반 결제 시스템은 걸림돌이 된다. 전력 공급자는 자국 통화를 원하고, 빅테크는 글로벌 결제를 수행해야 하며, 이 과정에서 환전, 송금, 수수료, 환리스크 등 다층적인 금융 장벽이 생긴다. 특히 달러 기반이 아닌 지역(아프리카, 동남아, 남미 등)에서는 달러 부족으로 전력 프로젝트가 무산되거나 지연되는 사례가 빈번하다.

결국 빅테크는 자신에게 가장 유리한, 즉각적이고 중립적이며 전기와 직접 연동된 화폐 시스템을 필요로 하게 되었다. 이 흐름 속에서 다시 주목받는 것이 바로 비트코인이다. 비트코인은 단순한 디지털 자산이 아니라, 전기를 소비하여 생산된 '에너지 기반 화폐'다. '작업증명PoW'이라는 메커니즘은 전기를 들여 해시값을 계산함으로써 블록을 생성하고, 이는 다시 희소성과 불변성을 갖는 자산으로 축적된다. 다시 말해, 비트코인은 최초로 물리적 자원(전기)과 직접 연동된 화폐이며, 그 자체로 전기를 '보관'하고 '이동'할 수 있는 구조를 갖는다.

이는 과거 금이 그랬고, 달러가 석유를 통해 기축통화의 지위를 유지했던 방식과 유사하다. 즉, 전기에 대한 결제와 통제의 수단으로 기능할 수 있는 가능성을 열었다. 이러한 개념은 단순한 철학적 은유가 아니라, 실제 세계 곳곳에서 '전기 → 비트코인 → 디지털 자산 → 가치 전환'의 구조로 실현되고 있다. 특히 전력망이 부족하거나, 전력을 직접 수출할 수 없는 지역에서 비트코인은 전기의 디지털 저장장치이자 국제 송금 수단으로 기능하고 있다.

대표적인 사례 중 하나가 엘살바도르 El Salvador다. 2021년 6월 9일, 엘살바도르는 세계 최초로 비트코인을 법정통화 fiat money로 채택했고, 같은 해 10월에는 '볼케이노 비트코인 마이닝 프로젝트 Volcano Bitcoin Mining'를 통해 가동을 시작했다. 엘살바도르는 풍부한 화산 지열 에너지를 통해 전기를 생산하고 있었지만, 이 전력은 지리적 제약과 수요 부족으로 인해 잉여 상태에 놓여 있었다. 이에 정부는 이 전력을 비트코인 채굴에 활용함으로써, 물리적으로 이동할 수 없던 전기를 디지털 자산으로 전환하는 데 성공했다. 이렇게 채굴된 비트코인은 국가 재정 운영, 외환 확보, 국제 결제 등 다양한 방식으로 사용되며, 사실상 잉여 전기를 글로벌 가치로 저장하고 수출하는 시스템으로 작동하고 있다. 이는 '전기 → 해시 연산 → 블록 생성 → 비트코인 → 외환 자산'이라는 구조이며, 전기를 저장하고 이동시킬 수 있는 비트코인의 기능이 국가 단위에서 입증된 첫 번째 사례다.

또 다른 실질 사례는 아프리카 대륙의 사하라 이남 지역에서 찾아볼 수 있다. 2022년 12월부터 비트코인 채굴 기업 그리드리스 컴퓨트Gridless Compute는 케냐를 시작으로 나이지리아, 말라위, 잠비아 등으로 사업을 확장하고 있다. 이들 지역은 소형 수력발전이나 태양광발전소를 통해 전기를 생산할 수 있지만, 전력망(그리드)이 부족하고 수요처가 한정돼 있어, 전기를 경제적으로 활용하거나 수익화하기가 매우 어렵다. 그리드리스는 이러한 잉여 전력을 비트코인 채굴에 직접 활용하고 있으며, 채굴된 비트코인BTC은 전기요금 보조금, 지역 커뮤니티 프로젝트 자금, 발전소의 현금 흐름 안정화 등에 쓰이고 있다.

이는 디지털 연결이 제한된 지역에서도 전기를 곧바로 가치로 전환하여 저장하고, 필요시에는 BTC를 달러, 유로, 현지 통화 등으로 환전해 사용 가능한 시스템이다. 비트코인은 이 지역에서 전기의 실시간 수익화 장치이자 가치 저장 수단으로 기능하고 있으며, 이는 비트코인이 전기를 저장하고 이동시키는 실체적 구조로 활용되고 있다는 강력한 증거다.

아이슬란드와 캐나다 퀘벡주는 2017년부터 풍부한 수력과 지열 자원으로 전기를 안정적으로 공급하면서도, 수요 부족과 인프라 제약으로 인해 남는 전기를 비트코인 채굴에 사용하고 있다. 특히 아이슬란드는 인구가 적고 산업 수요가 적은 반면, 수력과 지열이 풍부해 잉여 전력이 발생하는 지역이며, 이는 물리적으로 수출할 수 없는 자원이기 때문에 디지털 자산인 비트코인을 통해 '전기의 수출'을 가능하게 만든 대표 사례로 평가된다. 퀘벡주 또한 하이드로퀘벡Hydro-Québec이라는 공기업을 통해 친환경 전력을 대규모로 생산하고 있으며, 이 전기를 활용해 채굴한 BTC는 글로벌 시장에서 유동성이 높은 자산으로 거래되고 있다. 전기를 BTC로 전환한 후 국경과 제약 없이 이동시키고, 그것을 다시 법정통화나 자산으로 바꾸는 구조가 이미 실현되고 있는 것이다.

비트코인은 이처럼 단순한 채굴 수단이 아니라, 전기의 디지털화된 저장 및 이동 구조로 작동한다. 그 구조는 세 가지 방식으로 설명된다.

첫째, 저장 측면에서, 채굴이란 전기를 소모해 해시 연산을 수행하고, 블록을 생성하여 비트코인을 획득하는 과정이다. 이 과정은 '소모된 전기 + 시간 + 연산 난이도 = 희소성'이라는 공식으로 작동하며, 이는 곧 디지털 금으로서의 자산 가치를 만든다.

둘째, 이동 측면에서, 전기는 장거리 송전 시 손실이 크고 인프라가 필요하지만, BTC는 인터넷만 있다면 즉시 전 세계로 이동이 가능하며, 이는 국경을 넘는 전기 이동 수단으로서의 기능을 갖는다.

셋째, 유동성 측면에서, BTC는 글로벌 시장에서 가장 유동성이 높은 자산 중 하나이며, 전기로 생산된 BTC는 즉시 현금화 가능한 디지털 전기 증권과 같다. 이는 곧 에너지 유동화의 디지털화다.

이 모든 사례와 구조는 비트코인이 단순한 투자 수단이 아닌, 실질적으로 전기를 저장하고 이동시키는 기능적 구조를 갖춘 화폐라는 주장을 강력하게 뒷받침한다.

엘살바도르의 볼케이노 채굴 프로젝트, 아프리카 그리드리스 채굴 인프라, 아이슬란드와 캐나다의 수력 기반 BTC 생산 시스템은 모두 비트코인이 '전기의 달러'로 기능할 수 있는 실증 사례이자,

전력 인프라가 금융시스템과 연결되는 디지털 패러다임 전환의 실험장이다.

그리고 이 모든 구조는 다음 질문으로 이어진다. "이러한 시스템을 가장 먼저 설계하고, 글로벌 표준으로 만들기 위해 움직이는 세력은 누구이며, 이 화폐 구조는 어떤 정치적·경제적 질서를 다시 만들게 될 것인가?" 이제 우리는 전기라는 새로운 핵심 자원을 둘러싼 세 번째 기축통화의 전환점에 도달해 있다. 앞서 1944년 브레턴우즈에서 해리 덱스터 화이트가 그랬고, 1974년 헨리 키신저가 그랬듯이 지금 이 시점에는 전기 기반 경제의 설계자이자 실천자들이 새로운 질서를 만들고 있다.

그들은 정치인이 아니라, 마이크로소프트의 사티아 나델라, 테슬라의 일론 머스크, 아마존의 앤드루 재시, 구글의 순다르 피차이처럼, 디지털 전기 제국을 구축하는 초국적 기업가들이다. 이들은 자본과 기술, 계약 구조를 통해 전력시장에 직접 개입하며, 통화 패권을 암묵적으로 재구성 중이다.

이전 세대의 기축통화는 정부가 만들었지만, 다음 세대의 기축통화는 수요자가 만든다. 전기의 흐름은 국경을 넘지만, 그 결제를 통제하는 자는 권력을 갖는다. 그리고 그 화폐가 달러가 아니라면, 그것은 분명 '전기를 위한 화폐', 다시 말해 '전기의 달러'가 될 것이다.

빅테크 리더들이 보는
비트코인의 미래

비트코인이 단순한 디지털 자산을 넘어, 전기 기반 경제에서 새로운 기축통화로 작동할 수 있다는 관점은 이제 더 이상 급진적인 소수가 외치는 주장이 아니다. 이 생각은 이미 실리콘밸리의 핵심 인물들, 즉 기술·자본·인프라를 쥐고 있는 글로벌 플랫폼 리더들의 공식적인 발언과 실천을 통해 구체화되고 있다. 그들의 언어는 단순한 개인적 신념이 아니라 다가올 통화 질서의 설계 코드이기도 하다.

가장 대표적인 인물이 일론 머스크다. 2021년 2월, 그는 CNBC와의 인터뷰에서 다음과 같이 말했다. "비트코인은 전통 금융계의 광범위한 수용 문턱에 있다." 이 발언은 머스크가 테슬라를 통해 15억 달러 규모의 비트코인을 매입하고, 이를 통해 테슬라 차량 결제를 지원하겠다고 선언한 직후에 나온 것이다.

이는 단순한 기업의 자산운용 전략이 아니라, 전기차를 생산하는 기업이 전기를 자산화하고 교환하는 회로, 즉 '전기 → 비트코인 → 구매력'을 실험한 사건이었다. 그는 같은 해 트위터에서 비트코인을 이렇게 묘사했다. "비트코인도 법정화폐만큼 허상이지만, '덜' 허상이라는 것이 핵심이다."

이 표현은 머스크가 국가 권력과 중앙은행 발행 화폐에 대한 회의를 갖고 있으며, 자연자원인 전기를 기반으로 생성된 비트코인을 더 신뢰 가능한 가치 단위로 보고 있음을 드러낸다. 그는 비트코인을 단순한 자산이 아닌, 민간이 실물자산을 주도하는 새로운 통화 시스템으로 바라보고 있다.

팔란티어의 창업자 피터 틸은 통화 주권의 민간화·탈중앙화·비국가화를 정면으로 받아들인 최초의 실리콘밸리 인물 중 하나다. 틸은 보다 정치경제적인 관점에서 비트코인을 조망하며 비트코인을 디지털 지정학의 무기로 간주한다. 2022년 4월, 마이애미에서 열린 비트코인 콘퍼런스에서 그는 강하게 말했다. "비트코인은 미국에 대한 중국의 금융 무기로 생각될 수 있다. 법정화폐 전반에 위협이지만, 특히 달러에 위협이다." 이 발언은 겉으로는 중국 견제론처럼 들리지만, 실제론 비트코인이 국가 단위의 통화 체계를 넘어서는 민간 기반 통화 시스템이 될 수 있다는 가능성을 인정하는 맥락이다. 그는 비트코인을 단지 금융 상품이 아니라, 지정학적으로 기축통화인 달러에 대한 위협이며, 동시에 새로운 질서 재편의 수단으로 보고 있다.

이와는 또 다른 방향에서, 마크 저커버그는 기술 플랫폼 내부에서의 결제 혁신을 통해 화폐의 패권에 도전하려 했다. 그는 2019년 페이스북(현 메타)의 '리브라' 프로젝트를 발표하며 이렇게 말했다. "돈을 보내는 것이 사진을 보내는 것만큼 쉬워진다고 상상해 보라." 같은 해 F8 개발자 콘퍼런스에서는 다음과 같이 덧붙였다. "사람들은 기본적인 금융 서비스를 이용하기 위해 너무 큰 비용을 지불한다. 인터넷은 모든 것을 바꿨지만, 돈만 빼고." 이 발언은 리브라 프로젝트의 철학을 가장 압축적으로 보여준다. 기술 플랫폼이 스스로 통화 네트워크를 설계하고, 화폐 주권을 '디지털 UX'로 대체할 수 있다는 문제의식이었다. 비록 리브라는 미국 의회와 중앙은행, G7의 반발로 폐기됐지만, 그 시도 자체는 빅테크가 통화 주권 영역으로 들어가겠다는 전략적 선언이었다.

보다 조심스러운 태도를 보이면서도 의미 있는 신호를 보낸 인물은 팀 쿡이다. 2021년 11월 CNBC 인터뷰에서 그는 이렇게 밝혔다. "나는 암호화폐를 분산된 포트폴리오의 일부로 보유하는 것이 합리적이라고 생각한다." 이어 그는 "암호화폐에 관심을 오래 가져왔고, 흥미롭다고 생각한다"라고 덧붙였다. 비록 애플은 공식적으로 암호화폐 결제를 지원하진 않지만, 애플페이, 애플카드, 탭투페이 등 디지털 결제 생태계를 구축한 상태다. 팀 쿡의 발언은 애플이 장기적으로 디지털화폐를 온보딩할 준비가 되어 있음을 은유적으로 암시한 것으로 해석된다.

2019년, 아마존의 창업자 제프 베이조스는 자사 고객 이벤트에서 "우리는 지구에서 가장 고객 중심적인 회사를 만들고자 한다. 그리고 그것은 점점 더 데이터 중심적이고 에너지 중심적으로 되어간다"라고 선언했다. 이 발언은 아마존이 AWS를 중심으로 클라우드, AI, 머신러닝, 물류 자동화에 집중 투자하고, 동시에 데이터센터 확장과 에너지 인프라 자립 전략을 본격화하던 시기에 나온 것이다. 베이조스가 강조한 "에너지 중심적"이라는 표현은 단순한 수사나 비유가 아니라, 아마존이 직접 전력을 확보하고, 저장하고, 제어하는 주체가 되려는 전략적 의지를 드러낸 것이다. 실제로 아마존은 북미, 유럽, 인도 등지에서 자체 전력 구매 자회사를 설립하고, 수십 기가와트^{GW} 규모의 재생에너지 프로젝트를 통해 국가 단위 전력 수요를 대체할 수 있는 수준의 에너지 주권을 구축 중이다.

　이러한 전략은 단순한 전력 확보가 아니라, 에너지와 정보를 동시에 통제하는 '플랫폼 주권'을 구현하는 것이며, 이는 곧 결제, 금융, 화폐 시스템의 통제력과 직결된다. 즉, 아마존은 데이터를 처리하는 시스템만 구축하는 것이 아니라, 그 데이터를 움직이게 하는 전기와, 그 전기를 결제하는 구조 자체까지 지배하려는 흐름을 추구하고 있으며, 이는 장기적으로 전기에 기반한 새로운 결제 시스템, 나아가 '전기의 화폐'에 대한 통제력 확보로 이어질 수밖에 없다. 제프 베이조스의 한 문장 속에는, 데이터와 전기를 결합해 새로운 경제 질서를 설계하려는 플랫폼 권력의 지향점이 집약돼 있는 것이다.

　빅테크 리더들의 발언과 선택은 단지 비트코인을 지지하거나 투자한다는 것을 넘어 "전기 기반 자산 구조 속에서 새로운 글로벌 결제 표준을 누가 설계할 것인가?", "그 설계자는 국가가 아닌, 전기의 흐름을 소비하고 조정하는 빅테크가 될 것인가?"라는 질문으로 이어진다.

Big-Tech Capitalism
: The Rise of a New Empire

3장

규제와의 전쟁

법의 경계를 시험하는 플랫폼 권력

미국 빅테크에
위협감을 느낀 EU

　미국 빅테크의 압도적인 기술력과 플랫폼 지배력에 위협을 느낀 유럽연합EU은 디지털 패권 전환기에 직면하여 중대한 고민을 안고 있다. 이는 단순한 산업 경쟁을 넘어서 화폐, 통화, 데이터, 전기 인프라 등 경제 질서의 근간에 대한 전면적인 재설계 문제와 맞닿아 있다. 이 문제를 제대로 이해하려면, 먼저 역사 속 화폐 패권의 전환 과정을 살펴봐야 한다.

　1944년, 제2차 세계대전이 끝나갈 무렵 미국 뉴햄프셔주 브레턴우즈에서 새로운 국제통화 질서를 수립하기 위한 동명의 국제통화금융회의가 열렸다. 당시 미국은 세계 금 보유량의 70% 이상을 차지하고 있었고, 전쟁을 통해 경제력을 비약적으로 강화한 상태였다.

이에 따라 미국은 금 1온스를 35달러로 고정하고, 다른 국가의 통화는 달러에 고정하는 '달러 중심 금환본위제'를 설계했다.

그러나 이 체제가 세계질서에 뿌리내리기까지는 약간의 시간이 걸렸다. 사실상 파운드화는 여전히 상당한 국제적 영향력을 유지하고 있었고, '영국 중심의 금융 블록'인 스털링 지역Sterling Area은 전후 유럽 재건 자금조달에서 중요한 역할을 하기도 했다.

이러한 전환기 혼란 속에서 결정적인 역할을 한 사건이 바로 1947년의 '영미대출협정'이다. 영미대출협정은 단순한 국가 간 금융 지원을 넘어, 국제통화 질서의 중대한 전환점이었다. 겉보기에는 미국이 전후 재정난에 시달리던 영국에 37억 5000만 달러의 대출을 제공한 사건이었지만, 이 협정의 실질적인 의미는 훨씬 더 깊고 복합적이었다. 그것은 바로 파운드화 중심의 준비금 체제에서, 달러 기반 준비금 체제로 넘어가는 '기축통화의 권력 이양'을 제도화한 사건이었다.

제2차 세계대전 이전까지 국제금융 질서는 영국의 파운드화를 중심으로 한 스털링 블록에 의해 유지됐다. 이 스털링 지역은 인도, 호주, 뉴질랜드, 남아프리카공화국 등 영국의 식민지 및 연방국가를 중심으로 구성됐고, 이들 국가의 중앙은행은 준비금으로 파운드화를 보유하며, 런던 금융시장에서 결제를 처리하는 시스템이었다. 이 구조는 영국이 금융 패권을 유지하는 핵심 기반이었으며, 파운드화는 국제 준비통화로 작동했다.

전쟁은 이 시스템을 근본적으로 뒤흔들었다. 전쟁 수행을 위해 영국은 식민지 국가들로부터 막대한 자금을 파운드 표시 채권을 발행해 빌렸다. 이로 인해 엄청난 부채가 누적됐다. 예컨대, 인도는 전쟁 직후 약 12억 파운드의 스털링 채권을 보유하고 있었으며, 이는 영국 정부가 인도에 상환해야 할 외환 청구권이었다.

문제는 이 채권을 가진 국가들이 파운드화 대신 달러로 상환받기를 원했다는 데 있었다. 다시 말해, 이들은 준비금을 파운드화에서 달러로 바꾸려는 움직임을 보이기 시작했고, 이는 곧 기축통화의 준비자산 전환이라는 중대한 신호였다.

하지만 전쟁으로 영국의 외환 보유고는 이미 바닥났고, 달러로 상환할 능력이 없었다. 이러한 상황에서 등장한 것이 바로 미국의 전략적 개입이었다. 1947년 체결된 영미대출협정은 영국이 미국으로부터 거액의 대출을 받는 대신, 매우 구체적이고 전략적인 조건들을 수용하는 것이었다.

첫 번째 조건은 파운드화의 '전환성convertibility'을 보장하는 것이었다. 이는 스털링 보유국들이 파운드를 달러로 바꿔달라고 요구할 경우 영국이 이를 무조건 수용하고 즉시 환전해 줘야 함을 의미했다. 다시 말해, 2차 세계대전 중 영국에 물품과 서비스를 제공하고 스털링 잔고, 즉 파운드 표시 채권을 축적한 인도, 이집트, 아르헨티나 등 식민지 및 연방국들이 "이제 파운드 대신 달러로 받고 싶다"라고 요구하면, 영국은 달러 보유고에서 이를 지불해야 했다.

하지만 당시 영국은 충분한 달러를 보유하고 있지 않았고, 결국 이 조건을 수용하면서 6주 만에 전환성 조항을 중단하게 된다. 이는 단순한 금융 기술의 문제가 아니라, 파운드화가 국제적 준비자산으로서 기능할 수 없음을 세계에 공표하는 사건이었다. 결국 국제사회는 파운드를 준비금으로 축적하지 않게 됐고, 자산 통화로서의 권위를 상실한 파운드는 몰락의 길로 접어들었다. 이 전환성 요구는 '파운드 준비금에서 달러 준비금'으로의 전환을 의미했고, 이는 곧 기축통화 지위가 실질적으로 달러로 넘어가는 계기였다.

두 번째 조건은 스털링 블록 내 무역 제한을 해제하는 것이었다. 스털링 블록은 영국과 그 식민지, 연방국가들이 형성한 폐쇄적인 통화권이었고, 이 블록 내부에서는 파운드화로만 결제하고, 달러나 타국 통화는 배제됐다. 미국은 이 구조가 달러의 국제적 확산을 가로막는 주요 장벽이라고 보았고, 이에 따라 스털링 블록 내 무역을 더 이상 파운드에 한정하지 말고, 달러도 사용할 수 있도록 개방하라고 압박했다. 이 조치의 본질은 '무역 통화의 배타성을 해제하고, 달러의 국제 결제 사용 범위를 확대하라'는 것이었고, 이는 단순히 결제 수단의 변경이 아니라, 무역 구조와 통화 질서의 재설계를 의미했다. 결국 이 조건을 수락한 것은 영국이 자국 통화권을 통한 영향력을 포기하고, 미국 주도의 달러 시스템에 참여하겠다고 선언한 것과 다름없었다.

세 번째 조건은 파운드화를 무역 및 자본거래에서 자유롭게 환전 가능한 통화로 만드는 것이었다. 이는 첫 번째 조건인 '전환성'과 비슷해 보이지만, 중요한 차이점이 있다. '전환성'은 특정한 외환 정책 합의에 따라 일정 조건하에 통화 간 교환을 허용하는 협정 수준의 개념이며, 보통 정부 간 협정이나 IMF 체제하에서의 외환 거래 제약 해제를 의미한다. 반면, '자유환전 Free exchange'은 민간 부문이 자본 이동, 투자, 무역 등에서 아무런 제한 없이 통화를 바꾸어

쓸 수 있도록 완전히 개방된 상태를 의미한다. 즉, 전환성은 일정한 범위와 조건을 갖춘 '제한적 자유'라면, 자유환전은 모든 통화 거래의 자유화, 자본 자유이동을 포함한 완전 개방인 것이다. 미국은 파운드화를 완전히 시장 기반 통화로 만들고 싶어 했으며, 이를 통해 영국의 금융 정책 자율성을 제거하고, 달러 기반의 자유시장 금융 체제 안으로 통합시키려 했다.

이 세 가지는 별개의 조건이 아니었다. 그것들은 서로 맞물리며, 파운드 체제를 해체하고 달러를 글로벌 기축통화로 대체하는 구조적 설계도였다. 이 대출협정 이후, 국제 중앙은행들은 준비자산을 파운드에서 달러로 대거 전환하기 시작했고, 파운드는 더 이상 준비통화로 기능하지 못했다.

1944년 브레턴우즈 체제는 공식적으로는 금 1온스당 35달러라는 고정환율을 중심으로 한 금환본위제였지만, 실제로는 금에 연동된 달러가 기축통화로 기능하는 '달러 본위제'였고, 그 실질적 전환은 바로 이 1947년 영미대출협정을 통해 완성되었던 것이다. 그리고 이 모든 흐름은 전환성 확보, 채무의 달러화, 스털링 지역 해체라는 복합적 조건들이 맞물려 만들어낸 역사적 결과였다. 단지 금융 기술적 조정이 아니라, 기축통화 전환의 정치경제적 인계인수였던 것이다.

그렇다면 유럽, 특히 영국은 왜 그런 패권을 유지하지 못했을까? 핵심은 '시티 오브 런던City of London'과 '월가'라는 두 금융 중심지의 성격 차이에 있다. 19세기부터 20세기 중반까지, 런던은 전 세계 금융의 심장부였다. 유로달러 시장, 파운드 기반 채권, 식민지 금융망

등은 모두 런던을 중심으로 돌아갔다.

그러나 1971년, 미국 리처드 닉슨 대통령이 금태환 정지를 선언하며 브레턴우즈 체제를 사실상 종료시킨 '닉슨 쇼크' 이후 판이 완전히 바뀌었다. 미국은 무제한 달러 발행 권한을 확보했고, 규제 완화와 파생상품 혁신을 통해 월가는 글로벌 금융을 빨아들이는 블랙홀로 진화했다. 시티 오브 런던은 여전히 거래량 면에서는 강력했지만, '통화 발행권'을 갖지 못한 도시국가에 가까운 존재로 변해갔다.

특히 브렉시트 이후, 시티 오브 런던은 유럽 금융 중심지로서의 지위를 일부 잃었고, 유럽중앙은행ECB의 정책 방향과도 분리되며 금융권에서 독자적인 정치적 영향력을 행사하기 어려워졌다. 유럽은 유로화를 도입하며 화폐 통일을 이뤘지만, 국경 없는 자본 흐름을 효과적으로 통제할 수 있는 통합 금융 구조는 아직 구축하지 못한 상태다. 이처럼 유럽은 화폐는 있으나, 화폐를 뒷받침할 플랫폼과 소비자, 디지털 인프라를 잃어버린 '기능적 공백 상태'에 놓여 있다.

이러한 상황에서 미국 빅테크의 부상은 유럽에는 존재론적 위협이다. 1990년대 후반 닷컴 붐을 거쳐 구글, 아마존, 마이크로소프트, 애플 등은 정보, 인프라, 결제, 소비자 접점 등 현대 경제의 모든 핵심 경로를 장악해 버렸다. 인터넷 혁명은 국가가 아닌 민간 기업을 새로운 질서의 주체로 만들었다. 이 기업들은 검색 알고리즘, 스마트폰 운영체제, 클라우드 컴퓨팅, 인공지능, 디지털 광고, 온라인 결제 시스템에 이르기까지 모든 인프라를 보유한 '민간 제국'이다. 특히 최근 AI와 클라우드 기술의 발전은 데이터를 전력처럼 '소비하고 저장하는 자'가 경제 권력을 가진다는 현실을 분명히 보여준다.

미국 빅테크는 이제 금융마저 흡수하려 한다. 구글페이, 애플페이, 메타의 리브라 실험, 테슬라의 비트코인 채택 등은 모두 그 징후다. 이에 대응해 유럽은 2018년 '일반개인정보보호법'을 도입해 개인정보를 통제하고, 이후 디지털시장법, 디지털서비스법 등을 통해 빅테크를 견제하려 했다. 하지만 플랫폼은 이미 미국이 지배하고 있고, 기술 표준도 빅테크가 선점하고 있으며, 클라우드 인프라도 AWS, 애저, GCP가 독점하고 있는 상황에서 EU의 이런 규제는 사후적이고 방어적인 수준에 그친다.

유럽이 최후의 수단으로 준비 중인 것이 '디지털 유로'다. 이는 유럽중앙은행이 발행하는 중앙은행 디지털화폐CBDC로, 민간 플랫폼이 아닌 국가가 디지털화폐 발행 권한을 되찾으려는 시도다. 그러나 아직 테스트 단계이고, 결제 생태계의 표준이 되기까지는 갈 길이 멀다.

결국 지금 우리는 화폐 패권의 세 번째 전환기에 도달해 있다. 19세기에는 금과 파운드를 중심으로 한 영국이, 20세기에는 달러와 석유를 결합한 미국이 패권을 쥐었다면, 21세기에는 전기와 데이터, AI가 새로운 자원이며, 이를 소비하고 제어하는 자가 권력을 갖게 되는 시대다. 과거에는 해리 덱스터 화이트와 같은 정부 관료가 통화 시스템을 설계했지만, 지금은 사티아 나델라(마이크로소프트), 일론 머스크(테슬라), 앤드루 재시(아마존), 순다르 피차이(구글) 같은 초국적 기업가들이 전기와 데이터 흐름, 계약 구조, 인프라 표준을 바탕으로 통화 권력을 재편하고 있다.

기존의 기축통화는 정부가 만들었지만, 다음 세대의 기축통화는 수요자가, 즉 전기와 데이터를 실질적으로 소비하고 결정하는 민간 플랫폼들이 만들고 있는 것이다. 이 패러다임 전환의 흐름 속에서 유럽이 어떤 선택을 하느냐에 따라, 21세기 디지털 경제의 지형은 크게 달라질 수 있다.

유럽엔 왜 '매그니피센트 7'이 없을까

유럽 빅테크가 미국만큼 성장하지 못한 이유는 단순한 기술력의 문제를 넘어 제도적, 금융적, 문화적 구조에 뿌리를 둔 다층적 원인들 때문이다. 이러한 차이는 구체적으로 네 가지 축으로 설명할 수 있다. 즉 벤처자본 생태계의 빈약함, 과도한 규제 프레임, 인재 유출 문제, 그리고 국가 주도형 기술정책의 한계다.

첫째, 유럽의 벤처캐피털VC 생태계는 미국에 비해 현저히 작고, 위험 감수 성향도 낮다. 미국의 실리콘밸리는 1970년대 스탠퍼드대학교와 페어차일드 반도체 출신 창업자들의 도전 정신, 그리고 이를 뒷받침한 벤처캐피털 산업의 폭발적 성장에 기반해 만들어졌다. 특히 1980년 미국에서 '정책적 대전환'으로 꼽히는 소득세 감면법과 근로자퇴직소득보장법ERISA, Employee Retirement Income Security Act 등의 조치로 연기금이 벤처캐피털에 투자할 수 있게 되면서 대규모 자본이 스타트업 생태계로 유입됐다.

반면 유럽은 연기금의 위험 자산 투자가 제한돼 있고, 기술 창업보다는 기존 산업 보호에 더 초점을 맞춰왔다. 예컨대 2021년 기준 유럽 전체 VC 투자금은 약 100억 달러 수준인데, 이는 미국의 캘리포니아주 하나보다도 적은 규모다.

둘째, 일반개인정보보호법 GDPR을 필두로 하는 EU의 강력한 데이터 규제 프레임은 혁신보다 규율을 중시하는 구조다. GDPR은 세계적으로 가장 엄격한 개인정보 보호 법제이지만, 동시에 AI·데이터 기반 스타트업의 초기 실험을 제약하는 요소로 작용했다.

이런 규제 환경은 실리콘밸리식 '빠르게 움직이며 규칙을 깨라 Move fast and break things'는 철학과 정반대다. 《MIT테크놀로지리뷰》는 유럽 기술 스타트업 CEO들의 말을 인용해 "GDPR로 인해 우리가 미국과 경쟁하기 어려워졌다"라고 보도했다. 유럽 스타트업의 기업공개 IPO 평균 시점은 미국에 비해 3~5년 늦다.

셋째, 유럽 내 고급 인재들이 더 나은 조건을 찾아 미국으로 이주하는 두뇌 유출 현상도 심각하다. 케임브리지, 옥스퍼드, ETH 취리히 같은 세계적 명문대 졸업생 상당수가 미국 빅테크로 진출하는 구조가 지속되고 있다. 마이크로소프트, 메타, 구글, 아마존 등은 유럽 유수의 연구자들을 적극적으로 스카우트했고, 이로 인해 유럽 내 AI 연구의 질적 중심도 미국으로 이동했다. 네이처 2020년 보고서에 따르면, 전 세계 AI 논문의 상위 1% 중 58%가 미국 연구소에서 작성됐으며, 10% 미만만이 EU 소속 기관에서 작성됐다.

넷째, 유럽은 기술 혁신을 민간보다 국가 중심으로 접근해 유연성과 속도에서 뒤처졌다. 프랑스의 '스타트업 네이션' 전략, 독일의

'산업 4.0$^{Industrie\ 4.0}$' 정책은 공공 자금과 관료 주도로 기획됐지만, 민간 창업가 정신을 중심으로 돌아가는 미국식 생태계에 비해 역동성이 부족했다. 특히 기술 사업화와 스케일업 단계에서 민간 리스크 자본이 아닌 공공 펀드에 지나치게 의존하면서, 유럽 기술 기업은 세계 시장에서 존재감을 확보하지 못했다. 대표적인 사례로 프랑스의 검색 엔진 프로젝트 '콴트^{Qwant}'가 구글과의 경쟁에서 실패하고 정부의 지원금만 소비했다는 비판을 받았다.

이와 달리 미국은 아마존, 애플, 구글, 메타, 마이크로소프트라는 '플랫폼 빅5'를 중심으로 데이터·에너지·결제·소프트웨어를 모두 통합한 복합 인프라 권력을 형성하고 있다. 이러한 구조는 단순한 기업의 성공을 넘어 새로운 패권 질서의 형태로 작동하고 있으며, 유럽은 이 흐름에서 기술·자본·통화 주권 모두를 점점 잃어가는 중이다.

결국 유럽 빅테크의 부재는 단순한 기술의 문제가 아니라, 제도와 문화, 자본 흐름, 정책 방향의 총체적 문제이며, 이를 극복하지 않는 한 유럽은 플랫폼 질서에서 '사용자'로만 남게 될 가능성이 크다.

유럽의 사례가 주는 교훈

이와 같은 분석은 단순히 유럽의 실패를 진단하는 것이 아니라, AI 시대의 패권 경쟁에서 한국이 어떤 교훈을 얻어야 하는가에 대해 매우 중요한 시사점을 던져준다. 한국은 현재 미국과 중국의 플랫폼·AI 패권 전쟁 사이에 위치한 '기술 중간국'으로서, 다음 다섯 가지 측면에서 전략적 성찰과 제도 설계를 요구받고 있다.

첫째, '혁신은 규제와의 거리에서 시작된다'는 원칙을 바탕으로 유연한 제도 환경이 중요하다. GDPR처럼 정교하지만 경직된 규제는 초기 실험과 창업을 막는다는 점에서 한국의 개인정보보호법·전자금융법 등이 글로벌 수준의 규제임에도 스타트업에 대한 적용 유예나 규제 샌드박스 제도가 제한적인 점은 재고돼야 한다. 기술별 유예기간, 실험 공간 확보, 사전검열보다 사후 규제 중심으로의 전환이 필요하다. 'AI 윤리'를 이유로 샌드박스를 막으면, 결국 기술 주도권은 해외로 넘어간다.

둘째, '벤처캐피털이 없으면 유니콘도 없다'는 점에서 자본시장과 연기금의 역할은 핵심적이다. 유럽의 경우 연기금과 대형 기관 투자가들이 고위험 기술 창업에 투자하지 않는 구조가 문제였고, 한국 역시 국민연금이 전체 자산 중 스타트업·VC 자산에 투자하는 비율이 극히 낮다. 민간 VC도 10년 이상 장기투자를 기피하는 경향이 크므로, 연기금의 장기·고위험 투자 비율 확대, 기술금융 전문 VC 육성, IPO 요건 완화 및 보상 구조 개편이 시급하다. 미국의 '페이팔 마피아'처럼 '엑시트 후 재투자'가 순환되는 창업 금융 생태계를 설계해야 한다.

셋째, '인재는 플랫폼으로 간다'는 점에서 AI 브레인 유출을 막을 국가 전략이 필요하다. 유럽처럼 명문대 출신 인재들이 미국 빅테크로 빠져나가는 구조는 한국에서도 반복되고 있다. 국내 AI 석·

박사급 인재들이 구글, MS, 엔비디아 등으로 유출되고 있다. 국내 AI 연구개발 프로젝트는 공공 연구소 중심, 정규직 중심, 논문 중심에 머무르는 경향이 있다. 이에 따라 박사 후 창업, 기업 연구자에 대한 R&D 지원, 글로벌 기업과의 협업·투자 유치 환경 조성 등으로 인재가 한국 안에서 창업하고 성장할 플랫폼을 만들어야 한다.

넷째, '국가 주도 vs 민간 주도' 문제에서 디지털 국영화의 유혹을 경계해야 한다. 프랑스의 '콴트'나 독일의 '가이아-X'는 국가가 빅테크를 흉내 내려다 실패한 사례다. 한국 역시 플랫폼 국산화를 명목으로 민간 참여 없이 공공 주도 데이터를 설계하거나 정부 사업 수주를 민간 생태계로 착각하는 오류를 범해서는 안 된다. 한국은 '국가 주도 → 민간 확장'이 아니라 '민간 실험 → 제도 보완'의 흐름을 따라야 하며, 정부는 기술 투자자이자 규범 설계자이지, 사업자가 돼선 안 된다.

다섯째, '플랫폼을 만들지 못하면 사용자로 남는다'는 인식하에 주권 개념을 재정의할 필요가 있다. 데이터는 어디에 저장되고, AI는 어디에서 훈련되며, 결제는 어디서 이뤄지고, 전력은 누구의 네트워크로 들어가는가에 따라 권력의 구조가 재편된다. 유럽은 플랫폼 주권을 미국에, 에너지 전환을 러시아에, 기술 표준을 중국과 미국에 내준 결과 '규범은 세우되 권력은 없는' 상황에 처했다. 한국은 이와 같은 함정을 피하기 위해 글로벌 수준의 한국형 AI 플랫폼, 결제 인프라, 클라우드, 디지털 전력망을 갖추어야 한다. '디지털 주권은 플랫폼의 설계권'이라는 인식을 바탕으로 기술-금융-정책의 통합 전략을 가동해야 한다.

결국 유럽이 '규제 중심 · 공공 주도 · 기존 질서 보호'에 머무른 사이, 미국은 '위험 감수 · 민간 실험 · 질서 재설계'로 세계를 주도했다. 한국은 지금 이 갈림길에 서 있다. AI 시대의 주권은 데이터를 쥔 자, 전기를 연결한 자, 계약을 프로그래밍한 자에게 주어진다. 지금 플랫폼을 설계하지 못하면 나중엔 사용할 권리조차 협상해야 하는 구조에 놓이게 된다. 이제 질문은 바뀌어야 한다. "우리는 AI를 잘 만들 수 있는가?"에서 "우리는 어떤 플랫폼 질서를 만들고, 그 안에서 누가 룰을 정하게 할 것인가?"로 말이다.

EU가 규제 프레임을
잘 만드는 이유

EU가 규제 프레임을 정교하게 구축하고 이를 전 세계적으로 표준화하는 데 강한 능력을 보이는 데에는 역사적·철학적 배경이 깊이 작용하고 있다. 유럽은 왜 규제에 집중하는가? 이는 단지 관료주의적 기질이나 기술 발전의 지체 때문이 아니라, 20세기 중후반 유럽의 역사적 사건들, 경제사상, 철학적 기반과 정치문화의 결과이자 선택이다.

20세기 초·중반 두 차례 세계대전은 유럽 대륙에 국가 실패와 시장 실패를 동시에 경험하게 했다. 이 격동의 시대를 거치며 유럽 사회는 시장의 자율성보다는 '사회적 안정성'과 '연대'를 더 중요시하는 철학을 키워왔다. 이는 규제를 통해 공공의 가치를 구현하려는 시도로 이어졌다. 특히 독일은 나치즘이라는 전체주의의 폐해를 극복하기 위해, 시장 자유와 사회 정의를 동시에 추구하는 '질서자유주의Ordoliberalismus'와 '사회적 시장경제Soziale Marktwirtschaft' 모델을 발전시켰다. 이 모델은 국가가 시장의 자유를 보장하되, 그 자유가 공정성과 공동체적 가치를 훼손하지 않도록 법과 제도로 조정하는 역할을 강조한다.

이러한 배경은 EU의 규제 접근법, 특히 '사전예방원칙Precautionary Principle'으로 대표되는 방식에서 구체화된다. 이는 '명확한 과학적 증거가 없어도 잠재적 위험이 존재할 경우, 기업이 입증 책임을 지고 사전적 조치를 취해야 한다'는 원칙이다. 대표적 사례가 바로 일반개인정보보호법이다. 미국이 '데이터 혁신'을 중시해 사후 규제 방식을 택한 것과 달리, EU는 개인정보를 기본권으로 규정하고, 사용자의 동의·통제권을 우선시하는 규범을 제도화했다.

철학적으로는 유럽 규제의 기반에는 장 자크 루소의 '공공선' 개념, 이마누엘 칸트의 '보편 윤리' 사상, 그리고 유럽 사회민주주의 사상가들, 가령 칼 폴라니의 시장 사회 비판 등이 깊이 작용하고 있다. 폴라니는 시장이 사회 전체를 조직하는 중심 원리가 돼선 안 된다고 보았고, 시장의 자유는 반드시 사회적 통제 속에서만 정당화될 수 있다고 주장했다. 이러한 사상은 유럽의 경제철학을 미국의 '시장자율주의Market Libertarianism'와 본질적으로 구분 짓는다.

유럽은 애덤 스미스 이후 고전경제학의 '보이지 않는 손'보다는 시장 실패에 대한 경계와 공공정책의 개입 필요성을 강조하는 노선을 선택해 왔다. 19세기 말 독일 역사학파의 국가주의적 경제 사조,

그리고 20세기 들어 케인스주의의 확산은 유럽 경제 모델의 틀을 더욱 규제 중심으로 굳혔다. 특히 전후 유럽의 복지국가 건설 과정에서 형성된 사회적 합의는, 시장보다 공동체를 우선시하는 가치를 전제로 한다. 이는 곧 기술혁신조차도 '공공통제'의 대상으로 보게 되는 문화적 토대를 제공했다.

유럽이 규제에 집중하는 이유는 단지 기술 진보에 대한 불안 때문이 아니라, 시장 자율성보다 공공가치와 사회적 형평성을 중시해 온 오랜 역사적 경로의 산물이다. 이는 민주주의와 시장의 관계를 조화시키려는 시도이며, 미국식 자본주의와는 다른 '유럽적 자본주의 모델'의 전략적 정체성이기도 하다.

― Big-Tech Capitalism ―

본격화한 EU의 빅테크 규제

유럽의 규제 문화가 미국 빅테크라는 신종 패권 세력과 충돌하면서, 단순한 소비자 보호 차원을 넘어 '주권'과 '정체성'을 지키기 위한 생존 전략으로 급속히 전환됐다. 결정적 계기는 2013년 에드워드 스노든의 폭로였다. 당시 미국 국가안보국NSA이 페이스북, 구글, 애플 등 미국 IT 기업을 통해 전 세계인의 민감한 개인정보를 무차별 감시하고 있었음이 밝혀지면서 유럽 내 대미 여론은 급속히 악화됐다. 독일 총리 앙겔라 메르켈의 휴대전화까지 도청당했다는 사실이 알려졌을 때, 메르켈은 "친구들 사이에서 이런 일은 용납할 수 없다"라고 강하게 반발했다. 이후 유럽 사회 전반에서 '데이터 주권'이라는 개념이 정치화되기 시작했다.

이후 EU는 미국 빅테크에 대한 제도적 대응을 강화하게 되었고, 일반개인정보보호법GDPR은 그 첫 번째 상징적 결과였다. GDPR 초안을 주도한 독일 출신 유럽의회 의원 얀 필리프 알브레히트는 "데이터가 누구의 것인가에 대한 근본적인 질문을 던질 수 있어야 한다. 우리는 기술이 아니라, 사람 중심의 질서를 만들고 있다"라고 말했다. 그는 유럽의 전통인 기본권 중심주의를 디지털 공간에까지 확장하려는 시도로 GDPR을 규정했다. 이는 단순한 개인정보보호법이 아닌 '디지털 헌법'이라는 별칭을 얻었다.

이처럼 유럽은 규제의 역사를 가진 대륙이지만, 미국 빅테크의 정보 독점과 시장 지배가 자국의 민주주의, 주권, 정체성을 위협한다고 판단하면서, 규제를 더 이상 '제약'이 아닌 '방패'이자 '창'으로 삼게 됐다. 기술 그 자체는 미국이 만들지만, 기술이 작동할 '질서'는 유럽이 정한다는 이 새로운 질서는, 단순한 법적 프레임이 아니라 국제 정치경제의 규칙을 새롭게 쓰는 방식이다. 규제는 이제 통행세이자 주권 선언의 수단으로 작동하고 있다. 유럽은 '기준을 만드는 자가 시장을 지배한다'는 원칙 아래, 기술 패권 경쟁에서 법과 윤리를 무기로 내세운 새로운 권력 행사를 시작한 것이다.

2018년 발효된 GDPR은 전 세계 모든 IT 기업이 유럽 시장에 진입하기 위해 반드시 따라야 하는 표준이 됐다. 이 법은 단순한 규제의 차원을 넘어, 데이터가 누구의 것인가라는 근본적인 질문에 대한 EU의 대답이었다. GDPR은 유럽 시민의 개인정보를 기업이 마음대로 수집·분석·이용하는 관행에 제동을 걸었고, '데이터는 사용자의 소유'라는 원칙을 법적으로 명문화했다. 유럽 시장에 진입하려는 전 세계 모든 IT 기업은 반드시 GDPR 기준을 준수해야만 한다.

GDPR은 명확한 일곱 가지 원칙을 갖고 있다. 수집된 개인정보는 처음에 명시된 목적에만 사용되어야 하며, 그 범위를 넘어선 활용은 금지된다. 기업은 최소한의 데이터만 수집해야 하며, 필요한 기간까지만 보관하고, 보안상 안전하게 관리할 의무를 진다. 모든 데이터는 항상 정확하고 최신 상태여야 하며, 사용자는 자신의 데이터가 어떻게 쓰이는지를 알 권리가 있다. 무엇보다 기업은 이 모든 절차를 스스로 입증할 수 있어야 한다. 다시 말해, "잘 지켰다"라는 말만으론 부족하고, 지켰다는 증거를 제시해야 한다.

사용자에게는 데이터에 대한 폭넓은 권리가 보장된다. 자신의 개인정보가 누가, 왜, 어떻게 쓰이고 있는지 열람을 요청할 수 있다. 잘못된 정보는 정정을, 더 이상 필요하지 않은 정보는 삭제를 요구할 수 있다. 필요하면 해당 데이터를 다른 플랫폼으로 옮겨달라고 요구할 수도 있다. 원하지 않는 광고나 분석 목적의 데이터 사용에 대해서는 명확하게 '동의하지 않겠다'는 의사를 표시할 수 있다. 반대로, 기업은 사용자에게 명확하고 자발적인 사전 동의를 얻은 후에만 개인정보를 수집·처리할 수 있다. 자동으로 체크된 동의 박스는 무효다.

이 법은 기업의 내부 시스템까지 깊숙이 간섭한다. 일정 규모 이상의 기업은 반드시 개인정보보호책임자DPO를 임명해야 한다. 서비스 출시 전에는 개인정보 영향평가를 실시해야 한다. 만약 데이터 유출 사고가 발생하면 72시간 이내에 감독기관에 신고해야 한다. 모든 처리 과정은 문서화되고, 법적 요청이 있을 경우 바로 제출할 수 있어야 한다. 기업이 이 기준을 어기면, EU는 예외 없이 강력한 처벌을 가한다. 벌금은 기업 연간 전 세계 매출의 최대 4% 또는 2000만 유로 중 더 큰 금액으로 정해진다. 반복 위반 시 누적 처벌도 가능하다.

이 규정은 미국 빅테크 기업들을 정조준했다. 메타는 유럽 사용자 데이터를 미국 서버로 이전했다는 이유로 2023년 GDPR 위반 판결을 받고 12억 유로, 한화로 약 1조 7000억 원에 이르는 벌금을 부과받았다. 이는 유럽 역사상 최대 개인정보 보호 관련 벌금이었다. 구글 역시 개인정보와 관련된 다양한 위반 혐의로 EU로부터 여러 차례 벌금을 부과받았다. 아마존도 맞춤형 광고를 위한 데이터 수집 방식에서 문제가 발견돼 7억 유로 이상의 벌금을 냈다. 이처럼 GDPR은 단순히 유럽 시민을 보호하는 수단에 그치지 않고, 전 세계 IT 기업의 데이터 수집과 처리 방식을 근본적으로 바꾸는 국제 규범으로 자리 잡았다.

미국 빅테크들의 반응은 복잡했다. 처음엔 강하게 반발했다. 페이스북과 구글은 유럽의 규제가 "과도하고 비현실적이며, 기술 혁신을 저해한다"라고 비판했다. 미국 상무부도 GDPR이 사실상 EU식 보호무역으로 기능하고 있다며 불만을 드러냈다.

하지만 유럽 시장을 포기할 수는 없었기 때문에, 곧바로 현실적인 대응에 나섰다. 구글은 '내 활동My Activity' 기능을 개선해 사용자들이 자신의 데이터 기록을 직접 확인하고 삭제할 수 있도록 했다. 광고 설정 페이지도 GDPR에 맞춰 전면 개편했다. 메타는 유럽 사용자용 개인정보 동의 시스템을 별도로 개발했고, 데이터 저장 서버를 유럽 내에 분산 구축하는 방안도 추진 중이다. 아마존은 추적 기반 광고를 최소화하고, 유럽 고객을 위한 프라이버시 정책을 별도로 공개했다.

미국 빅테크들은 유럽 시장을 겨냥한 '현지화 전략'을 강화하고 있다. 예를 들어 구글은 아일랜드에 유럽 법인을 중심으로 한 GDPR 대응 전담 조직을 꾸렸다. 애플은 기본적으로 '프라이버시 중심 기업'이라는 브랜드 전략을 강조하면서 오히려 GDPR을 마케팅에 활용했다. 지금은 미국 빅테크들조차 GDPR을 국제 표준처럼 인식하고 자체 시스템에 반영하고 있다. GDPR은 이제 더 이상 유럽만의 규범이 아니라, 글로벌 기술 기업이라면 반드시 염두에 둬야 하는 '보편적 질서'가 됐다.

GDPR은 단순한 법이 아니라, '데이터는 개인의 것이다'라는 유럽식 가치관을 세계에 강제로 통용시키는 표준이자 선언이었다. 기술은 미국이 만들고, 그 기술이 데이터를 다루는 방식을 유럽이 통제하는 구조. 그것이 GDPR이 만든 질서의 본질이다. 그리고 그 질서를 따르지 않는다면, 빅테크는 수조 원의 벌금을 감수하거나, 유럽 시장에서 철수할 각오를 해야 한다. 이 새로운 규칙의 시대엔 기술을 지배하는 자가 아닌, 기준을 만드는 자가 진짜 권력을 가진다는 것을 보여준 대표적 사례다. '규제는 곧 통행세'라는 공식이 작동한 것이다.

GDPR 이후, EU는 개인정보 보호를 넘어서 디지털 생태계 전반에 대한 통제를 강화해 왔다. 그 중심에는 세 가지 강력한 규제가 자리한다. 디지털시장법DMA, 디지털서비스법DSA, 그리고 세계 최초의 인공지능 종합법인 AI법AI Act이다. 이 법들은 단순히 데이터를 보호하는 수준을 넘어서 플랫폼의 시장 지배력, 알고리즘의 투명성, 그리고 AI 기술 자체의 윤리적 책임까지 제도화하려는 시도다. 이 모든 법은 미국 빅테크 기업들을 정조준하고 있다.

DMA는 2024년 3월 발효됐다. EU는 이를 통해 구글, 애플, 메타, 아마존, 마이크로소프트, 바이트댄스(틱톡 모회사) 등을 '게이트키퍼'로 공식 지정했다. 이들은 단순한 플랫폼이 아니라 사용자와 서비스 간의 입구를 사실상 독점하며 시장을 왜곡하고 있다는 게 유럽의 판단이다. DMA는 이들에게 여러 강력한 의무를 부과한다. 애플은 더 이상 iOS에서 자사 앱스토어만 강제할 수 없게 됐다. 외부 앱 마켓 설치를 허용하고, 기본 브라우저 선택 기능도 개방해야 했다. 구글 역시 안드로이드 운영체제에서 자사 앱인 크롬과 구글 검색을 기본값으로 설정하는 것을 중단하고, 사용자에게 명확한 선택권을 제공하도록 강제받았다. 메타는 자사의 인스타그램과 페이스북 간의 사용자 데이터를 동의 없이 공유하거나 통합하는 행위를 금지당했다. 이를 어기면 연 매출의 최대 10%, 반복 위반 시 최대 20%의 벌금이 부과될 수 있다.

빅테크들의 반응은 강경했다. 애플은 "사용자 보안이 약화될 수 있다"라며 반발했다. 실제 애플은 유럽 시장을 위한 iOS 전용 '유럽 버전' 운영체제 개발에 돌입했다. 앱스토어 외부 결제 허용을 최소한으로 구현하려는 전략이었다. 자체 웹사이트 설치 앱에는 여전히 보안 경고를 표시하는 방식으로 규제 우회도 시도했다. 구글은 초기에는 규제에 수동적으로 반응했지만, 2024년 들어 사용자에게 명확한 브라우저 선택 메뉴를 제공하는 새로운 설정 화면을 공개하며 대응했다. 자사 광고 플랫폼 간 데이터 공유를 제한하는 구조 개편도 발표했다. 메타는 "이용자의 명시적 동의 없이는 페이스북과 인스타그램 간 데이터를 통합하지 않겠다"라고 밝혔다. '유럽 사용자를 위한 유료 광고 비활성화 옵션'을 출시하며 규제 회피용 프리미엄 모델을 도입했다.

DSA는 2024년 2월 시행됐다. 이는 플랫폼 정보 유통 책임을 명확히 한 법이다. EU는 유튜브, 틱톡, 트위터, 인스타그램, 페이스북 같은 대형 플랫폼들이 단순한 기술 제공자가 아니라, 사회적 영향력을 행사하는 '정보 편집자' 역할을 한다고 판단했다. 따라서 이들은 플랫폼 내에 게시되는 불법 콘텐츠, 혐오 발언, 허위 정보에 대해 즉각적이고 책임 있는 조치를 취해야 한다. 사용자가 콘텐츠 추천 알고리즘의 작동 방식을 이해하고, 이를 차단할 수 있는 권한도 제공해야 한다.

DSA의 첫 타깃은 틱톡과 메타였다. EU는 틱톡의 아동 타깃 광고, 알고리즘 불투명성, 과도한 사용자 중독 유도 설계 등을 지적하며 2024년 초 정식 조사를 개시했다. 틱톡은 아동 맞춤형 알고리즘을 비활성화하고, '기본 시간제한 기능'을 유럽에 우선 적용하는 방식으로 대응했다. 메타는 정치 콘텐츠와 허위 정보 유포와 관련된 리스크 평가 보고서 제출을 지연해 비판받았다. 이후 유럽에 콘텐츠 조절 인력을 증원하고, 유럽 사용자에게 알고리즘 추천이 없는 피드 사용 옵션을 추가했다. 트위터(현 X)도 허위 정보와 관련된 대응 부족으로 유럽 집행위원회의 경고를 받았으며, 이에 대한 조사가 시작됐다.

AI법은 2024년 3월 통과돼 2026년 시행된다. 세계 최초로 AI 기술 전체를 체계적으로 규율하는 법이다. 이 법은 AI 시스템을 금지·고위험·중위험·저위험으로 나눈다. 고위험으로 분류될 때는 기업이 사전 등록, 알고리즘 설명 책임, 인간 개입 구조, 편향 리스크 평가 등을 반드시 갖춰야 한다. 얼굴 인식 시스템, 자동 채용 필터, 신용 평가 알고리즘 등이 고위험 AI로 분류된다. 기업은 이를 투명하게 공개하고 통제 가능성을 보장해야 한다.

제재 타깃은 오픈AI와 메타, 구글이다. 유럽 규제 당국은 GPT 모델의 출력 결과가 투명하지 않고 편향될 수 있으며, 생성 결과에 대한 책임이 모호하다는 점을 문제 삼았다. 이에 따라 오픈AI는 유럽 사용자를 위한 투명성 리포트를 발행했다. 챗GPT의 프롬프트 기록 및 삭제 기능을 강화했으며, 사용자에게 생성형 AI 사용 사실을 알리는 고지 시스템을 도입했다. 구글은 자사 AI 모델인 제미나이의 유럽 출시를 일시 유예했다. 대신 AI법의 요구 사항에 맞춰 알고리즘 설명 기능과 편향 리스크 분석 보고서를 사전 공개하는 방향으로 움직였다. 메타는 자체 개발 중인 생성형 AI '라마LLaMA'의 유럽 상용화를 잠정 중단했다. 이어 AI 콘텐츠 생성 시 자동 워터마크 삽입 기술을 탑재하겠다고 발표했다.

이렇듯 유럽은 GDPR 이후 DMA, DSA, AI법까지 3단계 규제 체계를 통해 미국 빅테크 기업의 핵심 수익 구조와 기술 생태계를 구조적으로 흔들고 있다. 각 기업은 처음엔 반발했지만, 유럽 시장을 버릴 수 없기에 결국 대부분의 규제를 수용하거나, 우회 전략을 찾아가고 있다. 때로는 지역별 기능 제한, 때로는 유료 서비스 도입, 때로는 전용 버전의 시스템 분리 운영을 택하면서, 유럽이 만든 기준에 맞춰 '현지화'를 선택한 셈이다.

— Big-Tech Capitalism —

민주당의
규제가 더 무섭다

　빅테크 업계에서는 미국 내 민주당을 빅테크의 혁신을 가로막는 또 다른 규제 요인으로 꼽는다. 미국 민주당의 빅테크 규제는 단순한 사용자 보호 수준을 넘어, 기술 혁신의 방향과 속도를 직접 통제하는 수준에까지 이르렀다는 평가다. 각 플랫폼 기업은 심각한 제약과 구조적 부담을 안게 됐다.

　대표적 사례로, 2021년 민주당이 발의한 '데이터이전권한부여법 ACCESS Act'이 있다. 이 법안은 사용자가 페이스북이나 인스타그램에 저장한 데이터 전체를 손쉽게 구글이나 다른 플랫폼으로 옮길 수 있도록 의무화하는 내용을 담고 있다. 이는 소비자의 데이터 주권을 강화한다는 명분 아래 구글, 메타, 아마존 등 플랫폼 기업들에 막대한 보안 투자와 시스템 재설계 비용을 안기며, 혁신보다는 규정 준수에 집중하게 만든다는 비판을 받고 있다.

'오픈앱마켓법안OAMA, Open App Markets Act'은 애플과 구글 같은 앱스토어 사업자가 자사 결제 시스템을 강제하지 못하게 하고, 외부 앱마켓 설치를 의무 허용하도록 하고 있다. 이에 대해 애플 CEO 팀 쿡은 "사용자 보안이 심각하게 훼손될 수 있다"라며 강하게 반발했다. 실제로 애플은 유럽용 iOS 전용 운영체제까지 따로 개발하며, 외부 결제 도입을 최소한으로 제한하려는 우회 전략에 나섰다. 구글 역시 광고 플랫폼 간 데이터 공유를 제한하고 사용자 브라우저 선택 메뉴를 개선하는 등 기술적 수정에 나섰다. 이는 모두 규제 회피를 위한 전략적 대응이었다.

이러한 규제 기조는 연방 차원뿐 아니라, 민주당이 주도하는 캘리포니아 주정부에서도 강하게 추진됐다. 2023년 제정된 '캘리포니아삭제법California Delete Act(SB 362)'은 사용자가 요청할 경우, 데이터 중개업체가 반드시 개인정보를 삭제해야 한다는 의무를 부여했다. 아동 온라인 보호법(SB 896·942)과 AI 안전법 등은 플랫폼 기업이 운영하는 광고 알고리즘, 추천 시스템, 사용자 트래킹 기술 전반을 재구성하도록 강제했다. 특히 AI 모델 개발과 개인화 서비스 설계에 큰 제약을 주고 있다. 이로 인해 메타는 광고 알고리즘 투명성 보고서를 제출하고, 유럽용 프리미엄 서비스 출시 등 대안적 수익 모델로의 전환을 시도하고 있으며, 구글 역시 알고리즘 공개와 데이터 흐름 제한 등의 방식으로 대응하고 있다.

민주당의 이런 규제 기조는 플랫폼이 여론 형성과 정치 참여에 미치는 영향력을 통제하겠다는 정치적 계산도 깔려 있다. 민주당 일각에서는 빅테크가 미국 민주주의를 위협할 수 있다고 보고, 시장 지배력 해체와 데이터 통제력 박탈을 핵심 수단으로 삼고 있는 것이다.

한편 리버테리안(자유지상주의) 이념은 공화당 내부에서 더 강하게 작동하며, 규제 완화와 자유시장을 지지하는 흐름으로 이어지고 있다. 이러한 상반된 태도 속에서, 애플, 구글, 메타, 아마존 등 빅테크 리더들은 민주당의 규제에 대해 "기술의 본질은 실험과 빠른 확장인데, 민주당의 과잉 규제가 오히려 글로벌 경쟁에서 미국의 후퇴를 초래할 수 있다"라는 입장을 공공연히 밝히고 있다. 규제 대응을 위한 정책 로비, 현지화 전략, 기술적 우회 등 다층적인 전략을 병행하고 있다.

민주당의 규제는 사용자 권리와 시장 공정성이라는 명분 아래 플랫폼 기업의 핵심 수익 구조와 혁신 생태계를 근본적으로 뒤흔들고 있다. 이는 미국 내부에서조차 기술 진보의 속도를 늦추고 있다는 자성의 목소리로 이어지고 있다. 기술을 키워낸 정당이 동시에 그 기술의 가장 큰 위협 요인이 되고 있다는 점에서, 민주당의 규제는 그 어떤 보수적 통제보다도 빅테크에는 훨씬 더 무거운 족쇄로 작용하고 있다.

Big-Tech Capitalism

규제를 규제하려는 빅테크

　빅테크 기업들은 규제에 직면했을 때 각기 다른 방식으로 대응해 왔다. 빌 게이츠와 마크 저커버그는 비교적 체제 순응적인 방식으로 대응했다. 스티브 잡스는 구조를 통해 우회하려 했으며, 구글은 노골적으로 저항하거나 지연시키는 전략을 택했다.

　1998년, 마이크로소프트는 미국 법무부와 20개 주정부로부터 반독점 혐의로 제소당했다. 윈도우 운영체제에 인터넷 익스플로러를 끼워 넣어 넷스케이프와 같은 경쟁 브라우저의 시장 접근을 어렵게 만든 점이 문제가 됐다. 법무부는 마이크로소프트가 자사 지배력을 활용해 소프트웨어 시장 전반을 잠식했다고 주장했다. 이는 미국 기술 산업 역사상 가장 규모가 큰 반독점 소송 중 하나로 기록됐다.

　3년에 걸친 법적 공방 끝에, 2001년 11월 마이크로소프트는 기술 정보의 외부 공개, 주문자상표부착방식OEM 기업에 대한 차별 금지, 경쟁 소프트웨어 개발사에 대한 응용프로그램인터페이스API 접근 허용 등을 조건으로 합의했다. 회사를 분할하라는 초반 판결에서 후퇴한 이 합의는 '절충안'으로 여겨졌다. 빌 게이츠는 이를 "공정하고 합리적인 결과"라고 평가했다. 이후 마이크로소프트는 공개적으로 규제 당국과의 대립을 피했다. 오히려 정부와의 협력 구조를 강화하는 방향으로 전환했다.

　이러한 대응 방식은 빌 게이츠의 성향과도 밀접하게 맞닿아 있었다. 빌 게이츠는 기술인으로서 정치에 관여하지 않는 듯 보였지만, 소송 이후에는 정책 대응 부서를 확대하고, 로비 예산을 늘리고, 워싱턴 D.C.에 상주 조직을 두는 등 제도권 대응 전략을 체계화했다.

　2000년대 중반부터는 공공부문과의 연계를 더욱 강조했다. 교육, 보건, 빈곤 문제를 중심으로 게이츠 재단Bill & Melinda Gates Foundation의 영향력을 키우며 비즈니스 권력을 사회적 권력으로 전환하려 했다. 2002년부터 시작된 미국 내 공립학교 개혁 프로젝트와, 2008년 세계백신면역연합GAVI에 15억 달러를 기부한 행보는 그가 규제 당국의 외부에 있으면서도 정책 결정 과정에 비공식적으로 관여할 수 있는 방식을 택했다는 점에서 주목된다.

　게이츠는 규제를 피하는 것이 아니라, 제도와의 관계를 다르게 설정하려 했다. 결과적으로 기술 기업의 사회적 수용 가능성을 높이는 방향으로 프레임을 전환했다. 2010년 TED 인터뷰에서, 그는 "나는 더 이상 마이크로소프트를 운영하지 않는다. 하지만 기술이 세계를 어떻게 바꾸는지는 여전히 관심사다"라고 말하며, 규제의 대상에서 영향력 있는 조언자로 자리를 옮겼다. 이러한 행보는 이후 기술 기업들이 '사회적 정당성 확보'를 통해 규제 완화를 모색하는 데 일정한 모델이 됐다.

마크 저커버그도 비슷한 방향을 택했다. 2018년, 페이스북이 케임브리지 애널리티카를 통해 약 8700만 명의 사용자 데이터를 정치적 목적에 활용한 사실이 드러났다. 저커버그는 "문제는 내 책임"이라고 말하며 공개 사과했고, 2019년에는 미국 연방거래위원회FTC로부터 50억 달러 과징금과 20년간의 감시 체계를 부과받았다. 이후 저커버그는 프라이버시, 유해 콘텐츠, 선거 무결성 등 네 가지 분야에서 정부 규제가 필요하다고 언급하면서, 관련 가이드라인을 직접 제안했다. 유럽의 대표적 규제 프레임인 일반개인정보보호법GDPR을 자사 정책에 반영하겠다고 밝히기도 했다. 이 역시 규제에 맞서기보다는 일정 수준 수용하고, 선제적으로 기준을 설정해 영향력을 유지하는 접근이었다.

스티브 잡스는 규제를 우회하는 전략을 취했다. 결과적으로 이 전략은 애플의 폐쇄형 생태계를 강화하는 쪽으로 영향을 미쳤다. 2010년, 애플은 아이폰과 아이패드에서 어도비 플래시 기술을 공식적으로 차단하고, HTML5 기반 기술을 채택했다. 스티브 잡스는 당시 "플래시는 안정성, 보안, 배터리 효율 면에서 모바일 환경에 적합하지 않다"라고 설명했다. 이 결정은 사실상 기술 표준을 애플이 직접 선택하고 통제하겠다는 의지의 표현이었다. 이를 계기로 애플은 앱스토어를 통해 모든 앱 유통을 통제했다. 앱 내 결제를 자사 시스템으로만 제한했으며, 보안 및 승인 절차를 애플 내부에서 일괄적으로 관리했다. 이러한 폐쇄형 생태계는 외부 개입이 어려운 구조를 만들었고, 특정 기술과 사업모델만 생존 가능한 환경을 형성했다.

당시에는 이러한 구조가 법적 제재를 받지 않았다. 오히려 앱 품질과 보안 통제에 유리하다는 평가도 존재했다. 그러나 플랫폼 독점에 대한 글로벌 규제 기조가 강화되면서, 애플의 이 구조 자체가 점차 문제로 인식되기 시작했다.

2024년 3월, EU 집행위원회는 디지털시장법DMA 위반 혐의로 애플에 대한 공식 조사에 착수했다. 집행위는 애플이 앱스토어 운영 방식에서 경쟁 앱 개발사의 시장 접근을 제한하고, 자사 결제 시스템 사용을 강제했으며, iOS 생태계 전반에서 비차별 원칙을 위반했다고 판단했다. 특히 사용자가 기본 브라우저나 검색 엔진을 자유롭게 선택하기 어렵게 만든 점과, 앱 개발사에 외부 결제 링크를 허용하지 않은 점이 주요 쟁점으로 지목됐다.

DMA 제7조는 '게이트키퍼'로 지정된 플랫폼 사업자가 경쟁 플랫폼이나 서비스를 차별해서는 안 된다고 규정하고 있다. 애플은 iOS 앱 유통과 결제를 사실상 독점적으로 운영하고 있었기 때문에 이 요건에 해당한다고 판단됐고, 이로써 애플은 DMA 시행 1년 만에 첫 번째 공식 제재 대상이 됐다. 결과적으로 스티브 잡스가 설계한 우회적 생태계 전략은 한동안 규제를 피하는 데 유효했지만, 규제의 기준 자체가 바뀌면서 오히려 규제 당국의 우선 표적이 되는 구조로 전환됐다.

구글은 주요 기술 기업 중에서도 규제에 가장 직접적으로 반발해 온 사례로 꼽힌다. 2020년 이후, EU가 GDPR과 전자프라이버시 지침ePrivacy Directive을 강화하는 움직임을 보이자, 구글은 자사의 핵심 수익 모델인 행동 기반 맞춤형 광고가 위협받는다고 판단했다. 당시 CEO였던 순다르 피차이는 공개 발언에서 "사용자 프라이버시는 중요하다"라고 말했다. 하지만 유출된 내부 문건에서는 "당사의 핵심 수익 구조가 흔들린다The core revenue model is at risk"라는 표현이 포함돼 있었고, 규제를 지연시키기 위한 전략 문건이 브뤼셀 정계에 유포되면서 논란이 커졌다.

위기의식은 실제 대응에서도 드러났다. 구글은 2020년 한 해 동안 유럽 지역에서 약 1890만 유로의 로비 비용을 지출했다. 이는 기술 기업 중 가장 많은 수준이었다. EU의 로비 등록부에 따르면, 구글은 EU 집행위원회, 유럽의회, 각국 정부 규제 당국을 상대로 약 270건 이상의 접촉을 시도했다. 주요 의제는 이프라이버시ePrivacy 입법 지연, 광고 쿠키 제한 완화, 브라우저 추적기 허용 조건 협상이었다. 구글은 단순히 의견을 내는 수준이 아니라, 제도 초안에 영향을 주려는 시도를 지속적으로 이어갔다. 이러한 전략은 규제를 수용하기보다는 형성 단계부터 개입해 속도를 늦추고, 영향 범위를 제한하려는 의도에서 비롯됐다.

예컨대, GDPR 위반으로 인해 구글은 프랑스 정보보호기구CNIL로부터 2019년 1월에 5000만 유로의 과징금을 부과받은 적이 있었다. 이는 GDPR 발효 이후 최초의 대형 제재 사례로 기록됐다. 이 사건 이후, 구글은 프라이버시 관련 정책을 일부 조정했지만, 여전히 광고 시스템 전반의 구조적 수정은 거부했다.

2021년 영국 경쟁시장청CMA은 구글의 '프라이버시 샌드박스Privacy Sandbox' 프로젝트가 광고 시장에서 다른 기업을 배제할 수 있다는 이유로 조사를 시작했다. 프라이버시 보호를 명분으로 브라우저 추적 방식을 변경하는 동시에, 자사 광고 플랫폼의 경쟁력을 유지하려는 이중 전략을 썼다는 것이다.

구글은 순다르 피차이 CEO 체제하에서 규제와의 충돌을 불가피한 손실이 아니라 정치적 조율을 통해 관리해야 할 변수로 판단했다. 그에 따라 로비, 법률 자문, 외부 싱크탱크 활용 등을 통해 규제 형성과 집행 속도 자체에 영향을 미치려는 전략적 개입을 지속해 왔다. 이는 단순한 규제 회피를 넘어, 규제를 '리디자인'하거나 '완화된 버전'으로 끌고 가기 위한 체계적인 대응 방식이었다.

이런 전략은 과거에도 있었다. 19세기 미국의 철도 재벌들은 법보다 먼저 시장을 장악하고, 입법을 유리하게 바꾸기 위해 정치인에게 자금을 제공했다. 20세기 AT&T(미국의 대표적인 통신 기업)는 독점을 유지하면서도 정부와 협력 관계를 형성해 통신법 체계의 일부가 됐다. 이들은 모두 규제를 피하지 않았지만, 규제를 통제 가능한 구조로 만들려고 했다.

21세기의 빅테크 역시 같은 방향을 택하고 있다. 다만 그 방식은 기술력과 데이터, 자본력을 바탕으로 훨씬 더 정교해졌다. 국경을 초월하는 규모 덕분에 하나의 정부가 온전히 규율하기도 어려워졌다. 규제는 여전히 존재하지만, 그것이 실제로 누구의 영향을 받아 만들어지고 집행되는지는 이전보다 더 복잡해졌다.

**Big-Tech Capitalism
: The Rise of a New Empire**

4장

권력과의 전쟁
트럼프와 손잡은 빅테크의 정치 실험

―― Big-Tech Capitalism ――

월가가 외면한 트럼프

도널드 트럼프는 2016년 대선 캠페인 초기부터 '반월가·반엘리트·반중국'을 전면에 내세우며 반세계화 전략을 분명히 했다. 이러한 기조는 곧 월가와의 갈등으로 이어졌다. 트럼프의 정치적 성공이 곧 월가의 영향력 약화로 해석되면서 금융권은 그에게 적대적인 입장을 유지했다.

2016년 대선 당시, 금융업계는 민주당 후보인 힐러리 클린턴에게 집중적으로 자금을 쏟아부었다. 클린턴 캠프는 골드만삭스를 포함한 대형 투자은행으로부터 약 6430만 달러의 후원금을 받았다. 트럼프는 같은 기간 약 2000만 달러 이하의 후원을 받는 데 그쳤다. 당시 미국 비영리단체인 '금융개혁을 위한 미국인Americans for

Financial Reform'의 분석에 따르면, 2015년부터 2016년까지 월가는 총 20억 달러에 달하는 자금을 정치 기부 및 로비에 사용했다. 이 중 다수가 민주당에 흘러 들어갔다.

2020년 대선에서도 상황은 비슷했다. 월가는 총 29억 달러를 정치권에 썼다. 이 중 2억 9000만 달러는 트럼프와 바이든 두 후보에게 돌아갔다. 폭스뉴스의 보도에 따르면, 이 자금의 약 53%가 민주당(바이든) 측에, 47%가 공화당(트럼프) 측에 배분됐다. 그 차이는 광고 집행·현장 조직·미디어 전략 등에서 큰 격차를 만들었다.

특히 암묵적 기부와 분산 기부, 이른바 '다크 머니dark money(출처가 공개되지 않는 정치자금)' 형태로 전달된 금액까지 포함하면, 2020년 선거에서 민주당 후보 진영에는 약 5억 1400만 달러, 공화당에는 약 2억 달러가 유입된 것으로 분석된다. 이와 같은 자금의 흐름은 단순한 지지의 문제가 아니라, 정책 결정권을 둘러싼 주도권 경쟁의 일부였다.

2024년 대선을 앞두고도 월가의 흐름은 변하지 않았다. 조 바이든과 카멀라 해리스 캠프는 여전히 금융권의 신뢰를 얻고 있었다. 반대로 트럼프는 월가의 주류 네트워크에서 비주류 취급을 받고 있었다. 월가 안팎 핵심 인물들의 발언과 지지 성향을 보면 이 같은 월가의 기류가 잘 드러난다. 2016년 미국 대선을 앞두고, 월가의 상징적 인물 중 하나인 마이클 블룸버그는 7월 27일 민주당 전당대회 연설에서 트럼프를 공개적으로 비난했다. 블룸버그는 "트럼프는 멕시코인을 추방하고 무슬림을 배제하겠다는 방식으로 문제를 해결하겠다고 한다. 그는 위험한 사기꾼이다"라고 말했다. 그는 전통적 공화당 지지자였는데도 당시 힐러리 클린턴을 지지했다. 블룸버그는 월가 출신 억만장자로서 시장주의와 글로벌 무역을 지지해 왔다. 트럼프의 반글로벌 정책과 포퓰리즘이 미국 경제 안정성을 해친다는 명분으로 그는 트럼프를 맹비난했다. 이후 그는 2020년 민주당 대선 후보로 직접 출마했다. 이후 후보 사퇴 뒤엔 막대한 자금력을 활용해 바이든 후보에게도 전폭적인 지지를 보냈다.

앤서니 스카라무치 역시 2015년 8월 "트럼프는 막말하는 정치꾼 hack politician"이라며 원색적인 비난 발언을 했다. 그는 골드만삭스 출신의 투자자이며, 공화당 기부자로도 활동했고, 트럼프의 인종차별적 발언과 반시장주의적 자세에 강한 거부감을 드러냈다. 이후 트럼프 행정부에 잠시 몸담았지만, 2018년 이후 다시 돌아서서 트럼프를 "미국 민주주의에 대한 위협"이라고 규정하며 민주당에 유화적 발언을 이어갔다.

스위스 자산운용사 픽텟의 최고전략가인 루카 파올리니는 2016년 11월 9일, 트럼프의 당선 직후 《파이낸셜타임스》와 《가디언》 인터뷰에서 "트럼프는 무역의 친구가 아니다. 보호무역은 글로벌 금융시장을 장기적으로 파괴할 수 있다"라고 경고했다. 파올리니는 유럽계 투자 전문가로, 월가 바깥에서도 트럼프의 경제정책이 글로벌 투자 불확실성을 키운다는 인식을 대표하는 사례였다.

2020년 대선 당시, 크립토 업계의 자금 흐름 역시 민주당에 상대적으로 우호적이었다. 대표적 사례는 샘 뱅크먼프리드로, 당시 암호화폐 거래소 FTX의 CEO이자 30세도 안 된 억만장자였다. 그는 2020년 대선에서 바이든 캠프에 520만 달러를 기부하며 민주당의 가장 큰 후원자 중 한 명으로 떠올랐다. 그는 트럼프의 불확실성과 규제 무시, 시장 질서 파괴 가능성을 우려해 "정치적 안정이 혁신보다 우선이다"라는 입장을 보였다. 이후 FTX 파산 사태로 논란의 중심에 서긴 했지만, 당시 자금 흐름의 방향성을 보여주는 대표 인물이었다.

비슷한 시기, 페이스북 공동창업자인 더스틴 모스코비츠 역시 2016년엔 힐러리 클린턴에게 약 2000만 달러, 2020년엔 바이든에게 약 2400만 달러를 기부했다. 그는 공식 성명에서 "사실과 과학, 포용, 공정한 기회를 신념으로 삼는 후보를 지지한다"라며 트럼프의 반지성주의·분열 전략을 비판했다. 그는 전통적 테크 자본가로서 정치적으로 비교적 중립적이었으나, 트럼프 집권기에는 명확하게 민주당 편으로 움직였다.

뉴욕 기반 헤지펀드 매니저이자 '밸류 투자'의 전도사로 알려진 휘트니 틸슨은 2016년 10월 10일 페이스북에 "나는 벽을 부수고 힐러리를 찍을 것이다"라는 글을 남겼다. 그는 이전까지 공화당 기부자였으나 트럼프 등장 이후 민주당에 공개 지지를 선언하며, "도널드 트럼프는 보수도 아니고, 자유시장주의자도 아니다. 그는 민주주의를 위협하는 인물이다"라고 힐난했다. 이후 틸슨은 바이든 대통령의 정책에도 실망을 표하면서, 민주당 내부의 교체론을 공개적으로 거론하는 등 여전히 정치적 의견을 적극 개진하고 있다.

헤지펀드 억만장자 빌 애크먼은 2020년 3월 18일 CNBC 생방송에서 "지옥이 온다Hell is coming"라는 말로 트럼프의 팬데믹 대응을 비판하며, 30일간의 전국 봉쇄를 촉구했다. 당시 시장은 폭락 중이었고, 애크먼은 "정부가 무기력하게 보이는 것은 시장에 훨씬 더 큰 공포를 준다"라고 강조했다. 그는 이후 바이든 정권하에서도 경제 회복 조치에 대해 조건부 지지를 보내며 중도적 입장을 유지했지만, 트럼프에 대해서는 일관되게 부정적인 시각을 고수했다.

2024년 대선에서도 월가는 트럼프에게 노골적으로 등을 돌렸다. 2024년 5월 25일, 블랙스톤 그룹의 CEO인 스티븐 슈워츠먼은 "미국의 경제, 이민, 외교 정책이 잘못된 방향으로 가고 있다"라며 트럼프를 비판했다. 그는 트럼프가 미국을 분열시키고 있으며, 더 이상 전통적인 보수주의 가치를 대표하지 않는다고 지적했다. 그는 2016년과 2020년 대선에서 트럼프를 지지했던 대표적 월가 인사였지만, 이번에는 공화당 내 새로운 리더십이 필요하다고 주장하며 트럼프 후원 철회를 선언했다. 이는 월가 고액 기부자들 사이에서도 정치적 방향 전환이 본격화되는 신호로 해석됐다.

2024년 6월 11일, 마이클 블룸버그는 《블룸버그》 통신과의 인터뷰에서 "트럼프는 월가의 적이며, 시장의 구조적 안정성을 위협하는 인물"이라고 노골적인 적대감을 드러냈다. 그는 "트럼프의 반세계화와 고립주의 정책은 시장 질서를 붕괴시키고, 미국의 글로벌 리더십을 무너뜨린다"라고 평가했다. 이미 2016년과 2020년 대선에서도 민주당 후보를 지지했던 그는 그 어느 때보다 명확하고 날카로운 어조로 금융계의 트럼프 반대 정서를 대변했다.

2024년 9월 6일, 《뉴욕타임스》는 익명의 금융계 고액 기부자들을 인용해 "트럼프를 지지하는 것은 단순한 정책 선택이 아니라, 시장과 민주주의에 대한 구조적 위협을 수용하는 행위라는 견해가 퍼지고 있다"라고 보도했다. 특히 투자은행, 자산운용사, 상업은행 등 주요 금융기관 내부에서는 트럼프의 불확실성과 충동적 결정 스타일이 장기적인 자본시장 신뢰를 훼손할 수 있다는 우려가 지속적으로 제기됐다.

2024년 9월 27일, 빌 애크먼은 자신의 SNS 계정을 통해 "트럼프는 더 이상 예측 가능한 보수주의자가 아니며, 민주주의 자체에 위협이 되는 인물"이라고 주장했다. 그는 이 시점부터는 공개적으로 민주당 후보 지지에 나서며 후원금을 이전했다. 이 발언은 금융계 내부에서도 큰 반향을 일으켰고, 고액 기부자들 사이에서 트럼프 회피 흐름을 가속화하는 계기가 됐다.

2024년 10월에 접어들면서, 월가 내부에서는 트럼프 캠프의 정책에 대한 공개 비판과 자금 이탈이 가시화된다. 특히 슈퍼팩을 통한 고액 후원이 민주당 또는 중도 성향 후보로 이동하는 패턴이 두드러졌으며, 이는 트럼프의 고율 관세, 반이민 정책, 규제 완화의 불균형에 대한 우려와 밀접하게 연결돼 있었다.

2024년 10월 17일, 당시 재무장관이었던 재닛 옐런은 한 인터뷰에서 "고관세 장벽은 깊이 잘못된 선택이며, 미국 소비자들에게 물가 상승이라는 부메랑이 돼 돌아올 것이다"라고 경고했다. 이는 트럼프가 모든 수입품에 일괄 10% 이상의 관세를 부과하겠다고 발표한 데 대한 대응이었다. 월가 내 투자 전략가들과 자산운용사들도 이 발언에 동조하며 물가 압력과 글로벌 공급망 교란에 대한 경계를 강화했다.

2024년 10월 말, 골드만삭스 CEO 데이비드 솔로몬은 "트럼프가 기업 친화적인 정책을 예고하긴 했지만, 예측 불가능성과 정치 리스크는 여전히 부담스럽다"라고 언급했다. 그는 투자자들과의 간담회에서 "감세와 규제 완화는 긍정적으로 보지만, 무역 전쟁 가능성과 정치적 불안정성은 금융시장에 실질적 충격을 줄 수 있다"라고 평가했다. 이 발언은 시장 친화적 이미지와는 다른 트럼프의 리스크를 내부에서 인식하고 있음을 보여준 신호로 받아들여졌다.

여기에 레거시 언론의 영향도 작용했다. 《블룸버그》《뉴욕타임스》《워싱턴포스트》 등 주요 매체들은 외교, 통상, 금융 정책 보도에서 일관되게 바이든 진영에 유리한 태도를 유지했다. 이는 월가의 이익과 정서가 언론을 통해 우회적으로 표출된 형태였다.

2024년 3월, 펜실베이니아대학교 애넌버그 공공정책센터는 《블룸버그》《뉴욕타임스》《워싱턴포스트》 등 주요 언론사의 보도 패턴을 분석한 보고서를 발표했다. 이 연구는 2023년 한 해 동안 외교, 통상, 금융 정책과 관련된 주요 뉴스 보도를 대상으로, 기사량·주제 선택·보도 태도 등을 정량적으로 분석한 것이다.

보고서에 따르면, 바이든 행정부에 유리한 보도가 트럼프 캠프 관련 보도보다 현저히 많았다. 특히 북대서양조약기구 NATO에서 미국이 탈퇴할 수 있다는 트럼프 진영의 발언은 비교적 적게 다뤄진 반면, 바이든 대통령의 외교 정책 및 경제 관련 활동은 약 세 배 이상 많은 보도량을 기록했다. 연구팀은 "보도량과 주제의 선택 모두 특정 진영에 우호적으로 작용할 수 있는 구조였다"라며, "이는 언론이 월가의 정서나 기존 엘리트 진영의 이익과 일치하는 방식으로 뉴스 서사를 구성했을 가능성을 시사한다"라고 평가했다.

《블룸버그》의 경우에는 더 직접적인 증거가 존재한다. 2019년 공개된 내부 메모에 따르면,《블룸버그》뉴스의 오피니언 섹션은 마이클 블룸버그 전 시장이 출마했을 당시, 그 자신과 민주당 주요 후보를 비판적으로 다루지 말라는 지침을 받았다. 이 지침은 이후에도 사실상 유지됐다. 조 바이든 캠프와 정책적 일치도가 높은 사안에 대해서는 비판적 보도를 자제하는 방향으로 이어졌다는 지적을 받았다.

《워싱턴포스트》는 대선 국면에서 비교적 중립적인 외형을 유지했지만, 실제 보도 편향은 뚜렷했다. 2024년 선거를 앞두고 이례적으로 사설을 통해 대통령 후보 지지를 선언하지 않겠다고 밝혔다. 이는 내부 편집진과 소유주 제프 베이조스 간의 이견이 있었던 것으로 알려졌다. 편집국이 민주당 지지 사설을 내보내려고 했는데, 베이조스가 트럼프 당선 시 보복을 우려해 이를 막았던 것이다.

시장 자유와 기업 자율성에 우호적인 시각 역시 일관되게 드러났다. 이는 바이든 행정부의 온건한 통상·재정 기조와 정서적으로 부합했다.《워싱턴포스트》는 중국 국영 언론《차이나데일리》의 광고 섹션을 수년간 게재해 왔다. 이 점에서 광고 수익과 편집 독립성 사이의 균열이 있었다는 지적도 나왔다.

이러한 언론들의 보도 태도는 모두 시장 안정, 국제협력 유지, 다자주의 회복 등 월가가 선호하는 정책 기조와 일치하는 방향이었다. 이는 월가가 공식 후원금 이외에도 언론 보도를 정책 여론에 영향력을 행사하는 간접 채널로 활용하고 있다는 점을 시사한다.《블룸버그》《뉴욕타임스》《워싱턴포스트》는 각각의 방식으로 민주당 진영에 유리한 내러티브를 제공했다. 이는 정치적 편향이라기보다, 자본과 정서가 연결된 미디어 생태계의 결과에 가깝다.

언론이 특정 입장을 노골적으로 지지하지 않더라도, 무엇을 강조하고 무엇을 생략하느냐에 따라 월가의 입장을 간접적으로 반영할 수 있다는 점은 더욱 분명해졌다. 2024년 미국 대선 동안, 여러 언론사들이 발표한 여론조사와 출구조사 보도는 트럼프에게 불리한 인상을 주는 방식으로 전달되는 경우가 많았다. 하지만 보도의 근거가 부족하거나, 조사 방식 자체에 문제가 있다는 비판도 적지 않았다.

대선 직전인 2024년 10월, 복스Vox와 《뉴욕타임스》 등 일부 언론은 "조 바이든 대신 출마한 카멀라 해리스가 트럼프보다 지지율이 앞서고 있다"라는 보도를 반복했다. 특히 전국 단위 여론조사에서 12% 우위를 보였다는 이유만으로 "트럼프가 열세다"라는 식의 프레임을 강조했다. 당시 보도는 경합주의 표본 수가 적고, 조사 오차가 ±34%로 크다는 점을 간과한 것이었다는 비판이 나왔다. 통계적으로 '우위'라고 보기 어려운 수치였는데도 언론이 "민주당이 이긴다"라는 분위기를 조성했다는 지적이 제기됐다.

선거 당일 출구조사에서도 편향 논란이 있었다. 대표적인 예가 미국 원주민 유권자들에 대한 조사였다. 에디슨 리서치라는 기관은 "원주민 유권자 65%가 트럼프에게 투표했다"라고 발표했다. 이 수치를 CNN, 《워싱턴포스트》, NBC 뉴스 등 주요 언론이 인용하면서 "트럼프가 다양한 소수인종 지지층까지 확보하고 있다"라고 보도했다. 미국 원주민 권익단체는 이 조사가 자치구 내 투표소는 포함하지 않고,

전체 응답자 수도 300명 미만이었다고 지적했다. 표본이 너무 적고 왜곡돼 있어서 실제 원주민 전체 민심을 반영하지 못하는 조사였던 것이다. 그럼에도 주요 언론들은 이런 제한을 명시하지 않고 결과만 부각하면서, 트럼프에게 유리한 '분위기 부풀리기' 혹은 반대로 '진짜 트럼프 지지층은 줄었다'는 해석을 낳게 만들었다.

비슷한 문제가 라티노 유권자 출구조사에서도 나왔다. 2024년 대선에서 트럼프가 라티노 지지율을 끌어올렸다는 보도가 나왔지만, 실제로는 라티노 커뮤니티 내부에서 응답자의 교육 수준, 거주 지역, 언어권에 따라 매우 다른 선택을 보였다는 분석이 있었다.

라티노 권익단체들은 "출구조사에서 인터뷰에 응한 라티노는 대체로 영어를 유창하게 쓰고, 도시 지역에 거주하며, 공화당 성향일 가능성이 높다"라고 비판했다. 즉 언론이 "트럼프가 라티노에게 인기가 많다"라고 단정적으로 보도한 건 과잉 해석이고 실제 민심을 왜곡할 수 있는 보도였다는 것이다.

복스, 《뉴욕타임스》 등은 트럼프와 해리스의 지지율 차이가 통계적으로 의미 없는데도 "해리스 우위"라는 프레임을 반복했다. 에디슨 리서치의 출구조사는 원주민·라티노 유권자 비중과 실제 민심을 잘못 반영했지만 주요 언론들에 의해 인용되었으며, 그 결과 트럼프가 불리한 분위기 속에 있다거나, 지지층이 줄었다는 보도가 반복됐다. 이는 유권자 심리에 영향을 줄 수 있는 요인이 됐다.

월가가 이처럼 트럼프에게 반감을 노골적으로 드러내는 데도 트럼프는 월가와의 전면전은 피하고 있는 듯한 느낌이다. '반세계화'라는 표현의 포장지를 걷어내면 그것이 '반월가'라는 사실을 트럼프 본인은 물론 당사자인 월가가 누구보다 잘 알고 있다.

트럼프의 이 같은 행보는 몰락한 제조업 중산층이란 지지층을 유지하면서도, 월가의 자금과 그에서 비롯되는 영향력을 아직은 완전히 무시하기 힘들다는 현실 논리가 작용하는 것으로 보인다.

월가 출신 스콧 베선트 재무장관의 기용은 트럼프가 여전히 월가와의 연결고리를 중시하고 있다는 방증이다. 베선트는 소로스 펀드, 헤지펀드 등을 거친 금융권 인사로, 트럼프의 경제·금융정책에서 완충지대이자 연결고리 역할을 수행했다. 그는 트럼프와 월가 사이에서 정치적 완급 조절을 담당했고, 대표적으로 JP모건 CEO 제이미 다이먼과의 공개 설전에서 그 역할이 드러났다. 제이미 다이먼 회장은 트럼프 행정부의 무역정책, 대중국 압박 전략, 재정 운영 방향에 대해 잇따라 경고 메시지를 내놓았고, 이에 대해 스콧 베선트 재무장관은 여러 차례 공개적으로 반박하며 방어에 나섰다.

첫 번째 충돌은 2025년 4월 9일, 트럼프 대통령이 모든 수입품에 일괄적으로 고율의 관세를 부과하겠다는 입장을 밝힌 직후였다. 이때 제이미 다이먼은 《블룸버그》 인터뷰에서 "이런 관세는 경기침체와 채무 불이행(디폴트)을 유발할 수 있다"라며, 정부가 조속히 실질적인 무역 협상에 나서야 한다고 촉구했다. 시장이 트럼프의 관세 발언에 민감하게 반응하며 일시적으로 급락세를 보이던 상황에서, 다이먼은 이를 '경제를 흔들 수 있는 위험'이라고 규정한 것이다.

이에 대해 스콧 베선트는 4월 11일 백악관 브리핑에서, "우리는 관세를 단순한 무역장벽으로 사용하는 것이 아니라, 협상 전략의 일부로 활용하고 있다"라며 다이먼의 비판을 우회적으로 반박했다.

그는 "경기침체는 과도한 비관론이며, 실제 정책 목적은 장기적 무역 재조정"이라고 강조했다. 이는 관세정책의 충격을 줄이려는 시장 안정용 메시지였다.

2025년 5월 30일, 캘리포니아에서 열린 레이건 국가경제포럼에서 다이먼은 기자간담회 질의응답 과정에서 트럼프 행정부의 경제 및 통상 정책 전반에 대해 이례적으로 날 선 비판을 가했다. 그는 "비트코인을 사느니 차라리 총알, 탄약, 탱크, 드론 그리고 희토류를 비축하라"라며, 트럼프 2기 행정부가 국가 준비금 일부를 비트코인으로 보유할 수 있다는 발상에 대해 강한 회의감을 드러냈다. 이 발언은 단순히 비트코인에 대한 냉소를 넘어, "현실적 위협에 대비하려면 디지털 자산이 아니라 실물 전략 자산을 준비해야 한다"라는 주장을 담고 있었다.

이날 다이먼은 또 다른 핵심 발언을 던졌다. 그는 "중국은 트럼프의 관세 위협에 전혀 겁먹지 않는다. 우리는 그들의 반응을 과대평가하고 있다"라며, 대중국 고율 관세정책의 실효성에 의문을 제기했다. 그는 미국의 관세 전술이 협상에서 주도권을 가져올 것이라는 행정부의 주장과 달리, 중국은 이미 그 시나리오에 적응했고, 글로벌 공급망 역시 탈미국화 전략으로 대응 중이라고 지적했다. 이는 트럼프 행정부의 전략 자체가 구식이며 현실 인식이 부족하다는 암시였다.

이어 다이먼은 미국 재정과 국채 시장에 대해서도 매우 우려를 표했다. 그는 "채권시장이 곧 균열crack될 것이다. 당신들은 패닉에 빠질 것이다You're going to panic"라고 경고하며, "정부의 재정 확대와 통화팽창이 국채 시장의 신뢰를 무너뜨릴 수 있다"라고 말했다. 특히 그는 시장 유동성을 유지하려면 규제를 풀고 신중한 지출 통제를 병행해야 한다고 강조했다.

다이먼의 이 세 가지 발언은 모두 트럼프가 어젠다47에서 직접 언급한 세 개의 '타도 대상', 즉 월가 글로벌리스트, 중국, 군산복합체를 정면으로 반박하는 성격을 띠고 있었다. 다이먼은 이 자리에서 월가의 대표 금융 권력으로서 트럼프가 설정한 적대 프레임에 기꺼이 맞서겠다는 의지를 분명히 했다. 동시에 "세계화 진영을 함부로 밀어붙이지 말라. 그러지 않으면 채권시장이 무너질 때 도와줄 수 없다"라는 메시지를 던졌다. 이는 트럼프 정책에 반기를 든 것이자, 시장에 던지는 일종의 경고였다.

다이먼은 당시 장기 국채 금리를 급격히 올린 채권자경단이 사실상 월가임을 시인하는 발언도 했다. 상환 만기가 돌아오는 9조 달러 이상 규모의 국채를 차환해야 하는 트럼프 행정부 입장에서 장기 국채 금리 상승은 엄청난 부담이었다. 이로 인해 트럼프는 중국에 대한 125%의 추가 관세를 10%로 낮추고, 그 부과를 90일 유예한다며 사실상 관세 전쟁에서 회군한 바 있다.

다음 날인 6월 1일, 스콧 베선트 재무장관은 CBS의 정치 시사 프로그램에 출연해 다이먼의 발언을 조목조목 반박했다. 그는 "나는 제이미 다이먼의 의견에 전혀 동의하지 않는다"라며, 특히 대중국 관세 문제에 대해 "중국 경제도 결국 시장 원리와 중력의 법칙을 거스를 수 없다"라고 말했다. 그는 이어 "우리는 적대하기 위해 관세를 쓰는 것이 아니라, 구조적 불균형을 해결하기 위한 압박 수단으로 활용하고 있다"라며 트럼프 행정부의 정책을 전략적 조정 수단으로 재정의했다. 이는 단순한 반박을 넘어, 월가 내부에서 번지고 있는 회의론을 직접 차단하고, 정책의 정당성과 지속성을 방어하기 위한 발언이었다.

베선트는 다이먼이 경고한 채권시장 붕괴 가능성에 대해서도 언급했다. 그는 웃으며 "제이미 다이먼은 지난 0번의 경기침체를 9번 예측한 사람이다 Jamie Dimon has predicted 9 of the last 0 recessions"라고 말했다. 다이먼의 반복되는 위기 경고가 실제로는 항상 빗나갔음을 비꼰 것이다. 이어 "우리는 현재 재정 건전성을 점진적으로 개선하고 있으며, 적자는 줄어들고 있고 디폴트는 걱정할 상황이 아니다"라고 덧붙였다. 이는 다이먼이 제기한 신용 위험을 정치적 과장으로 돌리고, 국채 시장과 국가 재정에 대한 신뢰를 회복하려는 시도로 보인다.

다이먼과 베선트의 충돌은 단순한 견해 차이가 아니었다. 그것은 트럼프 2기 행정부의 경제철학을 둘러싼 월가와의 노선 충돌이자, 금융 엘리트와 정책 권력이 정면으로 충돌한 이념적 분기점이었다. 다이먼은 시장의 구조를 지키기 위한 '경고'를 날렸고, 베선트는 행정부의 체계적 대응과 전략적 정당성을 내세워 그 경고를 정면에서 차단했다. 이는 단지 정책 조율이 아닌, 누가 미국 경제의 미래 방향을 주도할 것인가를 둘러싼 정치-경제 권력의 본격적인 싸움이었다. 그리고 거기에는 채권시장과 세계화 진영, 그리고 관세 전쟁의 명운이 뒤엉켜 있었다.

월가의 돈줄이 사실상 차단된 상황에서 트럼프에게 손을 내민

건 돈과 데이터로 무장한 빅테크였다. EU와 민주당의 규제, 중국 빅테크의 부상에 위기감을 느낀 빅테크 CEO들은 트럼프와의 밀월을 통해 돌파구를 마련하겠다는 전략을 세웠다.

Big-Tech Capitalism

바이든과
원수가 된 머스크

　2020년 미국 대선 당시, 일론 머스크는 조 바이든에게 표를 던지며 민주당에 대한 지지를 표명했다. 그는 "나는 오바마, 클린턴, 그리고 바이든에게 투표했다. 기본적으로는 민주당에 좀 더 가까운 입장이었다"라고 밝혔다. 이는 당시 머스크가 사회적 이슈, 특히 기후 위기 대응 등에서 바이든 행정부에 기대를 걸고 있었음을 보여주는 대목이었다.

　그 기대는 오래가지 않았다. 2021년 2월, 머스크는 조 로건과의 팟캐스트에서 "바이든 행정부가 탄소세를 도입하지 않겠다고 말했다. 정치적으로 너무 어렵다고 하더라"라고 언급하며 실망감을 드러냈다. 머스크는 "그럼 정치적 용기를 좀 가져보시지"라며 조롱조로 말을 이었다. 이는 기후 정책에 대한 바이든 행정부의 미온적 태도에 대한 첫 비판이었다.

같은 해 여름, 사건이 터진다. 2021년 8월, 바이든 백악관은 전기차 서밋EV Summit을 열면서 GM, 포드, 스텔란티스를 초대했다. 정작 미국 전기차 시장 점유율 1위인 테슬라는 배제됐다. 초청 기준은 '노조와의 협력'이었다. 비노조 기업인 테슬라는 이 조건을 충족하지 못했다. 머스크는 트위터를 통해 "바이든은 테슬라가 존재하지 않는 것처럼 행동한다"라고 일침을 날렸다. 미국 우파 성향 매체들은 이를 두고 "백악관이 테슬라를 고의로 무시하고 있다"라고 보도했다. 이 시점에서 머스크와 바이든의 갈등은 단순한 정책 차원이 아닌, 상징적 대립으로 확산되기 시작했다.

이후 2021년 하반기, 바이든 행정부는 3조 5000억 달러 규모의 예산안을 담은 'BBB Build Back Better' 법안을 추진했다. 여기엔 전기차 세액공제 확대, 충전소 설치 지원, 태양광·풍력 인프라 투자, 유급 육아휴가 보장 등이 포함돼 있었다. 표면적으로는 친환경 기업에 유리한 정책 같았지만, 머스크는 이 법안의 방향성에 격렬히 반발했다. 2021년 12월, 《월스트리트저널》 CEO 콘퍼런스에 참석한 머스크는 "솔직히, 이 법안이 통과되지 않는 게 낫다. 우리가 돈을 너무 많이 쓰고 있다. 매년 3조 달러를 더 써놓고 아무 일도 없을 거라고 생각한다면, 그건 망상이다"라고 비판했다. 특히 EV 세액공제 조건이 '노조 공장에서 생산된 차량'일 경우 더 많은 혜택이 돌아가게 설계돼 있었는데, 이는 비노조 테슬라에 매우 불리한 구조였다. 머스크는 "테슬라는 미국 전기차 시장의 절반을 공급하고 있다. 우리는 7500달러의 보조금 없이도 여기까지 왔다. 이 법안은 테슬라를 처벌하려는 것에 불과하다"라고 직격했다.

이후 갈등은 격화됐다. 2022년부터 머스크는 정치적 입장을 공화당 쪽으로 옮기기 시작했다. 2023년엔 "다음 대선에서 공화당 후보에게 표를 던질 것"이라고 공언했다. 바이든 행정부 시절 경기 상황에 대한 진단을 두고 설전을 벌이면서 머스크와 바이든 사이 감정의 골은 더욱 깊어졌다. 바이든은 개선된 경기 지표를 내세워 중간 선거를 치를 전략이었는데, 머스크가 공개적으로 찬물을 끼얹은 셈이었다. 이때부터 머스크와 바이든은 노골적인 상호 비방전을 펼친다.

2022년 6월, 일론 머스크는 카타르 도하에서 열린 카타르 경제 포럼에 참석해 《블룸버그》 뉴스 편집장 존 미클스웨이트와의 대담 중 미국 경제에 대한 비관적 전망을 내놓았다. 그는 "경기침체는 언젠가는 불가피하다. 단기적으로 침체가 있을지는 확실하지 않지만, 그럴 가능성이 더 크다 more likely than not"라고 말하며, 조 바이든 행정부의 경제 상황에 사실상 경고를 던졌다.

여기서 멈추지 않았다. 같은 시기 머스크는 자신의 트위터를 통해 더욱 직설적인 표현을 사용했는데, 그는 "이는 사실 좋은 일이다. 어리석은 사람들에게 너무 많은 돈이 있었다. 파산이 필요하다. 코로나 때문에 사람들이 집에 앉아 아무 일도 하지 않으면서도 마치 일하지 않아도 되는 것처럼 착각하게 됐다. 현실을 맞이할 시간이 다가오고 있다"라고 쏘아붙였다. 이는 저금리와 유동성으로 부풀려진 경기 회복세가 비생산적인 이들에게 돌아갔다는 그의 뿌리

깊은 불만을 드러낸 것이다. 월가의 유동성 잔치에 대한 불만, 즉 반월가적인 생각의 토대에서 비롯된 감정이었으며, 바이든 행정부의 정책 기조에 대한 노골적인 불신이었다.

머스크의 이런 비관론적 발언은 즉각 백악관의 반응을 이끌어 냈다. 며칠 후, 조 바이든 대통령은 델라웨어주 러호버스 비치에서 5월 고용 통계를 발표하는 연설 도중, 기자로부터 일론 머스크의 "경제에 대해 '매우 나쁜 느낌super bad feeling'이 있다"라는 발언에 대한 생각을 묻는 질문을 받았다. 이에 바이든은 먼저 "지금 공화당 정치인의 말처럼 들리네요, 농담이에요"라고 웃으며 말문을 열었다. 그는 "일론 머스크가 그런 말을 하는 동안, 포드는 전기차에 압도적으로 투자하고 있습니다. 포드는 전기차를 위한 투자를 늘리고 있고, 중서부에서 6000명의 새로운 일자리를 만들고 있습니다. 알다시피, 그의 달나라 여행에 많은 행운이 있길 바랍니다"라고 말했다. 이 발언은 바이든이 머스크가 이끄는 스페이스X의 우주 사업을 풍자하며, 그가 경제 현실과는 동떨어진 환상에 빠져 있다는 식으로 돌려 말한 것이었다.

머스크의 경제 비관론에 정면으로 맞서는 동시에, 머스크 개인을 향한 냉소와 조롱이 뒤섞인 이 한마디는 미국 언론의 주목을 받았다. 이후 백악관 대변인은 "대통령은 경제가 강하다고 확신하고 있으며, 머스크의 발언은 개인적 의견에 불과하다"라고 부연했다.

머스크도 가만히 있지 않았다. 그는 곧바로 자신의 X를 통해 "감사합니다, 대통령님!Thanks, Mr. President!"이라는 짧은 트윗을 올리며 응수했고, NASA가 스페이스X를 아르테미스 프로젝트의 달 착륙선

사업자로 선정한 뉴스 링크를 함께 첨부했다. 이는 "달 여행? 고마워요. 우리는 이미 거기 가고 있으니까요"라는 의미심장한 반격으로 해석됐다. 머스크는 대통령의 조롱을 능청스럽게 받아치며, 오히려 자신이 우주산업에서 주도권을 쥐고 있다는 점을 강조한 셈이었다.

이날의 설전은 단순한 말장난 이상의 의미를 지녔다. 바이든은 머스크의 경기침체 경고를 공화당식 공포 마케팅으로 간주하며 폄훼했고, 머스크는 대통령의 조롱을 받아치며 '달나라'라는 표현을 자랑으로 바꾸었다. 이는 두 사람 간의 긴장과 갈등이 단지 정치적 이념이나 경제 전망의 차이가 아니라, 각자의 존재 자체가 서로를 자극하는 상징이 되어버렸다는 것을 명확히 보여주는 장면이었다. 이후 두 사람의 관계는 더욱 경직됐고, 경제정책과 정치적 입장 차이가 격화되며 상호 조롱과 비난으로 번져갔다. 이 사건은 머스크가 바이든 행정부의 '역린'을 정면으로 건드린 계기였으며, 양측의 결별이 본격화된 분수령으로 기록됐다.

Big-Tech Capitalism

반세계화 동지가 된 트럼프와 머스크

2024년 들어 일론 머스크는 도널드 트럼프를 공개 지지하며 정치자금 수억 달러를 기부했고, 테슬라 CEO로서가 아닌 민간 영향력자로서 강력한 보수 연설까지 펼쳤다. 트럼프 캠프는 머스크를 '친시장·정부개입 반대의 상징'으로 활용했다. 머스크 역시 바이든 행정부를 향해 맹공을 퍼부었다. "바이든은 꼭두각시에 불과하다 puppet of special interests. 그는 자신의 입으로 말하지 않는다"라는 발언은 전국 보수 유권자들 사이에서 큰 반향을 일으켰다.

2025년 1월, 조 바이든 대통령은 퇴임 연설에서 머스크의 이름을 직접 언급하지는 않았지만, 분명히 겨냥한 발언을 남겼다. 그는 "오늘날 미국에는 소수의 억만장자들이 극단적인 부와 권력, 영향력을 행사하며, 실제 우리의 전체 민주주의, 기본권과 자유, 모두에게 공정한 기회를 위협하는 과두정oligarchy이 나타나고 있다"라고 했다. 이어 "우리는 페이스북, 아마존, 테슬라 같은 기술 대기업들이 미국 정치를 좌우하게 내버려둘 수 없다"라고도 했다. 이는 분명히 일론 머스크, 마크 저커버그, 제프 베이조스와 같은 빅테크 중심인물들을 겨냥한 발언이었다. 바이든은 이들을 '민주주의를 위협하는 권력자들', 즉 '정부를 사유화하려 드는 신흥 과두 권력'으로 묘사하며, 정부의 기능과 대중의 권리를 훼손하는 세력이라고 규정했다.

바이든의 이러한 인식은 그가 대표하는 세계화 진영, 즉 월가와 전통 민주당 엘리트들의 시각을 반영한다. 이들은 금융자본과 다국적 공급망, 노동조합 기반 산업정책, 탄소 감축과 복지국가 재구축 등 '글로벌 협력 기반 질서' 속에서 미국을 안정적으로 이끌어가려 한다. 이 진영은 1990년대 이후의 세계화 흐름을 정치적 정당성과 경제 효율성의 바탕으로 삼아왔고, 머스크와 같은 반세계화·반관료주의적 인물들을 '규칙을 무시하고 시장만 숭배하는 반민주적 권력자'로 본다. 그래서 바이든은 퇴임 직전 "과두정에 맞서는 헌법 개정이 필요하다"라며 개혁안을 제시했다.

바이든이 제안한 첫 번째 개혁안은 대법관 임기 제한이었다. 그는 "대법관은 종신직으로 머물면서 정치적 중립성과 현실 감각을 잃기 쉽다"라며, 2024년 대법원이 트럼프 전 대통령에게 재임 중 면책 특권을 인정한 판결을 문제 삼았다. 이 판결에 대해 그는 "대통령 권한은 절대적이지 않다"라고 말하며, 대법원의 독립성과 민주주의 간 균형이 무너지고 있다고 판단했다. 이에 따라 그는 대법관의 임기를 18년으로 제한해, 사법부의 세대적 감각을 유지하고, 시대 변화에 맞는 판결을 유도해야 한다고 주장했다. 이는 '헌법 개정' 수준의 중대한 개혁이지만, 이미 여론의 일정 부분 지지를 받는 주제이기도 하다.

두 번째로 그는 국회의원과 고위공직자의 주식 거래를 금지해야 한다고 밝혔다. 최근 수년간 의회 및 행정부 인사들이 내부 정보를 활용한 주식 거래를 통해 막대한 부를 챙긴 사실들이 폭로되며 공공의 분노를 샀고, 이른바 '국회의원 자신들의 법'이 현실이 되고 말았다는 비판이 거셌다. 바이든은 "공익을 위해 일하는 사람들은 시장 조작자가 돼선 안 된다"라고 강조하며, 정치인들이 입법 과정에서 생기는 정보 우위를 이용해 사적 이익을 추구하는 것을 원천 봉쇄해야 한다고 주장했다. 이는 '과두정'을 조성하는 내부적 기제를 해체하겠다는 의지를 제도화한 것이다.

세 번째로 그는 소위 '억만장자 세금'으로 불리는 납세 의무의 투명화를 요구했다. 미국의 상위 0.1% 부자들이 전체 부의 비정상적인 비율을 점유하면서도, 세무 회계상 합법적인 방법을 통해 실질적인 조세를 회피하는 구조가 고착화돼 있다는 점을 지적했다. 그는 "억만장자들도 마땅히 그들의 몫을 납부해야 한다. 최소한의 공평성조차 지켜지지 않으면 민주주의는 설 자리를 잃는다"라고 단언했다. 동시에 그는 정치자금 투명성 문제도 함께 제기하며, '다크 머니'가 정치권력과 재계의 연결 통로로 기능하면서 정책 결정과 선거 자금 흐름을 왜곡하고 있다고 보았다. 이를 개선하기 위해 납세 정보 공개와 캠페인 자금 출처 공개, 고소득 계층에 대한 실질

과세 체계 마련이 필요하다고 강조했다.

바이든은 대법관 임기 제한, 공직자 주식 거래 금지, 억만장자 세금과 정치자금 투명화 등을 연쇄적으로 주장하면서, "민주주의를 잠식하는 과두정에 맞서기 위해 헌법과 제도 개혁이 시급하다"라고 역설했다. 이 발언은 단지 퇴임을 앞둔 대통령의 상징적 유언이 아니라, 반세계화·반관료주의 진영의 정치적 부상 속에서 기존 체제를 방어하려는 구조적 대응이었다. 동시에 머스크·틸·트럼프가 주도하는 '정부 무력화-기술 사유화' 흐름에 대한 마지막 경고장이었다.

반대편에는 전혀 다른 세계관이 자리 잡고 있었다. 바로 도널드 트럼프와 손을 잡은 일론 머스크, 피터 틸 등 '반세계화 빅테크 진영'이다. 이들은 기존의 세계화 구조, 즉 월가-정부-관료-노조로 이어지는 체계가 미국을 비효율과 불균형, 규제 과잉의 늪에 빠뜨렸다고 보고 있다. 피터 틸은 "글로벌리스트 관료들은 자신들이 만든 불평등을 해결할 수 없다. 우리는 탈세계화된 실리콘밸리, 즉 혁신 중심의 반체제 엘리트 counter-elite가 필요하다"라고 말했다. 머스크 또한 "연방정부는 너무 많은 돈을 쓰고 있고, 테슬라 같은 민간 기업의 혁신을 방해하고 있다"라며 정부 보조금·노조 중심 정책에 지속적으로 반발해 왔다.

이러한 반세계화 진영은 트럼프 재선 캠프와 전략적 동맹을 맺으며 2024년부터 본격적으로 정치 무대에 등장한다. 그 상징이 바로 '정부효율부 DOGE' 프로젝트였다. 이는 머스크와 틸이 주도하고 트럼프가 승인한 민관 협업 프로젝트다. 연방정부의 불필요한 기능을 축소하고, 기술 기반 민간 솔루션으로 대체하려는 시도였다. 이들은 정부를 '비효율적 유물'로 보고, 국가를 민간 스타트업처럼 재설계하려는 의지를 정치에 투영했다.

이 프로젝트는 단순한 '작은 정부' 논리가 아니었다. 이들에게 정부란 이미 비효율과 낭비, 관료주의의 유물이었고, 기술 산업만큼 빠르게 문제를 해결하지 못한다는 사고가 깔려 있었다. 머스크는 인터뷰에서 "정부는 스타트업처럼 빠르게 피드백을 받아 혁신할 수 없고, 자신들이 해야 할 일을 방해만 한다"라고 말했다. 틸은 "우리는 실리콘밸리를 탈세계화 혁명의 중심으로 전환해야 한다"라고 주장했다.

트럼프는 이 프로젝트에 단순한 행정 효율화 이상의 의미를 부여했다. 그는 2025년 대선 승리 직후, DOGE의 핵심 임무로 '국방비 대폭 감축'과 '연준의 해체 또는 권한 축소'를 지정했다. 특히 이 모든 과제를 2026년 7월 4일, 미국 독립 250주년까지 완수하라고 명령했다. 이 날짜의 선택은 단순한 기념일이어서가 아니었다. 트럼프는 미국은 1776년에 독립을 선언했지만, 지금껏 진짜 독립을 이루지 못했고, 월가와 민주당, 즉 세계화주의자들이 미국을 지배해 왔다는 내러티브를 강조해 왔다. 그가 생각하는 진정한 독립은 영국 제국으로부터의 독립이 아닌, 글로벌 금융 권력과 초국적 관료주의로부터의 독립이다. 즉 세계화 시대를 닫고, 기술 민간과의 연합을 통해 새로운 국민국가 모델로 전환하는 것이었다.

이 프로젝트에서 국방비 감축은 '군산복합체'와의 단절을, 연준 해체는 '통화 주권 회복'을 상징했다. 트럼프는 연준이 "중산층의 구매력을 갉아먹는 인플레이션 유발자이며, 월가의 이익을 위해 존재하는 비민주적 기구"라고 비난했고, 이를 "국민의 돈을 국민이 통제할 수 있도록 바꾸는 것"으로 정당화했다.

머스크와 틸 역시 기존 금융시스템에 강한 회의감을 보여왔다. 머스크는 "정부의 무차별적인 지출과 연준의 돈 찍기는 테슬라 같은 생산 기업에 세금 폭탄을 안기고 있다"라고 지적했다. 틸은 "중앙은행 없는 국가도 가능하다. 블록체인과 알고리즘이 통화를 대체할 수 있다"라고 말했다.

DOGE는 트럼프의 정치적 선언인 동시에, 머스크와 틸의 기술주의적 국가 비전이 제도적으로 실현되는 플랫폼이었다. 그들은 정부를 스타트업처럼 재설계하려 했고, 기존의 '세계화적 국가 운영 모델', 즉 월가의 금융, 민주당의 규제, 워싱턴의 관료주의가 결합한 시스템을 해체하려 했다. 트럼프가 꿈꾸는 2026년 7월 4일은 단순한 독립기념일이 아니라, '글로벌리스트에게서 해방된 완전한 주권국가의 탄생일'이며, 이 상징적 날짜를 기준으로 미국은 다시 태어나야 한다는 그의 인식이 이 모든 흐름을 관통한다. 미국의 제2의 독립, 그것이 바로 트럼프 - 머스크 - 틸 반세계화 진영의 DOGE 프로젝트에 담긴 정치적 · 철학적 기획이었다.

바이든은 이 흐름을 매우 위험한 도전으로 간주했다. 그의 눈에 머스크와 틸은 단순한 기업가가 아니라, 미국 정치 질서를 잠식하려는 '신형 권력 엘리트'였다. 그래서 그는 퇴임 연설에서 "이들은 민주주의를 해체하고, 권력을 소수의 기술 재벌 손에 집중시키려 한다"라고 강하게 경고한 것이다.

머스크와 틸, 그리고 그들을 지지하는 보수 유권자들의 입장에서는, 바이든과 월가야말로 진짜 과두정이었다. 그들은 화폐를 무제한 발행해 자산 시장 거품을 만들고, 규제와 보조금을 통해 경쟁을 왜곡하며, 자신들만의 질서를 유지하는 엘리트 체제였던 것이다.

결국 양측 모두 '과두정'을 비판했지만, 누구를 과두로 보는지가 완전히 달랐다. 바이든에게 '과두'는 머스크와 실리콘밸리였고, 머스크에게 '과두'는 월가와 워싱턴이었다. 이 대립은 단순히 개인 간의 불화나 정당 간 경쟁이 아니라, 세계화 이후의 국가 정체성과 기술 권력의 지위를 두고 벌어지는 구조적 전쟁이었다. 바이든은 기술 재벌의 정치 개입을 민주주의의 파괴로 규정했다. 머스크는 기존 세계화 엘리트를 미국 경제 몰락의 주범으로 지목했다. 두 세계관은 양립 불가능했고, 이념과 이해관계, 권력구조를 둘러싼 거대한 균열 속에서 미국 정치는 새로운 시대의 대립 구도로 재편되고 있었다.

─ Big-Tech Capitalism ─

트럼프의
신新세계화

    트럼프 대통령의 경제정책 기조는 과거 관세 전쟁과는 비교할 수 없을 정도로 정교하고 체계적인 '반세계화 재편 전략'으로 진화했다. 트럼프 2기 행정부의 핵심 구상은 제조업 보호, 금융 억제, 빅테크 디지털 서비스 수출 강화라는 세 기둥 위에, 미국의 일자리는 수출하지 않되, 서비스로는 달러를 빨아들이는 '새로운 세계화'를 구축하는 것이다.

    2025년 7월 초, 도널드 트럼프 미국 대통령은 한국 대통령에게 공식 외교 서한을 보내며, 양국 간 통상 관계에서 빅테크 규제와 관련한 민감한 사안을 직접적으로 언급했다. 이 서한은 당초 7월 9일, 미국의 한국산 제품에 대한 관세 유예 종료 시점을 앞두고 작성된 것으로, 트럼프 2기 행정부가 새롭게 설정한 통상 전략의 핵심 구상이 담긴 문서였다. 서한의 주된 골자는 기존의 무역 불균형을 해소하는 동시에, 미국 빅테크 기업들이 한국 시장에서 겪고 있는 규제 장벽을 '비관세 장벽non-tariff barrier'으로 간주하고 이를 철회 또는 재검토하라는 요구였다.

구체적으로 트럼프는 서한에서 한국이 최근 추진 중인 디지털 플랫폼 관련 규제, 특히 공정거래위원회 주도로 입법 논의 중인 '온라인플랫폼 공정화법'과 '디지털플랫폼 공정화법', 그리고 과학기술정보통신부가 주도하는 '플랫폼 경쟁촉진법' 등을 문제 삼았다. 그는 이들 법안이 "구글, 애플, 아마존, 메타, 마이크로소프트와 같은 미국 기업들을 직접적으로 겨냥하고 있으며, 사실상 한국 시장에서 이들의 디지털 서비스 진출을 억제하는 효과를 낳는다"라고 주장했다. 트럼프는 특히 한국의 규제안이 EU의 디지털시장법DMA과 매우 유사한 구조를 띠고 있으며, 실제로 중국 기업이나 한국 자국 플랫폼 사업자에게는 느슨하게 적용되는 반면, 미국 기업들에 대해서만 강하게 작용하는 '차별적 디지털 규제'라고 지적했다.

서한에서 트럼프는 이 같은 규제 체계를 "21세기형 비관세 장벽"이라 명명하며, 이는 한미 FTA 정신에 위배된다고 주장했다. 그는 "디지털 서비스의 자유로운 이동과 시장 접근성은 이제 단순한 기술 문제가 아니라, 무역과 외교의 핵심"이라며, 한국 정부가 관련 규제 법안의 입법을 중단하거나 최소한의 수정 조치를 취하지 않을 경우, 미국은 한국에 대해 자동차·배터리·철강 분야의 관세 혜택 축소를 검토할 수밖에 없다고 경고했다. 이 발언은 기존 상품 기반

4장 권력과의 전쟁 235

무역 이슈를 넘어서, 디지털 경제 전반에 미국의 통상 압박이 본격화되고 있음을 보여주는 상징적 장면이었다.

이러한 압박은 미국무역대표부USTR를 통해서도 반복적으로 확인됐다. 캐서린 타이 USTR 대표는 공식 브리핑에서 "한국이 추진 중인 플랫폼 규제는 반경쟁적이라는 미국 기업들의 지속적인 우려가 있으며, 우리는 이를 한미 통상 대화의 최우선 의제로 다루고 있다"라고 밝혔다. 실제로 6월 말 워싱턴에서 열린 한미 고위급 무역협상에서 미국 측은 "한국이 이 반독점 입법을 더는 진전시키지 않도록 강력히 요청했다"라고 언급했다. 특히 구글코리아, 메타코리아, 아마존웹서비스, 애플코리아 등 현지 법인을 두고 있는 미국 기업들이 한국 공정위의 플랫폼 중개 수수료 개입, 광고 알고리즘 투명성 요구, 자사 서비스 우선 배치 금지 조항 등에서 "명백한 차별"을 받고 있다며 미국 정부에 로비한 것으로 알려졌다.

이러한 맥락에서 트럼프가 강조한 '디지털 무역 자유화'는 단순한 산업정책이 아닌 전략적 압박 수단이었다. 그는 관세 부과라는 전통적인 무역 도구와 디지털 규제 철회라는 새로운 의제를 결합해, 한국 정부가 농산물, 철강, 배터리 분야의 개방과 더불어 디지털 분야까지 미국에 유리하게 맞춰줄 것을 압박했다. 다시 말해, 트럼프는 '상품은 보호하고, 서비스는 개방한다'는 새로운 이중 무역 전략을 한국과의 협상 테이블 위에 올려놓은 셈이다.

한국 정부는 난처한 입장이다. 한편으로는 농업·제조업 보호와 무역 보복 회피라는 실리를 고민해야 하고, 다른 한편으로는 플랫폼 노동자 보호와 소비자 데이터 권리 확대라는 국내 정책 기조를 포기할 수 없기 때문이다. 결국 정부는 해당 입법의 속도 조절을 검토하겠다는 신호를 일부 언론에 흘리고 있으나, 명시적인 법안 철회는 현 단계에서 어렵다는 분위기다. 더불어 국회 내에서도 미국의 압박을 정면 돌파하자는 강경파와 유연한 대응을 하자는 실리파가 대립 중이다.

이와 유사한 서한은 유럽연합 집행위원회에도 전달됐다. 2025년 7월 4일, 트럼프 대통령은 EU의 디지털시장법DMA과 디지털서비스법DSA을 "미국 빅테크 기업을 규제하기 위한 수단"으로 규정하며, EU 경쟁총국장이 주도하고 있는 규제 프레임이 미국 기업을 시장에서 배제하고 있다고 비판했다. 트럼프는 EU가 애플, 구글, 아마존, 메타 등을 '게이트키퍼'로 지정하고 이들에게 수수료 제한, 자사 서비스 우선 배치 금지 등 강력한 조치를 요구하는 것은 단순한 공정 경쟁 촉진을 넘어서, 기술 패권을 의식한 견제라고 주장했다. 이에 따라 그는 EU 측에 대해, 미국 기업에 대한 예외 조항 신설 또는 규제 완화를 요청했으며, 이러한 조치가 수용되지 않을 경우 EU산 자동차와 철강 제품에 대해 30%에 달하는 보복 관세를 부과하겠다는 입장을 분명히 했다.

일본 정부 역시 유사한 맥락에서 서한을 받은 것으로 확인됐다. 2025년 7월 6일, 트럼프 행정부는 일본 정부에 디지털 플랫폼에 대한 과세 및 독점 규제 입법을 중단하거나 수정할 것을 요구하는 외교 서한을 전달했다. 일본은 2025년 상반기부터 관련 입법을 논의 중이었으며, USTR은 이를 "EU 및 한국의 규제 모델을 모방하는 시도"로 간주했다. 또한 해당 입법이 지속될 경우 일본산 자동차·

전자제품 등에 대해 관세 조치를 검토하겠다는 방침을 명확히 밝혔다. 트럼프 대통령은 이 서한에서, "동맹국들이 일제히 미국 기업에 규제를 가하는 것은 글로벌리스트 관료 집단의 포획 상태를 보여주는 것이며, 이는 동맹이라 부를 수 없다"라는 강경한 메시지를 덧붙였다.

중국의 경우 별도의 외교 서한보다는 간접적인 형태의 조치가 가해졌다. 2025년 2월 28일, 트럼프 대통령은 디지털세를 도입하거나 확대할 경우 해당 국가에 보복 관세 또는 수출 제한을 적용할 수 있다는 행정명령에 서명했다. 이 명령은 비록 중국을 특정하지는 않았으나, EU · 영국 · 일본 등과 함께 디지털 과세를 도입하려는 흐름을 보이는 국가 전반을 경고 대상으로 삼고 있었다. 중국은 미국계 기술 기업에 대한 내부 규제와 플랫폼 제한 조치를 강화하고 있던 시점이었기에, 트럼프 행정부의 간접적 견제 대상이었던 것으로 평가된다.

트럼프 행정부는 2025년 7월을 전후하여 한국, 유럽연합, 일본, 중국을 대상으로 일제히 빅테크 규제에 대한 철회 혹은 수정 요구를 담은 통상 압박을 전개했다. 이러한 조치는 모두 미국의 통상 전략이 단순히 상품 교역에 국한된 것이 아니라, 데이터, 알고리즘, 플랫폼 서비스 등 디지털 전반으로 확장되고 있음을 보여주는 신호였다. 트럼프는 전통적인 관세정책과 디지털 규제 철회를 하나의 테이블에서 연동시켜 협상하는 방식, 즉 '디지털 융합형 통상 전략'을 구사하고 있었다. 이를 통해 미국 빅테크 기업이 글로벌 시장에서 경쟁력을 유지하도록 외교 · 통상적 지원을 아끼지 않았다.

트럼프 행정부는 '상품은 보호무역, 서비스는 자유무역'이라는 양면 전략을 공식화하고 있었다. 미국 빅테크 기업은 이 구조 속에서 '글로벌 달러 수익 창출의 중심축'으로 기능하라는 위임을 받은 셈이었다. 각국의 플랫폼 규제는 이 흐름에 대한 구조적 도전으로 간주됐다. 트럼프는 이를 '기술 패권에 대한 도전'이자 '과두정적 관료주의의 산물'로 규정했다. 이 일련의 서한과 조치는, 트럼프 2기 행정부가 미국의 기술적·경제적 패권을 방어하기 위해 무역과 기술, 법제를 통합한 새로운 형태의 통상 전략을 본격 가동하고 있음을 상징적으로 보여주는 사건이었다.

트럼프 2기의 신新세계화 전략은 일관되게 이렇게 묻는다. "우리는 왜 공장을 중국에 두고, 돈은 월가가 벌어가며, 기술은 글로벌 규제로 막혀 있어야 하는가?"

트럼프는 '상품 무역은 보호하고, 디지털 서비스는 개방한다'는 이중 전술을 통해, 미국이 전통 산업을 되살리는 동시에 글로벌 데이터·AI 시장에서 독점적 위치를 차지하게 하려 한다. 이는 단순히 보호무역 회귀가 아닌, 세계화를 미국에 유리한 방식으로 재설계하는 '빅테크 주도형 세계화'로의 전환이다.

트럼프 행정부는 이 구조하에서 월가의 수익 시스템, 즉 글로벌 채권·레버리지·자산버블 중심의 수익 모델을 견제하고 있다. 그 대신 빅테크가 스테이블코인 준비금 구조를 통해 국채를 대규모로 매입하고, 민간 기술을 통해 해외에서 달러를 직접 벌어들일 것을 독려한다. 이는 '빅테크 자본이 금융자본을 대체하는 반월가 전략'으로, 머스크와 틸의 경제관과도 일치한다.

--- Big-Tech Capitalism ---

트럼프는
왜 암호화폐 대통령이 되었나

2021년 6월 7일, 퇴임 후 방송에 출연한 트럼프는 비트코인에 대해 "스캠처럼 보인다seems like a scam"라며, "달러를 위협하는 또 다른 통화"라고 비난했다. 같은 해 7월 12일에는 "비트코인과 기타 암호화폐는 돈이 아니다. 변동성이 매우 크고 아무 실체적 기반도 없이 존재하며 무규제 자산은 약물 거래 같은 불법 활동을 도울 수 있다"라고 트위터(현 X)를 통해 다시 한번 경고했다.

이처럼 2021년 당시 트럼프는 암호화폐를 허위이자, 불법 요소가 개입된 위협적 존재로 간주했다. 이는 그의 지지층 내에서도 공감대를 형성했다. 그러나 이후 시간이 지나면서 그는 돌변했다. 2024년 중반 대선 재출마 선언 이후부터는 조직적으로 비트코인

지지 발언을 시작했고, 2025년 3월에는 백악관에서 '전략적 비트코인 준비금Strategic Bitcoin Reserve' 설치를 위한 행정명령에 서명하는 등 완전히 태도를 바꿨다.

2024년 7월 27일, 테네시주 내슈빌에서 열린 비트코인 2024 콘퍼런스 현장에서 트럼프는 유세 무대에 올라 "안녕, 비트코이너들"이라고 관중에게 인사하며 비트코인 팬심을 자극했다. 이어 "취임 첫날, 나는 게리 겐슬러Gary Gensler를 해임할 것이다"라고 단언하자, 현장에서는 박수갈채가 터졌다. 겐슬러는 당시 증권거래위원회SEC 의장으로 암호화폐에 부정적인 대표적인 민주당 인사였다.

그는 또한 "전략적 비트코인 준비금'을 설치하겠다"라고 선언했다. 이는 국가 차원에서 비트코인을 준비자산으로 인정하는 중대한 약속이었다. 당시 트럼프는 "우리는 미국을 세계 '암호화폐의 수도', '비트코인 초강국'으로 만들 것"이라고 힘주어 말했다. 그는 이 무대에서 비트코인과 암호화폐 지지자들 사이에서 자신이 비트코인 대통령으로 불릴 만한 사람이라고 자처하며 유권자의 환심을 샀다. 당시 젊은 층을 중심으로 미국 내 암호화폐 투자자들이 증가하고 있는 상황에서 이들의 표심을 사로잡는 게 선거에 유리하다는 전략적 판단에 따른 것으로 해석됐다.

디지털 냉전 시대의 서막: 지정학적 무기가 된 비트코인

트럼프가 비단 선거 전략 차원에서 '크립토 대통령'을 선언했던 건 아니었다. 트럼프는 암호화폐가 중국과의 패권 전쟁에서 승패를 좌우하는 결정적 변수가 될 것이라는 지정학적인 판단을 했던 것으로 보인다.

트럼프는 "만약 우리가 암호화폐와 비트코인 기술을 수용하지 못하면, 중국이 그렇게 될 것이다"라고 강조하며 "그들은 이미 너무나 빠르게 발전하고 있으며, 우리는 그들이 지배하도록 내버려 둘 수 없다"라고 밝혔다. 이어 그는 "우리는 미국을 세계의 암호화폐 수도로 만들어야 한다"라고 선언했으며, 이 발언은 "미국이 중국보다 앞서 암호화폐 분야를 주도하지 않으면, 중국이 그 자리를 차지할 것"이라는 경고의 의미를 담고 있었다. 트럼프는 또한 "내가 대통령이 되면, 연방정부가 보유하거나 취득하는 모든 비트코인을 보유할 것이다. 절대 팔지 않을 것이다"라며, 이를 통해 "미국이 중국보다 전략적 비트코인 준비금을 빠르게 구축해야 한다"라는 의지를 분명히 했다.

이 같은 판단은 페이팔 마피아로 불리는 빅테크 세력의 대부인 피터 틸의 인식과도 일치한다. 2021년 4월 초, 보수 성향의 리처드 닉슨 재단이 주최한 세미나에서 피터 틸은 자신이 비트코인 맥시멀리스트임을 전제한 뒤 "지금 이 시점에서 비트코인은 어느 정도 '중국의 금융 무기'로 인식돼야 할 것 같다"라고 했다. 그는 "중국이 장기 지정학적 관점에서 비트코인을 보유하는 것이라면, 미국 정부가 바로 그 점에 대해 좀 더 날카로운 질문을 던져야 하지 않겠느냐"라고 덧붙였다. 중국이 비트코인을 달러 패권을 공격하는 지정학적인 무기로 사용할 수 있다는 사실상 최초의 경고였다.

틸은 "비트코인은 법정통화를 위협하지만, 특히 미국 달러를 겨냥한다it especially threatens the U.S. dollar"라고 단언하며 "중국의 입장에서 보면 미국이 여전히 기축통화 지위를 갖는 건 달러를 통한 물과 석유 공급망, 기타 여러 분야에서 지렛대 역할을 계속할 수 있게 해준다"라고 설명했다. 그는 이런 의견이 단지 가정이 아니라, 중국의 중앙정부가 비트코인 혹은 디지털 위안화를 통해 미국의 외환정책 및 달러 패권에 도전하려는 시도를 실제로 하고 있다는 맥락에서 나온 합리적인 우려라는 점을 강조했다.

실제로 중국은 피터 틸의 경고대로 다양한 방법을 통해 달러 패권을 약화시키는, 정확히 말하면 중국 입장에서는 달러 패권이란 올가미에서 벗어날 수 있는 정책을 추진해 왔다. 2022년 우크라이나 전쟁 직후, 중국 인민은행은 달러 의존도를 줄이기 위해 공식 금 보유량을 확대하기 시작했다. 2022년 말 기준 62톤, 2023년에는 225톤, 2024년에는 44톤을 추가 매수해 총 금 보유량이 2280톤 이상으로 증가했다. 그러나 전문가들은 중국이 공식 통계보다 더 많은 금을 은밀히 매집했을 가능성이 크다고 본다. 2024년 말 기준 최대 5065톤까지 축적했을 수 있다는 분석도 있다.

이 같은 금 매집은 미국이 달러 자산을 제재·동결하는 '달러 무기화' 정책을 확대하면서 더욱 가속화됐다. 중국은 달러 중심 통화

시스템에서 벗어나 금과 위안화 중심의 결제망 체제로 이동하려는 의도를 분명히 한 것이다. 중국은 디지털 위안화 e-CNY를 2014년부터 본격적으로 개발해 2020년부터 주요 도시에서 시범 운용을 실시했다. 2021년에는 전국적 보급을 추진하며 사용자 개인정보 일부의 익명성을 보장하되, 달러 결제망을 거치지 않는 글로벌 결제 수단으로 확산시키는 전략을 택했다.

디지털 위안화 전략의 핵심은 중국이 해외 제재나 미국의 금융 통제망에 의존하지 않고 교역을 주도하며, 위안화 유통 기반을 국제적으로 확대하는 것이다. 실제 2024년 1분기에는 중국 무역 결제의 52.9%가 위안화로 이뤄졌다. 달러 결제 비중은 42.8%로 하락했다. 이와 관련해 브릭스 간 '달러 배제 결제망', '브릭스페이' 등 새로운 결제 시스템이 논의되고 있다. 중국은 미국 국채 비중도 줄이며 고수익 장기 채권이나 금 보유 비중을 늘려 외환 준비금을 안정적으로 재단장하고 있다. 이는 미국의 금융 제재나 금리 변동에 의해 큰 충격을 받지 않기 위한 자산 구조 다변화 전략이다.

중국은 비트코인의 지정학적인 유용성을 잘 알고 있다. 공식적으로는 비트코인 거래와 채굴을 금지하지만 뒤에서는 우회적인 방법으로 비트코인을 확보하고 있는 것으로 추론된다. 2021년 9월, 중국 인민은행과 금융당국은 "모든 암호화폐 거래와 채굴은 불법"이라며 사실상 비트코인을 완전히 금지했다. 이 조치는 금융 안정과 자본 유출 방지를 명분으로 내세웠다.

하지만 같은 시기, 중국 당국은 불법 암호화폐 탈취 자산 중 다수를 비트코인 형태로 보유하고 있다는 정황이 포착됐다. 특히 2019

년 플러스토큰 폰지 사기 사건에서 약 19만 5000 BTC를 압수했으며, 이 자산의 처분 여부는 아직 불투명한 상태로 남아 있다. 2025년 3월 외신 보도를 종합하면, 중국 국제통화연구소IMI가 "비트코인은 조용히 전략적 준비자산으로 자리 잡고 있다"라고 분석했고, 관련 기관들이 비트코인 준비금 구축 논의를 비공식적으로 이어오고 있다는 이야기도 함께 전해졌다.

이른바 '금지와 비축'의 양면 전략은 단순한 모순이 아니라, 중국이 비트코인을 달러 패권에 대한 지정학 전략 무기로 본다는 의미로 읽힌다. 중국 정부는 공개적으로는 디지털 위안을 중심으로 완전 통제형 CBDC 체제를 구축, 글로벌 결제 시스템을 만들고 있다. 동시에 달러 기반 정책이나 제재에 대비해 비트코인을 준비자산으로 확보하려는 숨은 움직임을 병행하고 있다.

월가의 역습: 금리로 응징하다

트럼프 대통령의 반월가 전쟁은 단순한 레토릭을 넘어, 국채 수급의 구조 자체를 흔드는 결정적인 충돌로 이어졌다. 그는 재집권 후, '미국 제조업 부흥'을 내세우며 자유무역에서 보호무역으로의 전환을 다시 시도했다. 이 방향은 전통적인 글로벌 무역 흐름, 즉 무역수지 적자를 감수하고, 그 반대급부로 외국 자본이 미국 국채와 주식시장에 투자하는 구조를 정면으로 거스르는 정책이었다.

이로 인해 미국의 무역적자가 줄어들 가능성이 커지자, 국채를 사들이는 주요 수요자들, 특히 월가나 월가와 연계된 글로벌 투자자들의 수익 모델에 균열이 생기기 시작했다. 이들은 단지 트럼프의 보호무역 자체보다도, 그로 인해 자본 흐름이 위축되는 것을 우려했다. 월가는 '채권자경단'으로 변모해 본격적으로 트럼프 행정부의 정책을 견제하기 시작했다.

2025년 7월 도널드 트럼프 대통령은 제롬 파월 연준 의장의 해임을 본격 추진했다. 그는 파월 의장이 기준금리를 지나치게 높게 유지하고 있다고 비판하며, 백악관 내부에서 해임 절차와 관련된 법적 가능성을 검토한 것으로 알려졌다. 파월 의장은 이에 대해 공식적인 입장을 밝히지 않았지만, 연준의 독립성이 위협받을 수 있다는 우려가 금융시장 전반에 퍼지기 시작했다.

7월 16일, 파월 해임설이 구체적으로 보도되자 미국 증시는 크게 출렁였다. S&P 500은 하루 만에 7% 넘게 폭락했고, 나스닥 역시 6% 이상 급락했다. 일반적으로 기준금리 인하 기대는 시장에 호재로 작용하지만, 이번에는 반대로 작용했다. 시장은 트럼프의 개입이 연준의 중립성과 통화 정책의 신뢰를 해치는 것으로 받아들였고, 이에 따라 미국 국채가 대거 매도되면서 장기 금리는 오히려 급등했다.

이러한 시장의 반응은 전형적인 채권자경단의 행동양식이었다. 정부나 정치인이 통화 정책에 무리하게 개입하는 데 맞서 시장 참여자들이 스스로 국채를 매도하고 금리를 끌어올려 응징을 가한 것이다. 이번 경우, 트럼프가 의도한 것은 금리를 낮추는 것이었지만,

시장은 오히려 금리를 더 높이는 방향으로 반응하며 강력한 경고를 날렸다. 결국 트럼프의 개입은 의도와는 반대로 시장의 신뢰를 무너뜨렸고, 그 결과 금리 상승과 자산 시장 충격이라는 역풍을 불러왔다.

이러한 상황에서 가장 먼저 움직인 것은 대형 기관투자가들이었다. 특히 누버거 버먼 Neuberger Berman 같은 자산운용사들은 트럼프의 정책 리스크를 감지하고 장기 국채를 매도하거나 비중을 축소하기 시작했다. 이처럼 조기 포지션 변경에 나서는 세력은 일종의 '마중물' 역할을 하며, 시장의 분위기를 바꾸는 결정적 신호를 제공한다. 이들의 선제적 매도로 인해 국채 가격은 하락하고 수익률은 상승하게 되며, 곧이어 더 큰 연쇄 반응이 시작된다.

특히 레버리지를 활용한 채권 매매 포지션을 보유하고 있던 헤지펀드나 트레이딩 데스크들은 채권 가격이 일정 수준 이상 하락하자 마진콜에 직면하게 되고, 보유 자산을 강제 청산하게 된다. 이 과정에서 국채는 대량으로 매도되며, 금리는 더욱 급등한다. 그 결과 채권시장 전체는 공황 상태에 빠지고, 연쇄 매도는 다른 글로벌 자산운용사와 외국계 기관 투자자들에게까지 확산된다.

이처럼 초기 소수 세력의 판단이 시장 전체를 움직이는 메커니즘이 바로 '채권자경단'의 실체다. 이들은 공식적인 권한은 없지만, 시장 참여자의 집단적 반응과 구조적 리스크를 유발함으로써 실질적으로 정부의 정책에 강력한 경고를 보낸다. 결국 트럼프 대통령이 금리를 낮추려는 의도로 시작된 정치 개입은, 채권자경단의 반발을 촉발시키며 금리를 오히려 끌어올리고 자산 시장을 흔드는 역풍으로 되돌아왔다.

월가의 최정점에 있는 JP모건 CEO 제이미 다이먼의 발언에도 시장의 관심이 쏠렸다. 그는 7월 15일, "연준의 독립성은 절대적으로 중요하다 absolutely critical"라며, "연준을 갖고 노는 건 역효과가 날 수 있다"라고 공개적으로 경고했다. 이는 명백히 트럼프 대통령의 개입을 겨냥한 발언이었고, 시장에 던지는 일종의 신호탄이었다.

이보다 앞서 다이먼은 이미 "채권시장에 금리 충격이 올 수 있다"라며 연준과 정부의 정책이 금융시장의 균형을 위협할 수 있다는 경고를 여러 차례 던졌다. 이러한 발언은 단순한 코멘트가 아니라, 시장 전반에 "이제 조심해야 한다"라는 분위기를 형성하는 데 큰 역할을 했다. 월가나 글로벌 투자사들은 다이먼 회장의 입을 나침반으로 삼아, 일사불란하게 움직였다.

다이먼은 직접 채권을 사고팔지 않았지만, 그가 가진 상징적 영향력은 시장의 심리에 결정적 영향을 끼쳤다. 그의 발언은 다른 기관투자자들에게도 "이는 단순한 소음이 아니다, 진짜 위기일 수 있다"라는 정당성을 부여했고, 그것이 선제적 매도로 이어지는 마중물이 되었다. 그 결과, 국채 수익률은 급등했고, 마진콜에 걸린 헤지 펀드들이 보유 채권을 대량 매도하면서 시장은 연쇄적으로 흔들렸다. 이는 전형적인 채권자경단의 작동 방식이었고, 다이먼은 겉으로는 조용했지만 사실상 그 반응을 유도한 '시장 심리 조정자' 역할을 해낸 셈이었다.

트럼프는 채권 금리가 급등하자 "(파월의) 해임은 매우 가능성이 낮다 highly unlikely"라고 밝히며 한발 물러서는 모습을 보였다. 이는 채권시장과 증시의 급격한 동요를 의식한 조정 발언으로 해석됐고, 실제로 그의 발언 직후 미 국채 수익률은 하락했고 증시는 소폭 반등했다. 그러나 트럼프는 여전히 연준의 금리 기조에 대해 "매우 실망스럽다"라며 비판을 이어갔다. 그는 "내가 대통령으로 있는 동안 금리는 낮아질 것"이라고 단언하며, 연준이 자신의 정책 기조에 부합해야 한다는 메시지를 여러 차례 강조했다. 트럼프가 채권 금리 상승에 민감할 수밖에 없는 건 36조 달러를 넘어선 미국의 부채 규모 때문이다. 이 중 9조 달러 이상이 2025년 만기가 된다. 새 국채를 발행해 이 금액을 상환해야 하는데, 금리가 1%p 움직일 때마다 이자 부담이 천문학적으로 불어나는 것이다.

채권자경단, 즉 시장의 자율적 통제 세력은 과거 여러 차례 실제로 금리를 급등시키며 정부의 정책을 강제로 수정하게 만든 사례가 있다. 대표 사례는 1994년 미국에서 벌어졌다. 당시 연준 의장이던 앨런 그린스펀은 아무런 예고 없이 금리를 인상했고, 이는 저금리 지속을 전제로 국채에 대규모로 투자해 있던 기관들의 기대를 완전히 무너뜨렸다. 시장은 곧바로 반응해 국채를 대거 매도했고, 수익률은 단기간에 2%p 넘게 급등했다. 이는 헤지펀드들의 마진콜과 연쇄 파산으로 이어졌으며, 결국 클린턴 행정부는 시장의 경고를 수용하고 재정적자 감축에 나서야 했다.

비슷한 구조는 1992년 영국에서도 나타났다. 당시 영국은 유럽환율메커니즘ERM에 고정환율 체제로 참여하고 있었지만, 물가와 금리 여건은 전혀 그에 어울리지 않았다. 이를 간파한 조지 소로스를 포함한 글로벌 자금은 파운드화를 대거 매도했으며, 동시에 영국 국채 역시 급격히 팔려나갔다. 영란은행이 하루에 두 차례나 금리를 올리며 방어에 나섰지만, 결국 버티지 못하고 ERM 탈퇴를 선언해야 했다. 정부가 유지하려던 정책을 시장이 무너뜨린 대표적인 사건이었다.

그 뒤로도 채권자경단의 개입은 계속됐다. 2010년대 유로존 재정위기 당시, 포르투갈·이탈리아·아일랜드·그리스·스페인 등 이른바 PIIGS 국가들이 과도한 재정적자를 감당하지 못하고 국가 신뢰도를 잃자, 시장은 이들 국가의 국채를 대규모로 매도하기 시작했다. 이탈리아 10년물 국채 금리가 7%를 넘어서면서 정치 위기가 촉발됐다. 결국 베를루스코니 총리는 퇴진했다. 유럽중앙은행의 개입 없이 더는 버티기 어려워진 각국 정부는 시장의 압력에 따라 긴축 재정과 구조조정에 착수했다.

가장 최근 사례는 2022년 영국에서 발생했다. 리즈 트러스 총리는 재원 대책 없는 대규모 감세안을 밀어붙였고, 시장은 이를 즉각 '재정 책임성 붕괴'로 간주하며 국채를 매도했다. 불과 며칠 만에 장기 국채 금리가 1.5%p 이상 급등했다. 연기금과 기관 투자자들은 마진콜에 직면해 채권을 강제로 청산해야 했다. 영란은행이 급히 개입해 매입에 나섰지만, 감세안은 결국 철회됐다. 트러스 총리는 취임 두 달 만에 물러났다. 이 사건은 채권자경단이 단지 시장 수익률을 움직이는 차원을 넘어, 한 나라의 총리까지 실각시킨 극단적 사례로 남았다.

채권자경단은 조용히 관망하고 있을 뿐 늘 존재하다가, 특정한 정책 신호가 신뢰의 임계점을 넘으면 집단적으로 반응한다. 그들의 무기는 국채 매도이고, 수단은 금리이며, 목적은 정책의 철회 혹은 조정이다. 정부가 시장을 얕볼 때마다 이들은 금리를 올리며 목소리를 낸다. 그리고 그 목소리는 때로는 총리도, 대통령도 물러나게 만들 수 있을 만큼 강력하다.

스테이블코인의 응전
: 한 법안이 바꾼 금융 패권의 축

2025년 7월 17일, 미국 하원은 '지니어스 법안'을 통과시켰다. 이 법안은 단순한 암호화폐 규제 수준을 넘어서, 미국의 재정 운용 구조를 재편하려는 트럼프 행정부의 핵심 정책 수단으로 자리 잡을 전망이다. 법안의 주요 내용은 달러에 고정된 스테이블코인에 대한 규제 체계를 명확히 하는 데 있으며, 일대일 지급준비금 유지, 자금세탁방지AML 의무화, 연방 및 주간 이중 감독체계 도입, 그리고 연준의 감독 권한 강화 등이 핵심 조항으로 포함됐다.

특히 이 법안은 기존의 은행권뿐만 아니라, 비은행 기업들도 일정 요건을 충족할 경우 스테이블코인 발행이 가능하도록 허용함으로써 이들을 제도권 안으로 끌어들였다. 그 결과, 애플·테슬라·마이크로소프트와 같은 현금성 자산이 풍부한 빅테크 기업들이 연방정부 승인을 받아 직접 스테이블코인을 발행하고, 그 준비자산으로 미국 국채를 보유할 수 있는 법적 근거가 마련됐다.

이는 기존의 국채 주요 수요처였던 월가 금융기관들이 갖고 있던 수익 구조와 영향력을 실리콘밸리 중심의 빅테크 권력으로 이전시키는 상징적 변화였다. 트럼프 행정부는 이 법안을 통해 단순히 암호화폐를 제도화하는 데 그치지 않고, 국가 재정의 핵심 파트너를 전통적인 금융권에서 벗어나 빅테크 기업과 디지털 자본으로 대체하는 새로운 '디지털 동맹'을 구축하고자 한 것이다. 미국 국채에 대한 안정적 수요 기반을 확보하는 동시에, 스테이블코인 시장에서의 국제 표준 주도권도 선점하려는 포석이었다. 지니어스 법안은 트럼프 행정부의 반월가 전략과 디지털 금융 패권 전략이 결합한 대표적 입법 사례로 평가된다.

이 과정에서도 피터 틸의 입김이 강하게 작용했다. 지니어스 법안은 페이팔이 발행한 스테이블코인인 'PYUSD'와 매우 유사한 핵심 구조를 도입했다. 예컨대 제도권 기업이 스테이블코인을 발행하려면 일대일 지급준비금을 보유하고, 이는 현금, 단기 국채 등 고유동성 자산으로 구성해야 한다. 그리고 월간 공개와 독립 감사 요구 등도 페이팔의 PYUSD 구조와 거의 동일한 원칙을 담고 있다. 이 같은 설계는 페이팔과 같은 빅테크 중심의 안전한 담보 기반 디지털 자산 생태계를 정부 수준으로 승인하고 제도권에 편입시키는 의미를 갖는다. 틸은 이 법안의 설계 단계에서 핵심적인 조언자 및 후원자 역할을 했다. 이미 2024년 말부터 여러 차례 페이팔 등 기술 기업들이 스테이블코인 분야에 진입해야 한다는 메시지를 적극적으로 전달했으며, 그가 보유한 파운더스 펀드Founders Fund는 페이팔처럼 빅테크의 스테이블코인 준비금 구조를 시장 표준으로 확대하려는 전략적 투자를 지속해 왔다.

틸의 영향은 특히 사적 네트워크와 로비 채널을 통해 지니어스 법안 초안을 연방 의회 정책자들에게 전달하는 과정에서 드러났다. 법안 초안 공개가 있던 2024년 10월, 그는 "기술 기반 금융 플랫폼들이 국채 수요자로 들어오는 것은 재정 수요 문제의 자연스러운 해법"이라는 분석으로 의회를 설득했다. 이는 실제 하원과 상원이 법안을 빠르게 통과시키는 배경이 됐다.

결국 지니어스 법안은 PYUSD 방식의 준비금 투명성과 스테이블코인 자격 요건을 국가 차원으로 확대하는 제도적 기제로, 빅테크 기업들이 직접 미국 국채를 준비금으로 확보하고 디지털 달러 생태계의 핵심 축으로 자리 잡도록 길을 내준 법안이다. 피터 틸은 이 설계와 입법 과정에서 '디지털 자산 패권'을 빅테크에 이관하려는 전략적 청사진을 제시한 주역이자, 실행 가능성을 의회에 제안한 사실상 설계자라고 할 수 있다.

금융의 천사, 통화의 악마
: 스테이블코인과의 위험한 공생

스테이블코인 발행사는 미국 정부의 재정 운영에 기여하는 '금융의 천사'처럼 비칠 수 있다. 그러나 이들이 보유한 국채는 언제든지 유동화해야 하는 자산이라는 점에서 구조적으로 취약하다. 스테이블코인은 사용자의 실시간 환매 요구에 응해야 하기 때문에, 위기 상황이나 시장 불안이 발생할 경우 발행사는 가격에 관계없이 즉각적으로 보유 자산을 현금화해야 할 압력을 받는다. 이 과정에서 미국 국채를 대량으로 매도하게 되면, 국채 가격은 급락하고 수익률은 급등하는 결과를 초래한다. 이는 단기적으로는 미국 금리 전체에 영향을 미치며, 중장기적으로는 금융시장의 전반적인 안정성을 위협할 수 있다.

이러한 구조적 위험성에 대해 국제결제은행BIS, Bank for International Settlements은 여러 차례 공식 보고서를 통해 경고했다. BIS는 스테이블코인 발행사를 전통적인 은행이 아닌 '비은행 금융기관Non-Bank Financial Institution'으로 분류하면서, 이들이 보유한 국채 자산이 유동성 위기 시 비자발적 매도의 트리거가 될 수 있음을 지적한다. 특히 중앙은행의 통화정책 기조와 발행사의 유동성 조정이 엇갈릴 경우, 민간 자산운용이 시장 수익률을 왜곡하고 정책 신호를 무력화하는 결과로 이어질 수 있다는 우려를 제기한다. 다시 말해, 연준이 기준금리를 동결하거나 인하하려는 상황에서도 스테이블코인 발행사의 매도 압력이 수익률을 인위적으로 끌어올리며, 정책 신뢰를 손상시킬 수 있다는 것이다.

이러한 왜곡은 기업의 자금조달 비용 상승, 주택담보대출 금리의 급등, 소비 위축, 투자심리 악화 등 실물경제 전반에 걸쳐 연쇄적 부작용을 일으킬 수 있다. 이 경우 스테이블코인 발행사는 본의 아니게 통화정책을 사실상 조정하는 '비공식 금리 조정자'로 작동하게 되며, 이는 국가의 통화 주권 자체에 위협이 될 수 있다.

결국 스테이블코인 발행사는 미국 국채 시장에 대해 천사와 악마의 얼굴을 동시에 지닌 존재다. 한편으로는 디지털 금융 혁신을 통해 국채 수요를 자동화하고, 미국 달러 기반의 디지털 통화를 전 세계로 확산시키는 긍정적인 기여를 하지만, 다른 한편으로는 위기 상황에서 국채 시장을 급격히 흔들 수 있는 위험한 민간 플레이어로 돌변할 수 있는 구조적 잠재력을 안고 있다. 미국 정부가 지니어스 법안을 통해 이들을 제도권 안으로 끌어들이고 국채 수요 기반을 다변화한 것은 단기적으로 실용적인 선택일 수 있다. 하지만 동시에 이는 자율성과 규모를 갖춘 민간 디지털 플랫폼이 미국의 통화정책과 국채 수익률의 방향성을 실질적으로 좌우할 수 있는 구조를 정부 스스로 받아들인 결과이기도 하다.

이제 스테이블코인은 미국 국채에 대해 축복이 될 수도, 재앙이 될 수도 있다. 그리고 그 둘 중 어느 쪽이 될지는 기술이나 시장이 아닌, 정부의 제도 설계와 통화정책 수립 능력, 그리고 그것을 둘러싼 정치적 결단에 달려 있다.

**Big-Tech Capitalism
: The Rise of a New Empire**

5장

중국과의 전쟁
기술 냉전의 최전선에 선 디지털 자본

― Big-Tech Capitalism ―

중국의
AI 기술 굴기

　2025년을 기점으로 중국은 인공지능을 중심에 둔 대전환 전략을 본격적으로 가동하고 있다. 시진핑 정부는 AI를 '문명사적 도약의 계기'이자 '제2의 문화대혁명'으로 규정하며, 이를 국가의 핵심 전략 자산으로 선언했다. 이에 따라 중국은 14억 인구, 국영 대기업, 지방정부, 공산당 조직까지 총동원해 AI 기술과 산업 생태계를 통합적으로 육성하고 있으며, AI 중심 산업 국가로의 구조 재편에 착수했다.

　2025년 기준 상하이, 장쑤성 우시, 안후이성 허페이 등 주요 도시에서 AI 반도체·로봇·바이오·두뇌-기계 인터페이스 분야에 대한 대규모 투자가 진행되고 있다. 특히 상하이 AI타운에서는 이

노트론Innotron(CXMT의 모기업)이 고대역폭 메모리HBM 전문 생산을 위한 첨단 패키징 공장을 건설 중이다. 2억 4000만 달러(약 2조 8800억 원) 규모의 이 공장은 2026년 가동을 목표로 하고 있다.

중국 내 HBM 기술은 2024년 말부터 CXMT와 우한 신신Wuhan Xinxin 등을 중심으로 12인치 웨이퍼 기준 월 3000장 생산 체제를 구축하고 있다. CXMT는 2025년 1분기 HBM3 수율을 35% 향상시키는 성과를 기록했다.

화웨이는 자체 설계한 어센드 910C, 어센드 910B 등 AI 칩을 2025년 초부터 최대 80만 개 규모로 출하할 계획을 세웠다. 분석 기관마다 실체 출하량 분석 수치는 차이가 있지만, 실제 대량 출하가 이뤄지고 있다는 건 기정사실이다. 반면, 미국 상무부는 화웨이의 고성능칩 출하량이 20만 개 미만이라고 분석했다. 화웨이는 7nm 이하 공정 반도체를 TSMC 대신 SMIC를 통해 위탁생산하고 있다. 동시에 칭푸에 연면적 206만m^2, 투자액 100억 위안(약 1조 7000억 원) 규모의 화웨이 렌츄후 R&D센터가 2024년 7월 준공됐다. 세계에서 가장 큰 AI·반도체 연구 캠퍼스다.

이 밖에도 캠브리콘Cambricon(중과한무기)은 2024년 하반기부터 분기 흑자 전환에 성공했다. 시가총액은 약 330억 달러로 중국의 대표 AI 칩 기업으로 발돋움하고 있다. 호라이즌 로보틱스Horizon Robotics는 2023년 중국 자율주행보조칩ADAS 시장의 49%를 점유했으며, 2025년까지 AI 칩 1000만 개를 출하할 계획을 갖고 있다.

중국의 AI 특허 출원 실적은 2022년 기준 글로벌 AI 특허의 60% 이상을 차지했다. 상위 20대 출원 기관 중에는 중국과학원, 칭화대,

저장대 등이 이름을 올렸다. 2025년 1월까지 진행된 세계인터넷대회WIC, World Internet Conference 연례보고에서는 베이징과 상하이가 AI 산업 중심으로 떠올랐으며, 중국 정부는 2025년을 '산업혁신의 고지'로 선언했다.

종합해 보면, 중국은 HBM 생산, AI 칩 설계·출하, 대형 R&D 센터 구축, 대표 AI 기업의 실적 성장, 특허 경쟁력 확보라는 큰 축을 중심으로 AI 생태계를 빠르게 확장하고 있다. 미국의 수출 규제에도 자급률을 높이며 기술 병목을 해소하고 글로벌 경쟁력을 확보하기 위한 투자다. 실제 현지 기업들은 AI 클러스터 형성과 인프라 구축에서 성과를 가시적으로 입증하고 있다.

반도체 자립화를 위한 빅펀드

미국의 AI 반도체 수출 제한 조치에 대응해 중국은 반도체 자립화에 속도를 내고 있다. 이를 위해 막대한 자금과 정책적 자원을 투입하고 있다. 2024년 5월, 중국 정부는 '빅펀드'로 알려진 제3차 국가 반도체 산업 투자펀드를 통해 총 3440억 위안(약 47억 5000만 달러)의 자금을 조성해 칩 설계, 팹, 반도체 장비 및 소재 기업에 대한 전략적 투자를 단행했다. 이어 2025년 1월에는 AI 전용 산업 펀드를 출범시키며 약 600억 위안(82억 달러) 규모의 자금을 AI 칩, 서버, 운영체제 등 핵심 부문에 배정했다.

정부의 지원이 확대되면서, 베이징은 2024년 4월부터 국산 GPU를 사용하는 기업에 대해 직접 보조금을 지급하고, 2027년까지 AI 서버 및 연산 자원의 100% 자급률 달성을 목표로 설정했다. 동시에 지방정부 차원에서도 스마트 컴퓨팅 클러스터 조성에 박차를 가하고 있으며, 자금과 부지를 포함한 정책 패키지를 조성해 국산화 유도에 나서고 있다.

이런 정책은 실제 성과로도 이어지고 있다. CXMT는 2024년 하반기부터 HBM2 메모리 생산라인을 가동했다. 2025년 1분기에는 HBM3 수율을 약 35%까지 끌어올리는 데 성공했다. 현재 HBM3E의 양산을 위한 파일럿 라인도 추진 중이다. 미국과의 기술 격차는 4~6년 수준으로 빠르게 좁혀지고 있다는 평가다.

일루바타 코어엑스Iluvatar CoreX는 엔비디아를 겨냥한 GPU를 자체 설계했다. 2022년에만 1억 4800만 달러 규모의 수주를 기록하며 실적을 입증했다. 중국 군용 GPU 전문 기업인 징자 마이크로Jingjia Micro는 JM9·M7200 시리즈를 개발해 GTX 1080급 성능에 도달했다. 연구개발 비용으로만 42억 위안을 투입했다. 이 기업의 GPU는 군수·항공우주 부문에서 우선 적용되며 국방부 산하 프로젝트에도 채택되고 있다.

이처럼 중국은 AI 반도체 기술 병목을 구성하는 GPU, HBM, 광 컴퓨팅 등 주요 분야에 수십억 달러 단위의 연구개발 자금을 집중 투입하고 있다. 중국의 국가 AI 자산은 2024년 기준으로 약 100조 위안(1경 8000조 원)으로 평가된다. 이는 반도체, 컴퓨팅 자원, 데이터센터, OS 및 응용 생태계까지 포함한 수치다.

중국은 2025년 이후 AI 인프라 전 영역의 자립화를 가속화하고 있다. 정부 주도 아래 성과 기반 자금 투입 구조가 정착되면서 실제 기술 자립 속도는 눈에 띄게 빨라지고 있다. 이는 단순히 미국 수출 규제에 대한 방어가 아니라, 기술 패권 경쟁에서 중국이 주도권을 확보하기 위한 공격적 전략으로 평가된다.

정치-산업 수직 체계의 효율성

중국의 AI 산업 전략은 단순한 기술 육성 정책을 넘어, 정부·지방정부·공산당·국영기업이 일체화된 통치 시스템, 즉 '정치-산업 통합 운영 구조' 아래에서 실행되고 있다. 이 시스템은 중앙정부의 정책 명령이 지방정부의 산업 개발과 행정 집행으로 즉시 연동된다. 지방의 성과는 다시 정치적 평가 체계와 당 간부 인사로 직결되는 구조를 갖는다.

가장 핵심적인 연결고리는 '정책 실적 기반 간부 평가제'다. 이 제도에 따라 지방정부 간부는 AI 기업 유치 실적, R&D 유치 규모, 첨단산업단지 조성 성과 등을 구체적인 정량 지표로 평가받는다. 예를 들어 상하이 푸둥신구, 광저우 난사구 등은 2024년부터 '산업 혁신 핵심구'로 지정돼, 해당 지역 간부들은 연간 몇 개의 AI 기업을 유치했는지, 얼마나 많은 VC 자금과 정부 보조금을 매칭했는지에 따라 정치적 승진 여부가 결정된다.

이런 행정 압박은 실제 성과로 이어지고 있다. 상하이시는 2024년 한 해에만 AI 관련 스타트업 1800개 이상을 등록시켰다. 이 중 절반 이상이 지방정부의 세제 감면 혜택, 연구비 지원, 사무 공간 무상 제공, 데이터 인프라 접근 권한을 부여받았다. 푸둥신구는 2023년부터 'AI+행정연계 시범구'로 지정돼, 각 부처 실·국 단위에서 AI 인프라·프로세스를 행정 시스템에 통합하는 실험이 이뤄지고 있다. 해당 업무 성과는 당조직 생활기록부에 반영된다.

이러한 시스템 내에서 기업은 중앙정부 또는 성·시급 정부의 '우선 육성기업 명단'에 등재될 경우, 3년간 법인세 50% 감면, 국가급 프로젝트 우선 배정, 기술 인증 절차 간소화, 고급 인력 파견, 해외 인수합병 자금 지원 등의 혜택을 받을 수 있다. 반대로 AI 실적이 부진한 지역의 간부는 조직부 인사 파일상 '정책 수동 대응' 평가 등급이 매겨져 승진이 누락될 수 있다.

결과적으로 '중앙→지방→간부→기업'으로 이어지는 일체화된 피드백 고리가 작동하고 있으며, 이는 단순한 산업 육성이 아니라 정치권력의 재편성과 직결된 동원 체계로 기능한다. 'AI 산업 성과 = 정치 생존 조건'이라는 공식이 공공연하게 작동하면서, 지방정부 간 경쟁은 경제적 유치 경쟁을 넘어 정치적 충성 경쟁으로까지 번지고 있다.

AI가 제도가 되는 나라
: 중국의 국가적 실험

중국은 AI 산업 육성과 함께 이를 둘러싼 사회 전반의 제도와 직업 체계 변화에도 발 빠르게 대응하고 있다. 특히 행정, 의료, 교육, 윤리 규제 등 공공 영역을 중심으로 AI 기반 직무와 인프라 시스템이 제도화되고 있다. 이는 단순한 기술 도입을 넘어서 'AI 사회 전환'의 국가적 실험으로 이어지고 있다.

행정 부문에서는 상하이, 광저우, 선전 등 주요 도시들이 2023년 이후 'AI+정무 시범구'로 지정돼, AI를 기반으로 한 문서 작성 보조, 민원 분류 자동화, 재정 예산 배정 시뮬레이션 등이 실무에 적용되고 있다. 광저우 난사구의 경우, AI 보조 시스템이 민원 접수 업무에서 약 48%의 처리 시간을 단축했다. AI의 초기 분류 결과는 공무원들의 재판단 정확도를 높이는 데에도 기여하고 있다는 자체 평가 보고서가 나왔다.

의료 분야에서는 국가위생건강위원회 산하 AI의료인공지능응용연맹이 주도하는 'AI 의사 시범사업'이 2024년부터 시행됐다. 산둥성, 저장성의 일선 병원에서는 AI 영상판독 시스템, 진단 추천 알고리즘, 고위험군 예측 프로그램이 이미 정식 운영 중이다. 2025년 기준, 중국 전체 3차 병원의 약 58%가 AI 기반 의료보조시스템을 도입했다. 특히 심장병·당뇨병·폐렴 분야에서 판독 속도 및 정확도가 인간 전문의와 유사하다는 논문도 다수 발표됐다.

교육 현장에서는 베이징시 교육국 주도로 'AI 교사 도입 시범학교'가 운영되고 있다. 이는 AI가 학생의 학습 이력 데이터를 분석해 개인 맞춤형 문제를 제공하거나, 교사의 수업 설계와 채점 업무를 지원하는 방식이다. 저장성 항저우의 초등학교 20곳에서는 AI 학습 보조 도구 도입 후, 수학 정답률이 평균 17% 향상되었다는 실증 보고도 제출됐다.

특히 주목할 만한 점은 AI 윤리와 인간-기계 협업 분야에 대한 제도적 실험이다. 충칭, 톈진, 선양 등에서는 'AI 윤리 위원회'를 지역 단위로 설치해, 공공 알고리즘의 편향성, 사회적 불평등 확대, 개인정보 침해 여부 등을 심의하고 있다. 2025년 기준 전국 31개 성·시 가운데 26곳에 윤리 심사 조직이 설치됐다. 일부 지역은 민간 기업이 개발한 알고리즘을 자체 검토하여 '사용 승인 여부'를 통보하는 반공식 인증 제도를 운영 중이다.

이러한 제도적 기반은 AI 윤리 전문가, 알고리즘 해석관, 데이터 청렴 감시관, 인간-기계 조정 관리자 등 전통적 직군에 존재하지 않던 직업군의 창출로 이어지고 있다. 2024년 기준 중국 직업분류표에 새롭게 등록된 AI 관련 직종은 18개다. 'AI 트레이너', 'AI 윤리 관리사', 'AI 응답 보조 전문가' 등이다. 국가인사부는 이들 직군을 '국가 전략 신직업군'으로 지정하고 자격 기준을 마련했다.

이런 인력 수요를 뒷받침하기 위해 칭화대 인공지능대학원, 중국 과기대 AI연구원, 베이징대 인지과학원 등을 통해 매년 수천 명의 석·박사급 AI 전문 인력을 배출하고 있다. 칭화대는 2024년 기준 약 2800명의 AI 석·박사 인력을 배출했다. 그중 약 35%는 공공 부문에 직접 투입됐다. AI 교육 커리큘럼에는 윤리, 법률, 인문학 훈련

과정이 필수로 포함돼 있다. 이를 통해 기술 중심 교육을 넘어 사회 시스템 적응형 전문가 양성을 목표로 한다.

인간 두뇌 신호를 직접 해석하고 기계에 전달하는 뇌-컴퓨터 인터페이스BCI 기술 역시 전략기술로 분류돼 있다. 이는 중국과학원 뇌과학센터, 중국의공대, 화중과기대 뇌신경공정연구소 등에서 집중적으로 연구되고 있다. 2025년 기준, BCI 기반 단어 입력 테스트에서 평균 응답 속도 1.6초, 정확도 87%를 기록한 시범 결과가 공개됐다. 해당 기술은 향후 의료용 의사소통 보조기기, 군사용 명령체계, 뇌파 감시 시스템 등으로 확대 적용될 전망이다.

중국은 2025년을 AI를 통한 체제 전환의 분기점으로 삼고 있다. 산업뿐 아니라 행정, 사회, 정치 구조까지 AI 중심으로 재편하고 있다. 이러한 움직임은 단순한 기술 경쟁을 넘어, 미국과의 패권 경쟁에서 우위를 점하려는 국가 전략 차원의 프로젝트로 해석된다.

중국판 스푸트니크 모멘트
: 세계를 놀라게 한 딥시크

2025년 1월 10일, 중국의 AI 스타트업 딥시크DeepSeek는 자체 개발한 대규모 언어모델 '딥시크 R1'을 전 세계에 공개했다. 이 모델은 오픈AI의 GPT-4에 필적하는 성능을 보여주며, 동시에 훈련비용이 단 600만 달러 수준이라는 점에서 전례 없는 충격을 줬다.

딥시크는 이 모델을 곧장 웹과 모바일 앱으로 서비스했다. 앱은 발표 이틀 만에 미국 애플 앱스토어 전체 1위를 기록하며 전 세계 수많은 유저들을 끌어모았다. 딥시크 발표 직후, 미국 주식 시장은 패닉에 빠졌다. 특히 AI와 반도체 중심의 기술주들이 직격탄을 맞았고, 엔비디아 주가는 하루 만에 17% 급락, 시가총액은 최대 850조 원이 증발했다. 딥시크 R1이 비용 효율성과 모델 품질 양쪽에서 기존 거물 기업들을 위협하는 수준이라는 평가가 확산되면서, 나스닥과 글로벌 기술주 시총은 약 1조 달러 가까이 사라졌다.

이 충격은 단순한 기술 발표가 아닌, '중국판 스푸트니크 모멘트'로 비유되며 전 세계 정계와 업계에 경고등을 켰다. 스푸트니크 모멘트는 1957년 10월, 소련이 세계 최초의 인공위성 '스푸트니크 1호'를 쏘아 올렸을 때 미국이 받았던 충격과 위기의식에서 유래된 표현이다. 당시 미국은 과학기술, 특히 군사·우주 분야에서 자신들이 절대 우위에 있다고 믿고 있었지만, 소련이 먼저 인공위성을 궤도에 성공적으로 진입시키자 이 믿음은 산산조각 났다. "소련이 저런 걸 띄울 수 있다면, 핵탄두도 우리 머리 위로 날려 보낼 수 있다는 거 아냐?" 이런 공포가 곧바로 확산됐고, 미국 사회 전체는 '우리가 뒤처졌구나'라는 현실을 직면하게 됐다.

이처럼 스푸트니크 모멘트는 단순히 기술 격차를 인정하는 순간이 아니라, 패권국가의 자만이 무너지고 본격적인 반격과 추격이 시작되는 전환점을 뜻한다. 미국은 이 사건 이후 NASA를 설립하고, 과학기술과 공학STEM 교육에 대대적인 투자를 시작했다. 스푸트니크 모멘트는 국가나 조직이 외부 충격을 계기로 근본적인 변화를 결심하는 계기인 셈이다.

오늘날 이 표현은 기술 패권 경쟁 속에서 경쟁국이 압도적인 기술 성과를 보여줬을 때, 충격과 함께 반성과 각성이 일어나는 순간을 가리키는 데 자주 사용된다. 중국의 딥시크 AI 모델이 미국의 예상보다 훨씬 빠르게 GPT-4 수준에 도달했을 때, 실리콘밸리와 워싱턴이 느낀 감정은 다름 아닌 '스푸트니크 모멘트'였다.

딥시크 앱이 빠르게 확산되자, 유럽과 미국은 곧바로 '정보보안 위협'을 제기했다. 체코 정부는 1월 12일, 딥시크 앱이 "사용자 데이터를 중국 정부와 공유할 수 있다"라는 경고를 공식 발표했고, 독일과 이탈리아는 곧바로 앱스토어에서 딥시크 제거를 애플·구글에 요구하며 강경 대응에 나섰다. 미국 상원과 국토안보부 역시 1월 14일부터 '틱톡과 같은 국가안보 리스크'로 딥시크를 지정할 수 있다는 의견을 표명했다. 이러한 움직임은 딥시크가 단지 기술 기업이 아니라, '정치적 파장'을 불러온 존재로 인식되기 시작했음을 보여준다.

오픈AI의 샘 올트먼은 딥시크 R1 발표 직후 "놀라운 기술 성과다"라고 평가하며 "경쟁자의 등장은 혁신의 원천"이라고 했다. 마이크로소프트 CEO 사티아 나델라는 "효율성과 속도 면에서 감탄할 수준"이라고 평가했다. 반면, 일론 머스크는 "데이터 편향과 검열이 내재된 모델은 결국 신뢰받기 어렵다"라는 회의적인 시각을 내비쳤다. 이렇듯 실리콘밸리에서는 감탄과 긴장, 불신이 뒤섞인 복잡한 반응이 나타났다.

중국 정부와 관영 언론은 딥시크를 "기술 자립의 상징", "AI 분야에서 '항저우의 화웨이'"로 묘사하며 적극적으로 띄우기 시작했다.

딥시크는 이어서 R1, V3의 오픈소스 가중치를 MIT 라이선스로 공개하며 전 세계 개발자들에게 큰 반향을 일으켰고, 중국 내부 AI 생태계에서 대체 불가능한 모델 공급자로 자리 잡게 된다.

구조조정 이후의 위기와 기회

2025년 7월, 중국 정부는 전기차, 배터리, 태양광 패널 등 자국의 주력 첨단 산업 전반에 걸쳐 공급과잉 해소를 위한 대대적인 구조조정 계획을 발표했다. 이는 2015년 이후 10년 만에 시행되는 공급 개혁으로, 단순한 생산량 축소 수준을 넘어선 전례 없는 감산 정책과 산업 리셋 조치로 해석된다.

이번 구조조정의 핵심은 지속 불가능한 출혈 경쟁의 중단이다. 그간 중국은 보조금과 대규모 투자를 통해 국유 기업과 민간 기업의 생산 능력을 비약적으로 끌어올렸고, 이로 인해 전 세계적으로 디플레이션 압력이 증폭되면서 미국과 유럽 등 주요 교역국으로부터 비판을 받아왔다. 이에 따라 중국 외교부와 경제 당국은 2025년 9월 최종안을 발표하기로 하면서 전기차, 배터리, 태양광 산업을 중심으로 감산, 보조금 제한, 좀비 기업 퇴출 등을 골자로 한 구조조정 초안을 마련했다.

중국 산업의 공급 폭주는 최근 몇 년간 글로벌 시장을 심각하게 왜곡시키는 주범으로 작용했다. 전기차 분야에서는 BYD, 지리차,

상하이차 등 중국 상위 6개 완성차 업체가 2024년 기준 글로벌 점유율의 46.8%를 차지하고 있으며, 태양광 산업의 경우 중국은 전 세계 생산의 80% 이상을 공급하고 있다. 이와 같은 과잉 공급은 생산 단가보다 낮은 수출 가격을 야기했고, 이는 곧 글로벌 가격 붕괴로 이어졌다. 실제로 2024년 기준 중국 자동차 산업의 평균 순이익률은 4.3%까지 추락했고, 다수 기업이 1%대 이하의 수익성으로 생존 위기에 놓였다. 태양광 모듈 가격은 2020년 대비 90% 이상 하락해 2025년 6월 기준 1와트당 0.12달러까지 떨어졌으며, 업계의 부품 재고는 폭증하고 수익성은 바닥을 찍었다. 이로 인해 중국의 생산자물가지수는 33개월 연속 하락했으며, 정부는 더 이상 이를 방치할 수 없는 상태에 이르렀다.

이번 공급 축소는 단순한 산업정책을 넘어서 국제 외교 전략의 카드로 활용되고 있다. 특히 미국과의 무역 협상에서 감산 조치는 관세 전쟁이 격화될 수 있는 상황에서 양국 간 구조적 갈등을 조율할 수 있는 지렛대로 기능할 수 있다. 미국은 그간 중국산 AI 전용 반도체 수출을 금지하면서 중국이 과잉 생산을 통해 디플레이션을 세계경제에 수출하고 있다는 비판을 이어왔다. 이에 맞서 중국 정부는 감산 정책을 외교적 수단으로 활용하려는 의도를 노골적으로 드러내고 있다. 2025년 7월 기준 미중 비즈니스협의회의 조사에 따르면 미국 내 대기업의 42%가 중국의 과잉 생산으로 직간접적인 피해를 입고 있으며, 과잉 생산 문제가 미국 기업이 꼽은 10대 주요 과제 중 하나로 재등장했다. 미국 기업들은 보조금으로 무장한 중국 기업들의 덤핑이 시장 질서를 심각하게 왜곡하고 있으며, 이로 인한 이익 축소와 가격 왜곡이 글로벌 시장에 중대한 영향을 미치고 있다고 우려하고 있다.

한국 기업에는 기회와 위기가 동시에 존재한다. 단기적으로는 중국의 감산 정책으로 인해 공급량이 줄면서 경쟁 압박이 완화되고, 전기차, 배터리, 태양광 기업들의 수익성도 일정 부분 회복될 가능성이 있다. 실제 한화솔루션 등 일부 태양광 업체는 공급과잉 해소로 인해 가격 방어력이 높아지고 있으며, 현대차와 기아 등 완성차 업체는 중국 시장 진출의 모멘텀을 다시 엿보고 있다.

그러나 중장기적으로는 훨씬 더 치열한 구조조정 생존자들과의 진검승부가 기다리고 있다. 중국 정부는 감산 이후 살아남은 소수 대기업, 예컨대 BYD, CATL, 지리차 등에 자원을 집중적으로 배분하고, 이들 기업은 정제된 형태로 글로벌 시장에 재진출할 가능성이 높다. 이들은 여전히 14억 인구의 내수시장과 지방정부의 보조금, 국가 전략 산업 지원책을 기반으로 하고 있으며, 한국을 비롯한 비중국 기업들은 더 강력한 가격과 물량 경쟁에 다시 직면할 수 있다.

한국 기업이 가장 우려해야 할 지점은 구조조정 이후다. 중국 기업들이 살아남은 후에는 더 고도화된 생산 체계와 축적된 보조금 혜택을 바탕으로 제품 고부가가치화에 성공할 수 있으며, 한국 기업이 이에 대응하지 못할 경우 도태될 가능성이 높다. 특히 배터리 업계는 BYD, CATL 등과의 가격 경쟁에서 이미 밀리고 있는 상황이며, 기술격차가 크지 않은 상황에서는 생산 단가만으로는 더 이상 대응이 어렵다는 현실을 마주하고 있다.

2025년 7월의 중국 공급 개혁은 단순한 산업 조정이 아니라 디플레이션 통제, 무역 외교 전략, 글로벌 산업 판도 재편까지 아우르는 복합적이고 전략적인 거대 조정이다. 한국은 지금이 단기 기회인지, 아니면 장기 위기의 전조인지를 냉정하게 판단해야 한다. 진짜 승부는 구조조정 이후 살아남은 중국 메가 플레이어들과의 2차전에서 벌어질 것이며, 이에 대한 전략적 대비가 없다면 단기 호재는 오래가지 않을 것이다.

Big-Tech Capitalism

민주주의가 AI 패권에 불리한 이유

AI는 단순한 기술이 아니다. 그것은 권력이며, 체제의 작동 방식을 거울처럼 반영하는 존재다. 기술 패권의 중심으로 부상한 인공지능을 두고 각국이 경쟁하는 지금, 민주주의는 그 구조적 특성 때문에 AI 패권 경쟁에서 불리하다는 평가를 받는다. 이 주장은 단순한 속도 차이의 문제가 아니라, 권력 분산과 사회적 가치라는 민주주의 고유의 체계가 AI의 개발과 확산에 어떤 제약을 가져오는지를 보여주는 것이다.

첫째, 민주주의는 구조적으로 의사결정이 느릴 수밖에 없다. 기술 개발을 둘러싼 규제와 정책이 입안되는 과정은 의회, 시민사회, 언론, 이해관계자들의 다양한 논의를 거쳐야 하며, 모든 결정은 공론과 합의의 절차를 밟는다. 이는 기술 발전의 방향성과 속도를 조율하는 데서 필연적으로 '지연'을 초래한다. 권위주의 체제는 결정과 실행 사이의 간극이 거의 없다. 중국은 'AI는 국가 전략 무기'라는 방향을 정하자 곧바로 바이두, 화웨이, 딥시크 같은 기업을 통해 중앙집중형 R&D를 밀어붙였고, 정책·인재·예산·시장의 통합을 한 번에 달성해 냈다.

둘째, 민주주의는 윤리와 공공성을 우선시한다. 인공지능이 초래할 수 있는 편향, 프라이버시 침해, 사회적 불평등, 알고리즘의 불투명성 등은 서구 민주주의 체제에서 '규제의 정당성'으로 작동한다. EU가 2024년 통과시킨 'AI법'은 생성형 AI와 챗봇조차 '고위험군'으로 분류하며 강력한 규제 대상에 포함시켰다. 반면 중국은 AI 윤리를 검열 수단과 국가 통제 장치로 해석하고 있다. 실제 관련 법과 기술이 개발과 확산을 제약하기보다는 촉진하는 방향으로 작동하고 있다.

셋째, 데이터 접근성과 수집의 자유도에서 민주주의는 절대적으로 불리하다. AI는 학습을 위해 대규모 데이터를 필요로 하지만, 민주주의 사회는 개인정보보호법과 감시 장치에 대한 제약이 크다. 미국은 캘리포니아소비자프라이버시법CCPA, 유럽은 일반개인정보보호법GDPR에 따라 기업이 수집할 수 있는 데이터에 법적 한계가 명확히 규정돼 있다. 중국은 시민의 모바일 이용, 공공 CCTV, SNS 등에서 수집된 방대한 양의 데이터를 국가 주도로 활용한다. 실시간 감시체계를 통해 AI 훈련에 필요한 데이터를 사실상 제한 없이 확보할 수 있다.

넷째, 분권적 체제는 중앙집중형 추진력을 약화시킨다. 미국과 유럽은 연방정부, 주정부, 지자체, 독립 규제기관 간 권한이 분산돼 있어 하나의 '국가 AI 전략'을 강력하게 추진하기 어렵다. 중국은 중앙정부의 일방적 정책 결정이 곧 규제와 예산, 기술 투입으로 이어지고, 대학, 국유 기업, 민간 빅테크가 동시에 움직이는 구조다. 권위주의 체제의 집중력은 민주주의가 감히 모방할 수 없는 실행력으로 나타난다.

다섯째, 민주주의의 기업문화 역시 장애물로 작용한다. 민간 기업은 주주 이익과 시장 논리에 따라 움직이며, 정부 정책은 하나의 변수일 뿐이다. 정부가 민간 기업을 '국가 전략 자산'으로 간주하고 직접 통제하는 권위주의 체제와는 다르다. 실제로 중국의 딥시크는 국가의 자금, 인재, 데이터 인프라에 기반한 반민반관적 체제로 움직이고 있다. 화웨이나 바이두 역시 국가 전략 수행의 핵심 기제로 기능하고 있다. 세계경제포럼은 2023년 보고서에서 "AI가 향후 5년간 전 세계 노동시장의 30%를 자동화할 수 있다"라고 경고하며, 그 파급 효과로 사회적 불균형 심화와 정치적 분열이 뒤따를 수 있음을 지적했다.《파이낸셜타임스》역시 "AI 기술의 급속한 도입이 중산층 일자리를 대체하면서, 민주주의 체제의 기반 자체를 흔들 수 있다"라고 분석한 바 있다.

인간의 고유한 역할을 빠르게 대체하는 인공지능 기술은 그 본질상 개인의 권리와 자율성을 중심에 둔 민주주의와 충돌할 수밖에 없다. AI는 통제와 예측, 효율성을 중시하는 기술이며, 이는 다수의 합의와 권리 보장을 우선하는 체제와는 근본적으로 작동의 논리가 다르다.

AI가 체제 경쟁의 결정적 도구로 부상하는 현실 속에서, 권위주의 체제는 기술 우위를 확보하기 위해 AI에 국가적 사활을 걸고 있다. 데이터의 수집과 통제, 연구개발의 집중, 사회 전반에 걸친 기술 확산 속도 등 거의 모든 면에서 권위주의 국가는 AI를 체제 유지와 권력 강화를 위한 전략 무기로 간주하며, 민주주의보다 빠르고 거침없이 움직이고 있다.

이러한 상황은 단순한 기술 격차의 문제가 아니라, AI라는 기술이 어떤 체제와 더 잘 호흡하느냐는 근본적 질문을 제기하게 만든다. 정치 제도가 AI 발전 속도에 영향을 미치는 것과 마찬가지로, AI 기술 발전 또한 기존의 정치체제에 영향을 미친다. AI가 정치와 제도, 권력의 구조에 미치는 영향은 점점 뚜렷해지고 있다. 문제는 AI가 단순히 민주주의 체제 위에서 중립적으로 작동하는 기술이 아니라, 오히려 민주주의의 작동 방식과 충돌하거나 그것을 대체할 수 있는 구조를 형성하고 있다는 점이다.

스탠퍼드대학교의 법학자 네이트 퍼실리^{Nate Persily}는 생성형 AI와 딥페이크 기술이 정보 생태계를 파괴함으로써, 민주주의가 전제하는 공통된 현실 인식과 신뢰 기반의 공론장을 무너뜨릴 수 있다고 경고한다. AI는 기존의 정치 담론을 왜곡하며, 사회 전체를 진실과 거짓이 뒤섞인 '정보 혼란 상태'로 빠뜨린다. 이러한 디지털 조건 속에서, 민주주의의 핵심은 서서히 침식된다.

AI 인프라 자체가 권력의 형태를 바꾼다고 주장하는 이들도 있다. MIT의 철학자 벤저민 브래튼^{Benjamin Bratton}은 AI와 클라우드,

알고리즘, 센서 네트워크 등으로 구성된 '스택The Stack' 개념을 통해, 현대 기술 인프라가 더 이상 국가의 통제 아래 놓이지 않으며, 오히려 새로운 형태의 초국가적 권력구조를 형성하고 있다고 주장한다. 이러한 구조는 전통적인 주권과 법, 민주적 통제가 미치지 못하는 '비가시적 통치 시스템'으로 기능한다.

기술철학자 랭던 위너Langdon Winner는 AI를 포함한 기술이 '정치적으로 중립한 도구'가 아니며, 그 설계와 배치, 활용 방식 자체에 이미 권력적 의도와 방향성이 내재되어 있다고 본다. 즉, 기술은 사용되기 이전부터 정치적이다. AI가 민주주의 체제 안에 들어온다는 것은, 특정 가치관과 통제 구조가 함께 들어오는 것을 의미한다.

이러한 비판은 철학자나 이론가에 국한되지 않는다. 《저널 오브 데모크라시Journal of Democracy》는 더 나아가 AI 기술이 민주주의의 세 기둥이라 할 수 있는 대표성, 책임성, 시민 신뢰를 직접적으로 위협한다고 분석했다. 자동화된 여론 조작, 감정 조율 알고리즘, 정치 캠페인의 대규모 자동화는 유권자의 판단을 흐리고, 결과적으로 민주적 선택 자체의 정당성을 약화시킬 수 있다는 것이다.

《뉴요커》는 AI가 정치 자동화를 가능하게 하면서, 선거 전략, 정책 홍보, 유권자 분석 등을 인간 없이 실행하는 '인공국가Artificial State'의 도래를 경고했다. 이 구조에서는 전통적인 정당과 의회, 언론의 역할이 점점 기술 플랫폼과 알고리즘으로 대체되며, 시민은 판단자가 아닌 타깃 데이터가 돼간다.

철학자 페레니키 파나고풀루Fereniki Panagopoulou는 이 현상을 '디지털 전체주의'의 길과 '디지털 민주주의 강화'의 길 중 하나를 선택해야 하는 갈림길로 설명한다. AI는 분명히 통제와 감시에 최적화된 도구이지만, 동시에 시민 참여의 확장과 정책의 투명성에도 활용될 수 있다. 문제는 이 기술이 어떤 철학과 체제 위에서 설계되고 운용되느냐에 달려 있다.

기술 사상가들이 보기에, 민주주의는 속도, 집중력, 예측 가능성이라는 AI 시대의 주요 가치들과 충돌하는 체제다. 그렇기 때문에 권위주의는 AI를 자연스럽게 흡수하고 강화하는 반면, 민주주의는 이 기술을 어떻게든 길들이고 제한하려 한다. 그러나 이 기술의 제어는 갈수록 어려워지고 있으며, AI는 점차 민주주의의 외곽부터 잠식해 가고 있다.

이런 맥락에서 피터 틸이 "기술은 설득이 아닌 실행으로 세상을 바꾼다"라고 말한 것이나, 일론 머스크가 전통적인 정부를 '비효율적 유물'이라 평하며 기술 기반의 직접 민주주의 시스템을 상상하는 것도 결코 공상이나 과장이 아니다. 그들은 기술이 체제를 대체하거나 무력화할 수 있다는 가능성을, 일찍부터 감지하고 있던 것이다.

민주주의를 위한 AI 개발 가속화 전략

여러 철학자, 기술정책가, 공학자들은 민주주의 체제 안에서도 충분히 기술 개발의 속도를 끌어올릴 수 있는 전략적 해법들을 제안하고 있다. 그들의 공통된 주장은, 민주주의의 핵심 원칙을 훼손하지 않으면서도 국가 주도의 인프라 지원, 민관 협력의 구조화, 실험 중심의 유연 규제, 공공재로서의 자원 설계 등을 통해 속도와 효율성을 확보할 수 있다는 것이다.

첫 번째 전략은 정부가 직접 나서서 '공공 AI' 인프라를 구축하는 것이다. 브루킹스연구소와 MIT의 정책학자들은 시장에 AI 개발을 맡기는 기존 방식은 중국의 '국가 주도형 총력전' 전략에 비해 구조적으로 느릴 수밖에 없다고 분석한다. 이들은 이를 극복하기 위해 GPU 자원, 고품질 학습 데이터, 클라우드 인프라 등을 정부가 공공재로 운영하고 민간에 개방할 것을 제안한다. 이를 통해 자본과 연산력이 부족한 스타트업이나 연구기관도 대규모 AI 모델을 빠르게 개발할 수 있게 되고, 전체 생태계의 혁신 속도 역시 올라가게 된다.

이 모델은 이미 현실화되고 있다. 프랑스의 '미스트랄 AI'는 EU와 프랑스 정부의 공동 투자를 받아 GPT-4급의 오픈소스 모델을 빠르게 개발했다. 미국 역시 2024년부터 국가과학재단^{NSF} 주도로 1억 달러 규모의 국가AI연구자원프로젝트^{NAIRR}를 가동해, 학계와 비영리단체에 고성능 GPU와 대규모 데이터셋을 제공하고 있다.

두 번째 전략은 '샌드박스형 규제' 혹은 '유연 규제$^{Agile\ Regulation}$'를 도입하는 것이다. OECD와 스탠퍼드정책연구소는 AI 기술처럼 빠르게 진화하는 영역에서는, 모든 리스크를 사전에 통제하려는 기존 규제방식이 기술 발전을 지연시킨다고 본다. 대신 이들은 "정책도 기술처럼 MVP$^{Minimum\ Viable\ Policy}$ 방식으로 만들어야 한다"라고 주장한다. 즉, 일단 작은 규모로 시행해 데이터를 축적한 뒤 문제점을 조정·보완하는 '순환형 정책 설계'가 필요하다는 것이다.

실제 영국 정보보호청 ICO은 AI 스타트업을 대상으로 한 'AI 규제 샌드박스'를 운영하며, 혁신 기업이 정부와 협력해 안전하고 빠르게 제품을 테스트할 수 있도록 돕고 있다. 캐나다와 싱가포르도 이와 유사한 'AI 테스트베드'를 국가 주도로 운영 중이다.

세 번째 전략은 AI 기술을 '방위산업 수준의 전략기술'로 격상시키는 것이다. 구글 전 CEO이자 미국 국방혁신위원회 의장을 맡았던 에릭 슈밋은 "AI는 단순한 산업 기술이 아니라 국가 생존과 안보를 결정할 기술"이라고 단언했다. 이어 냉전 시대 미국이 군·산·학 복합체를 통해 우주·핵 기술 패권을 쥐었던 것처럼, 민간 기술 기업·정부 예산·대학 연구기관이 삼각 동맹을 이뤄 AI를 개발·운영해야 한다고 주장한다. 실제로 미국 국방부는 JAIC^{Joint Artificial Intelligence Center}를 중심으로 군사적 목적의 AI 개발을 집중 지원하고 있다. 국방부 산하 또 다른 기구인 DARPA는 자율무기·고속 의사결정 알고리즘 등 고위험 고성과 프로젝트에 수십억 달러를 투자하고 있다. 이처럼 AI를 '기술무기'로 인식하는 전략적 프레임은 기술 투자의 결단력과 속도를 높이는 데 결정적인 역할을 한다.

네 번째 전략은 민주주의만이 구현할 수 있는 '다중 이해당사자 기반의 협력형 혁신 구조'를 설계하는 것이다. 대만의 디지털장관 오드리 탕은 민주주의 국가들이 AI를 빠르게 개발하려면 단순히 속도를 높이는 방식과는 다른 접근이 필요하다고 강조한다. 그는 이를 '플루럴리티 전략 plurality strategy'이라고 부르며, 중앙 명령이 아닌 다자간 협의, 개방형 설계, 빠른 프로토타이핑, 시민 참여 기반의 기술 실험 모델을 제안한다. 또한 대만 정부의 디지털 플랫폼 vTaiwan

을 통해 시민과 전문가가 동시에 입법 과정에 참여하고, 기술정책을 빠르게 실험해 보는 '협력형 기술 민주주의'를 구현하고 있다. 오드리 탕의 전략은 민주주의가 단지 기술을 따라가는 체제가 아니라, 민주적 절차 자체를 '기술적으로 고도화'함으로써 오히려 기술 경쟁을 선도할 수 있음을 보여준다.

Big-Tech Capitalism

미중 디커플링과 기술로 쪼개진 세계

미국은 2022년 10월, 고성능 AI 반도체와 전자설계자동화EDA 장비, 극자외선EUV 노광장비 등 핵심 기술에 대한 중국 수출 통제를 전격 도입함으로써, 기술 공급망의 상류부터 하류까지 중국과의 결합을 끊는 전략을 실행했다. 이 조치로 인텔, 엔비디아, AMD뿐 아니라 ASML, 카덴스Cadence, 시놉시스Synopsys 같은 글로벌 기업도 중국에 첨단 장비를 직접 수출하지 못하게 됐다. 동시에 미국은 일본, 네덜란드, 한국 등 기술 우방국들을 동맹 체계로 끌어들여 '수출 통제 다자화perimeter control'를 달성했다. 이는 중국이 쉽게 우회할 수 없도록 기술 제재망을 구축했다.

이러한 미국의 전략은 제재 발표 직후부터 가시적인 시장 충격을 유발했다. 2022년 10월 반도체 관련 주식은 PHLX 반도체 지수 기준 8% 하락, 2023년 추가 제재 시에도 3% 추가 하락을 기록했다. 이후 기술주들이 일부 회복세를 보이면서 미국 기업들의 장기 투자에는 큰 영향이 없었다.

중국은 자체 기술 확보에 총력을 기울이는 동시에, 희토류 등의 자원 무기화로 미국의 압박에 대응하고 있다. 예를 들어 갈륨^{Ga}과 실리콘카바이드^{SiC}는 AI와 전기차 칩의 필수 소재인데, 중국은 글로벌 공급량의 80% 이상(갈륨), 50% 이상(실리콘카바이드)을 장악하며 미국에 대한 공급 우위를 확보하고 있다. 이와 함께 중국은 글로벌 기술 협력과 시장 다변화 전략을 통해, 특정 국가에 대한 의존도를 줄이는 동시에 필요한 기술을 해외에서 확보하는 우회 전략도 병행 중이다. 즉, 일부 글로벌 기업과 협력을 유지하면서도 전반적인 기술 생태계를 중국 내 자립 기반 위에서 재편하는 '스페어 휠과 바다록' 전략을 동시에 쓰고 있다.

이러한 양방향 전략은 실제로 시장 흐름에도 반영되고 있다. 미국의 수출 통제가 시행된 후, 중국 반도체 장비 가격이 급등했고 일부 제조업체에서 인력 감축이 발생했다. 반대로 중국 내 자립 기업들의 매출과 주가가 상승하는 '내수 중심 반등' 효과도 관찰되고 있다. 그 결과, 중국의 국내 파운드리와 메모리 선두 기업은 글로벌 시장에서 점유율을 점진적으로 확대하며, 외국 기술 의존도를 낮추는 이중 효과를 거두고 있다.

미국 기업들도 전략적으로 대응하고 있다. 엔비디아는 H100 수출 금지 이후 H20라는 변형 칩을 개발해 중국 수출을 재개하고,

2025년 3분기부터 RTX 6000D 같은 신모델 출하 계획을 세워 중국 시장의 손실을 보완하고 있다. 이 발표 직후 엔비디아 주가는 5% 이상 급등하며 시장의 우려를 해소했다. 이는 미국 기업들이 제재 환경 속에서도 전략적 대안을 통해 시장 점유율을 유지·회복하고 있음을 보여준다.

그럼에도 미국 내에서는 제재의 장기적 효과에 대한 이견도 존재한다. 일부 기술업계 인사들은 "지나친 제재는 중국의 자립을 오히려 부추겨, 기술 갭을 단축하는 효과를 낼 수 있다"라며, 전략의 장기적 유효성을 재검토해야 한다고 주장한다.

결국 양측의 움직임은 '편 가르기 된 기술 세계'라는 현실을 확고히 만들고 있으며, 이는 글로벌 기술 및 공급망 체인의 재편, 국가 안보와 경제 전략의 재조정, 그리고 기업 전략의 유연성과 다양화 요구로 귀결되고 있다. 각국은 이 구조 속에서 균형을 잡고 빠르게 전략을 수정하는 역동적인 체제로 전환해야 하는 과제에 직면해 있다.

희토류 무기화로 압박하는 중국

중국은 희토류를 단순한 전략자원이 아니라, 지정학적 패권 경쟁에서 사용할 수 있는 '경제 무기'로 간주해 왔다. 그 전략의 첫 실전 사례는 2010년 일본과의 센카쿠 열도 영유권 분쟁이었다. 당시 중국은 갑작스럽게 일본으로의 희토류 수출을 전면 중단했다. 이에 따라 희토류 가격은 단기간에 폭등하며 일본의 자동차·전자 산업은 일시적으로 마비됐다. 이 사건은 중국이 희토류를 '지렛대'로 사용할 수 있다는 사실을 세계에 각인시켰다.

이후 약 15년간 중국은 희토류 생산과 정련 공정을 국가 차원에서 통제했다. 이후 전 세계 희토류 정련 능력의 85% 이상을 장악하게 된다. 그리고 2025년 4월, 미국이 중국산 태양광, 배터리, 반도체 등에 대해 최대 145%에 달하는 고율의 추가 관세를 부과하자, 중국은 즉각 반격에 나섰다. '희토류 카드'를 다시 꺼내 든 것이다. 중국 정부는 사마륨, 가돌리늄, 테르븀, 디스프로슘, 루테튬, 이터븀, 스칸듐 등 7종의 핵심 희토류와 이들로 만든 자석 제품의 수출에 대해 '허가제'를 도입했다. 표면적으로는 수출 규제라기보다 관리 제도이지만, 실질적으로는 특정 국가로의 수출을 제한하거나 지연시킬 수 있는 통제 수단이었다.

이 조치는 즉각적으로 세계 산업계에 충격을 안겼다. 특히 미국의 방산업체, 전기차 제조사, 풍력발전 기업들은 치명적인 타격을 입었다. 디스프로슘과 테르븀 같은 고자기 특성 원소의 가격은 한 달 사이 세 배 이상 급등했다. 일부 부품 제조업체는 조업을 일시 중단하기도 했다. 유럽과 일본, 한국의 완성차 업체들도 고성능 희토류 자석 수급 불안에 직면하면서 대체 소재 개발과 공급선 다변화에 나섰다. 하지만 단기 충격은 피할 수 없었다.

미국은 두 갈래의 대응 전략을 동시에 가동했다. 첫 번째는 외교적·법률적 대응이다. 미국은 중국의 조치를 WTO에 제소할 수 있다는 가능성을 공개적으로 시사하며, 중국의 수출 통제가 기술적 보호주의임을 강조했다. 두 번째는 산업 기반 복원 전략이었다. 미국은 이미 2021년부터 희토류 공급망 재건에 착수하고 있었다. 미 국방부는 MP 머티리얼즈와 라이너스 USA 같은 국내·우방국 기업에 수천만 달러의 보조금을 지급하며 광산 채굴뿐 아니라 정련·자석 제조 공정까지 미국 내에서 완결할 수 있는 '희토류 밸류체인'을 구축하기 시작했다.

중국의 조치가 발표된 직후, 미국 국방부는 MP 머티리얼즈에 대해 추가로 4억 달러를 투자하며 지분 15%를 차지했다. 이를 통해 10년간 희토류 자석의 안정적 구매처를 확보했다. 애플도 합류해 MP에 5억 달러 규모의 민간 투자를 단행했다. 이후 미국 내 자석 제조시설 건립이 본격화됐다. 이 같은 민관 협력 발표 이후 MP의 주가는 일주일 만에 50% 이상 폭등했다.

미국은 외교적 협상도 병행했다. 2025년 5월, 스위스 제네바에서 열린 미중 무역 실무 협상에서 양측은 90일간 관세와 수출 통제를 유예하는 데 합의했다. 중국은 희토류 수출 허가 지연 건을 점진적으로 완화했다. 실제 6월 기준 중국의 희토류 자석 수출량은 전달 대비 32% 반등하며, 시장의 긴장감은 일부 해소됐다. 그러나 이는 일시적 완화에 불과했으며, 중국은 희토류 공급권을 다시는 방어적인 자원으로 두지 않겠다는 의지를 더욱 노골적으로 드러냈다.

이러한 흐름 속에서 미국은 희토류를 비롯한 전략자원의 공급망을 구조적으로 바꾸기 위한 장기 로드맵을 본격 추진하고 있다. 미국 서부의 마운틴패스 광산은 2025년 기준 미국 내 희토류의 약 15.8%를 공급하고 있으며, 정련과 자석 제조 역량도 점진적으로 복원되고 있다. 동시에 미국은 캐나다, 호주, 베트남 등과의 광물 협력을 강화하고 있으며, 전략물자 비축 제도 확대와 더불어 '희토류 사전 경보 시스템'까지 구축하고 있다.

희토류는 미중 패권 경쟁의 '지하 핵무기'이자 실물경제의 약점을 건드리는 전략 자산으로 변모했다. 중국은 이를 통해 기술 블록화 상황에서 미국의 급소를 정확히 겨냥했고, 미국은 이에 대응해 산업의 복원과 공급망의 재편, 그리고 외교적 조정 전략을 총동원하고 있다. 이 과정은 단순한 무역 전쟁의 연장선이 아니라, 21세기 지정학의 '원소 주권'을 둘러싼 구조적 충돌의 서막이기도 하다.

중국 유학생 거부하는 미국

미국은 중국 유학생이 미국의 첨단 기술과 군사 연구에 접근해 기술을 유출할 가능성이 있다는 우려를 오래전부터 제기해 왔다. 이러한 경계심은 도널드 트럼프 1기 때부터 정책적으로 본격화된다. 2020년 5월 29일, 트럼프 대통령은 행정명령을 발동하여, 중국 인민해방군과 연계된 대학원생과 연구자에 대해 F-1 및 J-1 비자 신규 발급을 금지하고, 기존 비자를 취소하거나 입국을 제한하는 조치를 발표했다. 이 조치로 인해 실제로 1000건 이상의 중국인 비자가 자동 취소됐다. 베이징대, 하얼빈공업대, 베이징우정대 등 중국 내 8개 주요 군사 연계 대학 출신의 유학생과 연구자가 직접적인 타격을 입었다. 이에 따라 미국 대학에 재학 중이거나 입국을 준비하던 수많은 중국 유학생이 갑작스러운 비자 취소와 입국 금지로 학업과 연구에 큰 혼란을 겪게 됐다.

이러한 움직임은 바이든 행정부 이후 일정 부분 완화됐다. 2024년 중반부터 미 의회 공화당을 중심으로 "중국 유학생이 미국 내 스파이 역할을 한다"라는 인식이 다시 확산됐다. 트럼프 2기 들어 이같은 조치가 재가동됐다. 2025년 5월 28일 마르코 루비오 국무장관은 "중국 공산당과 연계된 대학원생에 대해서는 비자를 공격적으로 철회하겠다"라고 발표했다. 이어 같은 달 말, 주요 언론들은 미국이 중국 유학생에 대한 F 및 J 비자 신규 발급을 잠정 중단하고, 인터뷰와 심사를 대폭 강화할 것이라고 보도했다. 이는 미국 내 민감한 기술, 특히 반도체·AI·양자기술 분야로의 중국 인재 유입을 원천 차단하겠다는 전략적 목적에 따른 것으로 분석됐다.

이 조치의 직접적인 효과는 유학생 수 통계에서 명확히 드러난다. 2019학년도 기준 약 37만 명에 달하던 중국 유학생 수는 2023학년도 기준 약 27만 7000명으로 줄어들며 10만 명 이상이 감소했다. 이로 인해 MIT, 스탠퍼드, 버클리 등 미국 내 주요 이공계 대학들은 연구실 인력 부족과 프로젝트 지연, 논문 발표 일정 축소 등의 문제에 직면했다.

연구 커뮤니티 내부에서는 "중국 유학생이 사라지면 미국의 기술·과학 경쟁력도 함께 약화될 것"이라는 경고가 제기됐다. 《뉴욕타임스》와 《파이낸셜타임스》 등은 "트럼프의 반중 정책이 결과적으로 미국 과학계를 '브레인 드레인(두뇌 유출)' 상태로 몰아넣고 있으며, 반대로 칭화대와 베이징대 등 중국 대학은 국제 순위에서 빠르게 상승 중"이라고 지적했다.

중국의 반발도 만만치 않았다. 중국 외교부는 이를 "교육의 정치화이자, 학문 자유에 대한 공격"이라며 강력하게 비판했다. 관영 매체들은 미국을 '세계에서 가장 불관용적인 고등교육 국가'라고 규정하며 대미 비난 수위를 높였다. 동시에 중국 정부는 국내 인재의 유출을 막고 자국 대학의 경쟁력을 높이기 위해 전액 장학금 확대, 연구 기회 보장, 산업 연계 프로그램 강화 등 다양한 유인책을 도입했다. 미국 대신 영국, 호주, 캐나다, 싱가포르 등으로 유학지를 변경하는 '대체 유학지 흐름'도 본격화됐다. 실제 이 기간에 하버드, MIT, UC 버클리 등은 STEM(과학, 기술, 공학, 수학) 관련 교수진 채용이 지연되거나 연구비가 줄어드는 등의 어려움을 호소하며, 인재 유입 제한의 부작용을 공론화하기 시작했다.

――― Big-Tech Capitalism ―――

테크놀로지는
이데올로기다

"테크놀로지는 이데올로기다." 이 짧은 문장은 강력한 진술이자, 21세기 정치·경제·문명 질서를 설명하는 하나의 문명론적 선언이다. 기술은 단순한 도구나 중립적인 수단이 아니다. 기술은 그 자체로 가치관을 담고 있으며, 어떤 사회를 지향할 것인가에 대한 암묵적인 '정치적 선택'을 강요한다.

페이스북의 '좋아요' 버튼 하나에도, 구글의 검색 알고리즘에도, 엔비디아의 AI 칩 설계에도, 애플의 앱스토어 정책에도, 결국은 무엇을 우선순위로 둘 것인가, 즉 '자유인가, 효율인가, 안전인가'라는 철학적 판단이 개입돼 있다.

기술사회학자 랭던 위너는 "기술은 권력구조를 품는다"라고 했다. 원자력, 스마트폰, AI 감시 시스템 등 어떤 기술이 개발되고 채택되느냐에 따라 개인의 자유와 프라이버시, 민주주의의 작동 방식, 심지어 인간 존재의 정의까지 달라진다. AI 감시 카메라가 '안전한 사회'를 만들 수 있을지는 몰라도, 동시에 그것은 '감시가 일상화된 사회'라는 새로운 규범을 생성한다.

이런 맥락에서 테크놀로지는 본질적으로 '이데올로기적인 것'이다. 기술은 특정한 정치적 상상력과 질서를 구현하고, 확산시키고, 정당화한다. 중국이 AI 기술을 국가 감시 체제로 통합하는 방식은 권위주의적 통치철학의 기술적 구체화다. 반대로 미국 실리콘밸리의 '자율과 창의' 중심의 기술 발전은 개인주의적 자유주의 세계관의 확장이다. 기술을 어떤 체제 아래에서 누가, 어떻게 개발하고 사용하는지는 곧바로 그 기술이 구현하는 세계관을 결정짓는다.

피터 틸은 "AI는 전체주의를, 암호화폐는 자유를 좋아한다"라고 말하며 기술의 이념적 편향성을 날카롭게 지적했다. 일론 머스크는 "기술은 중립이 아니며, 문명의 운명을 결정짓는 패권 도구"라며 AI를 핵무기에 비유했다. 이들의 발언은 기술이 단순히 '가능성'이나 '진보'가 아닌, 지배와 저항, 감시와 해방, 통제와 참여를 둘러싼 이념적 전쟁터임을 시사한다.

결국, 테크놀로지는 이데올로기다. 기술은 철학 없이는 방향을 잃고, 윤리 없이는 폭주하며, 체제에 따라 무기가 되거나 해방구가 된다. 우리가 지금 어떤 기술을 선택하느냐는, 어떤 세상에 살고 싶은지를 고르는 정치적 선언과 다름없다. 그리고 그 선택의 결과는 '기술 발전'이 아니라 '기술 문명'이라는 이름으로, 고스란히 우리의 미래를 다시 구성할 것이다.

기술 문명의 탄생까지 체제를 결정한 힘의 변천사

　인류가 살아온 역사에서, 기술이 체제를 설계하는 주체로 떠오르기 전까지, 각 시대의 정치 질서와 지배 체제를 결정해 온 요소들은 분명하고도 단계적으로 진화해 왔다.

　먼저, 선사시대부터 고대 초기(기원전 3000년 이전)까지는 체제를 설계하는 핵심 논리가 '신성성'과 '혈통', 즉 초월적 권위와 그에 연결된 정당한 계승성이었다. 메소포타미아의 사제왕, 이집트의 파라오, 중국의 천명사상, 조선의 단군신화에 이르기까지, 이 시기의 체제는 '신이 선택한 자만이 다스릴 수 있다'는 논리로 정당화됐다. 당시의 기술은 농업과 천문학, 토목 수준에 머물렀고, 권력의 근거는 제사와 신탁, 그리고 혈연에 기반한 종교적 정통성에 있었다.

　이후 고대 제국기부터 중세(기원전 1000년경~15세기)에 이르기까지 체제를 결정한 중심축은 무력과 영토 확장 능력이었다. 알렉산더대왕의 마케도니아 제국, 로마의 군단제, 진시황의 중앙집권, 몽골의 기병 군사력 등은 모두 전쟁 수행 능력이 곧 지배 정당성으로 이어지던 시대의 산물이었다. 힘이 곧 체제를 만들던 질서였다. 이 시기의 기술은 여전히 보조적 수단에 불과했고, 체제를 형성하는 결정적 요소는 칼, 기병, 성벽, 조공 체제 등이었다.

근대의 문턱, 특히 르네상스(14세기 말)와 계몽주의(17~18세기)를 지나며 체제를 결정하는 핵심 기준은 이성, 철학, 계약으로 전환됐다. 홉스의 『리바이어던』은 절대군주의 필요성을 주장했고, 루소의 『사회계약론』은 민주주의와 민중주권 개념을 만들었다. 이 시기는 역사상 처음으로 '왜 그가 다스려야 하는가'를 질문하며, 정통성의 근거를 이론과 법, 국가와 계약이라는 개념으로 치환했다. 이 변화는 1789년 프랑스대혁명과 1776년 미국독립선언으로 이어지며, 이념과 합의로 설계된 헌정 체제의 시대를 열었다. 기술은 인쇄술과 항해술의 진보 등으로 영향력을 키웠지만, 여전히 정치체제를 주도하지는 못했다.

그다음으로 18세기 말부터 19세기 산업혁명기는 체제를 결정하는 가장 중요한 요소로 자본과 생산수단의 소유 여부를 전면에 등장시켰다. 증기기관, 방직기, 철강, 철도와 같은 기술은 국가 생산력의 토대가 됐지만, 더 중요한 것은 이 생산수단이 누구의 손에 있는가였다. 카를 마르크스는 『자본론』을 통해 "지배계급은 생산수단을 소유한 계급이며, 체제는 자본의 논리에 따라 움직인다"라고 주장했다. 이로 인해 자본주의 대 사회주의 체제 구도가 형성됐다. 체제의 핵심 쟁점은 '시장 중심이냐 국가 통제냐', '노동자 중심이냐 자본가 중심이냐'였다. 기술은 이러한 구조를 심화시키는 촉매제로 작용했을 뿐, 여전히 체제 그 자체를 설계하는 주체는 아니었다.

이후 20세기 중반, 특히 제2차 세계대전 이후 냉전기(1945~1991)에는 체제를 규정하는 가장 중요한 요소가 이데올로기와 군사력, 특히 핵무기 보유 여부였다. 미국은 자유시장과 민주주의를, 소련은 계획경제와 일당독재를 주장하며 '이념 대결'을 벌였다. 쿠바 미사일 위기(1962)는 '체제를 바꾸는 기술'이 아니라 '체제를 파괴할 기술'을 중심에 둔 냉전의 실상을 드러냈다. 이 시기의 기술은 여전히 국가 중심으로 통제됐다. 정치체제는 기술보다 이념이 먼저였던 시대였다. 소련이 스푸트니크 인공위성을 발사한 1957년조차, 그것은 기술의 진보이기보다는 체제 경쟁의 '이념적 상징물'이었다.

21세기 들어, 특히 2010년대 중반 이후, 상황은 근본적으로 뒤바뀐다. AI, 반도체, 데이터, 알고리즘, 클라우드 인프라, 초연결 네트워크 같은 기술은 더 이상 '도구'가 아니라, 정치·경제·사회 구조 자체를 설계하는 주체로 변모했다. 중국은 감시 카메라와 안면인식 기술로 '신형 사회통제 시스템'을 만들어냈고, 미국은 실리콘밸리를 통해 '민간이 통제하는 플랫폼 기반 사회'를 확산시켰다. 더 이상 정치가 기술을 결정하는 시대가 아니라, 기술이 정치 질서를 디자인하는 시대가 된 것이다. '어떤 기술을 가지고 있는가'가 '어떤 체제를 가질 수 있는가'를 결정짓는, 완전히 새로운 문명적 전환점에 진입한 것이다.

기술이 이념인 시대, 중국 천재 공학자들의 삶

기술이 단순한 도구가 아니라 국가 전략의 일부로 간주되는 시대에, 중국계 공학자들은 이념과 정체성의 경계 위에서 살아가고 있다. 그들은 세계 최고 수준의 교육을 받고 인공지능 및 데이터 과학 분야에서 탁월한 성과를 거두었지만, 여전히 출신 배경 때문에 기술적 능력과는 별개로 의심의 대상이 된다.

알렉산더 왕Alexandr Wang은 미국 뉴멕시코주에서 태어난 중국계 미국인으로, 데이터 라벨링 자동화 기업 스케일AI Scale AI를 창업해 미국 국방부, 중앙정보국 등과 협력하고 있다. 그는 중국계라는 이유로 기술 유출에 대한 정치적 의심을 받아왔고, 이에 대응하기 위해 자사의 시스템에서 중국과의 모든 접점을 차단하는 내부 보안 규정을 도입했다. 스케일AI는 중국 서버, 개발 인력, 클라우드 인프라, 투자 자본 모두를 배제하며, 미국 연방정부 보안 기준을 충족하는 체계를 갖추고 있다. 알렉산더 왕은 자신을 중국계로 규정하지 않으며, 미국 민주주의를 기술로 수호하겠다는 입장을 분명히 하고 있다. 그는 기술을 인류 보편의 도구가 아닌 국가 전략 자산으로 보고 있으며, 이러한 입장을 일관되게 견지하고 있다.

페이페이 리Fei-Fei Li는 스탠퍼드대학교 교수이자 이미지넷ImageNet 프로젝트의 주도자로서 컴퓨터비전(시각 데이터를 해석하는 인공지능 분야)의 발전에 결정적인 기여를 한 인물이다. 그녀는 구글 클라우드 AI 총괄로 재직하던 시기, 미국 국방부와의 프로젝트 메이븐 계약으로 인해 윤리적 논란에 직면했다. 페이페이 리는 인공지능의 군사적 활용에 대해 공개적으로 우려를 표하며, 기술이 인간 중심적이어야 한다는 입장을 강조했다.

앤드루 응Andrew Ng은 구글 브레인Google Brain의 공동 창립자이자 온라인 교육 플랫폼 코세라Coursera의 공동 창업자로서, AI의 대중화를 이끌었다. 그러나 미중 간 기술 갈등이 심화되면서, 그의 중국계 정체성은 기술적 공로와는 별개로 정치적 논란의 대상이 됐다. 그는 AI가 국경을 초월한 기술이라는 점을 지속적으로 강조해 왔지만, 아이러니하게도 현실에서는 국가와 이념이 기술을 경계 짓는 기준으로 작동하고 있었다.

이러한 갈등은 단지 개인의 경력이나 기업 운영에 국한되지 않고, 기술자 자신이 '어느 편에 설 것인가'라는 질문에 직면하게 만든다. 중국계 AI 연구자들은 영어로 코딩하고, 미국 기업에서 일하며, 국제 학회에 논문을 발표하지만, 그들의 정체성은 기술적 성과만으로 평가되지 않는다. 그들은 이념화된 기술 환경 속에서 민족적 배경, 국가 충성도, 자금 출처, 협업 대상 등을 끊임없이 해명하고 증명해야 하는 위치에 있다.

기술이 국가 전략의 도구로 전환되면서, 과학자와 기술자 역시 더 이상 순수한 연구자일 수 없는 시대가 도래했다. 중국계라는 정체성은 과거에는 다양성의 상징이었지만, 지금은 정치적 긴장 속에서 감시와 의심의 대상으로 여겨지고 있다. 기술은 여전히 국경을 넘지만, 기술을 다루는 사람은 점점 더 국경 안에 갇히고 있다. 이는 단지 민족적 문제가 아니라, 기술이 정치화되는 세계질서 속에서 정체성, 윤리, 전략의 경계가 흐려지는 구조적 현상이다.

Big-Tech Capitalism

21세기 맨해튼 프로젝트

2025년 1월 21일, 도널드 트럼프 미국 대통령은 백악관 브리핑에서 '스타게이트 프로젝트Stargate Project'를 공식 발표했다. 이 계획은 단순한 산업 육성 정책을 넘어, 인공지능을 중심으로 국가 안보, 에너지 인프라, 기술 패권, 지정학적 체제 경쟁력을 동시에 아우르는 21세기판 '맨해튼 프로젝트'다.

핵심 참여 기업으로는 오픈AI, 소프트뱅크, 오라클, 미래성장투자기금MGX이 있으며, 오픈AI와 소프트뱅크가 각각 40%의 지분을, 오라클과 MGX가 각각 7%의 지분을 보유하고 있다. 총사업규모는 5000억 달러에 이른다. 초기 자본금만 해도 1000억 달러에 달하는 초대형 민관 융합 프로젝트다.

이 프로젝트의 목표는 2029년까지 미국 전역에 약 20개의 초대형 AI 데이터센터를 건설하고, 이를 기반으로 한 전용 고성능 컴퓨팅 인프라를 통해 미국의 AI 기술 우위와 체제 경쟁력을 극대화하는 데 있다. 겉으로는 민간 기업 주도처럼 보이지만, 구조 자체는 에너지부, 국방부, 국토안보부 등 미국 연방정부의 주요 부처들이 직간접적으로 지원하는 국가 총동원형 전략 사업이다.

이 프로젝트가 '21세기 맨해튼 프로젝트'로 불리는 데에는 다섯 가지 이유가 있다.

첫째, 이는 단순한 산업 전략이 아니라 지정학적 체제 안보 전략으로서, AI 기술 주도권을 통해 미국 중심의 국제질서를 유지하려는 국가 전략의 일환이다.

둘째, 토지 제공, 전력 공급 우선권, 인허가 간소화 등 정부의 전폭적인 규제 완화와 지원이 동원된다는 점에서, 사실상 연방정부가 민간 기업을 앞세운 기술 전쟁을 지휘하고 있는 구조다.

셋째, AI 데이터센터 구축은 군사력, 에너지 자원, 정보 인프라와 통합되는 복합 전략이자, 국방·산업·과학기술이 모두 연계되는 초국가적 기술 통제 아키텍처로 작동한다.

넷째, 소프트뱅크와 MGX를 통해 중동의 공공투자펀드(PIF, Public Investment Fund) 및 아랍에미리트(UAE) 국부펀드 등의 외국 자본이 전략적으로 투입된다. 이는 미국이 우방국 금융권과의 동맹을 통해 중국의 기술 굴기에 대응하려는 지정학적 자본 전략으로 해석된다.

다섯째, 민간 기술 생태계와 공공 시스템이 하나의 전략 아래 수직통합되는 구조라는 점에서, 민관 협업을 넘어 국가-시장-군사 복합체 형식의 기술 주권 모델로 진화하고 있다.

트럼프 대통령은 이와 함께 '트럼프 이니셔티브T.R.U.M.P. Initiative'를 정책 프레임워크로 제시했다. 이 프레임은 다음의 다섯 축으로 구성된다.

① 기술 우위 확보 Technology Dominance
② 규제 해소 Regulatory Clearance
③ 통합 투자 유치 United Investment
④ 군사 활용성 확보 Military Readiness
⑤ 민관 융합 체계 Public-Private Fusion

이러한 전략은 단기적 경제 효과에만 머무르지 않고, AI가 체제를 설계하고 유지하는 도구가 되는 시대에 미국이 패권을 잃지 않기 위한 전방위적 대응 프레임으로 작동한다.

스타게이트 프로젝트의 또 다른 핵심 축은 AI가 요구하는 막대한 전력 소모를 감당할 에너지 인프라 구축이다. 초거대 연산을 위한 고성능 컴퓨팅HPC, High Performance Computing은 원자력발전소급의 전력을 요구한다. 이에 따라 미국 에너지부와 연방에너지규제위원회FERC는 핵융합, 마이크로그리드, 재생에너지 기반의 AI 전용 전력망 설계에 착수했다. AI는 이제 소프트웨어 코드나 알고리즘 차원을 넘어, 국가의 물리적 기반 시설 자체를 재설계하는 존재가 된 것이다.

이러한 흐름은 1940년대의 맨해튼 프로젝트를 연상시킨다. 당시 미국은 제2차 세계대전이 한창이던 1942년, 독일보다 먼저 핵무기를 개발하기 위해 로스앨러모스(뉴멕시코), 오크리지(테네시), 핸퍼드(워싱턴주) 등을 거점으로 삼고 13만 명 이상의 과학자와 기술자, 20억 달러(현재 가치 약 300억 달러)의 예산, 그리고 총체적 국가 동원 체제를 구축했다.

프로젝트에는 로버트 오펜하이머, 리처드 파인먼, 엔리코 페르미 등 당대 최고의 두뇌들이 동원됐다. 최종적으로 히로시마와 나가사키에 투하된 핵폭탄으로 전쟁을 종결시키는 데 성공했다. 미국은 이 핵 기술을 통해 전후 세계질서를 주도했고, 냉전 체제를 개막한 첫 번째 기술 패권국가로 군림했다.

맨해튼 프로젝트는 핵무기가 물리적 질서를 전복한 기술이 되었다는 점에 기반했다면, 스타게이트 프로젝트는, AI가 정보·권력·질서·체제 그 자체를 재설계하는 기술이라는 전제 위에 세워진다. 트럼프 대통령은 이 프로젝트를 통해, 미국이 AI 시대의 정치 지형과 패권 질서를 결정하는 주도국 지위를 되찾겠다는 기술적·정치적 선언을 하고 있는 셈이다. 기술은 곧 체제이며, AI 인프라가 곧 미래의 헌법이자 국경선이 될 것이라는 인식은, 이 프로젝트가 단순한 개발 계획을 넘어 21세기형 국가 동원형 기술 체제 설계의 출발점임을 강하게 암시하고 있다.

Big-Tech Capitalism
: The Rise of a New Empire

6장

빅테크 이후의 세계
가장 냉혹한 자본주의에서 살아남는 법

훨씬 더 가혹한
조정자가 온다

현대 자본주의에서 실질적인 조정자 역할을 수행하는 것은 표면적인 시장 원리가 아니다. 미국 정부와 연준, 그리고 이들과 긴밀하게 얽힌 월가 중심의 금융 세력이다. 도널드 트럼프 미국 대통령이 정치적 프레임 안에서 '글로벌리스트'라 부른 이들은, 단순히 특정 엘리트 집단을 지칭하는 것이 아니다. 세계 금융 질서와 통화 시스템을 실질적으로 설계하고 조정하는 초국적 금융 권력의 중심을 의미한다. 이 조정자들은 M2 통화량, 즉 시중 유동성을 자신들의 이익 구조에 맞게 증감시킨다. 이는 자산 시장, 특히 주식, 채권, 부동산 등 금융자산의 버블 형성과 수축에 직결돼 있다. 통화 발행권은 단지 경제 안정화 수단이 아니다. 자산 가격을 부양하고 경기 순환을 인위적으로 조작하는 권력이 된 것이다.

조지프 스티글리츠는 2000년대 초부터 이러한 구조를 비판했다. 시장은 자율적으로 조정되지 않으며, 특히 금융시장에서는 정보의 비대칭성과 권력의 집중이 경제적 효율을 해치는 방식으로 작동한다고 분석했다. 그는 특히 국제통화기금, 세계은행 등 국제기구가 위기 상황에서 수행한 구조조정 정책이 실질적으로는 강대국과 국제금융자본의 이해를 대변하는 방식으로 작동했다고 지적했다.

이러한 분석은 1997년 아시아 외환위기 당시 IMF가 한국과 동남아시아에 요구한 고금리 정책, 대규모 구조조정, 공공부문 축소, 외국자본 개방 등의 조치가 오히려 실물경제 기반을 약화시키고, 글로벌 자본에 헐값에 매각되는 결과를 초래한 것에서 명확히 드러났다.

한국 경제가
IMF 외환위기를 겪은 이유

1997년 IMF 외환위기는 단순한 한국 경제의 실책이 아니다. 그것은 1990년대 초반부터 미국 정부와 IMF, 세계은행 등 세계화 주도 세력이 추진한 신자유주의적 자본시장 개방 정책과 밀접하게 연결돼 있다.

1993년 문민정부 출범 이후 김영삼 대통령은 '세계화'를 국가 비전으로 제시하며 금융 자유화와 외국자본 유치에 속도를 붙였다. 그 결과 한국은 단기 외채를 급격히 늘리며 외환보유고의 안정성

없이 외자 의존 경제 구조를 구축하게 됐다. 특히 1996년 IMF에 가입하면서 자본거래의 자유화를 약속한 뒤 외국계 단기자본이 대거 유입됐다. 국내 금융기관은 외화 단기차입을 기반으로 과잉투자와 부동산 버블을 조장했다. 재벌 기업들은 저금리 외화를 빌려 고수익 사업에 무분별하게 투자하며 부채비율이 400%에서 500%를 넘기게 됐다. 이러한 구조적 취약성 속에서 외국인 단기자본이 빠져나가기 시작하자 한국 경제는 순식간에 유동성 위기로 전환됐다.

같은 해 7월, 태국 정부가 외환보유고 고갈로 인해 바트화 고정환율제를 포기하고 절하를 단행하자 투자자들은 이를 동남아 전체 외환위기의 전조로 해석하고 한국, 인도네시아, 말레이시아 등으로부터 자금을 회수하기 시작했다. 그 시점 한국은 연쇄적인 대기업 부도 사태로(한보, 삼미, 진로, 대농, 기아 등) 금융시스템의 신뢰를 이미 상실한 상태였다. 외환보유액은 고작 39억 달러 수준으로 하루 수입에도 못 미치는 수준이었다. 결국 1997년 12월 3일, 김영삼 정부는 IMF에 구제금융을 공식 요청했다. IMF는 총 580억 달러 규모의 자금을 제공하는 조건으로 고금리 유지, 재정 긴축, 공공부문 축소, 금융시장 개방, 부실기업 구조조정, 노동시장 유연화 등의 구조개혁을 요구했다. 기준금리는 20%를 넘는 수준으로 설정되어 수많은 기업이 파산했고, 공기업 매각과 복지 축소, 외국인 투자 완전 개방 등은 사실상 한국 경제의 주요 자산을 해외에 헐값에 넘기는 결과를 초래했다.

그 결과 외환은행은 2003년 미국계 론스타에 단 1조 3000억 원에 매각됐다. 론스타는 수조 원에 달하는 배당수익과 시세차익을 챙긴 뒤 한국을 떠났다. 한미은행은 씨티은행에, 제일은행은 HSBC에 인수돼 한국 금융시스템의 결정권은 외국계 자본으로 넘어갔다. 대우전자는 해체됐고, 전자 부품 시장은 일본과 미국, 중국 자본이 빠르게 점유했다. 외국계 자본은 삼성전자와 현대차 등의 주식도 대거 사들이며 한국 주요 대기업의 이익 분배 구조에 깊숙이 개입하게 됐다.

당시 미국의 재무장관이었던 로버트 루빈은 한국의 이러한 과정을 세계화의 가장 성공적인 사례라고 평가했다. 그것은 최상위 포식자의 관점이다. 우리 입장에서 보면 그만큼 상처를 입었다는 뜻이다. 이는 IMF 구조조정이 어떻게 글로벌 자본에는 기회로 전환되는지를 가장 적나라하게 보여주는 상징적 장면이었다.

1997년 외환위기의 원인은 단순한 정책 실패가 아니라, 세계화 질서하에서 자본시장 개방과 외자 의존 경제로 유도된 구조적 흐름의 결과였다. 그 위기를 계기로 한국은 금융과 산업의 핵심 부문을 외국계 자본에 내어주었다. 이는 위기 이전보다 더 강한 글로벌 자본 통제 구조로 귀결됐다.

IMF라는 구제금융은 실질적으로는 위기를 기회로 전환시킨 세계화 주도 세력의 정치적 금융 장치였다. 한국은 그 충격을 통해 국제금융 질서 내에서 종속적 위치를 공식화하게 됐다. 이 구조는 조지프 스티글리츠가 『세계화와 그 불만』에서 지적한 바처럼 IMF는 위기 극복이 아니라 미국 재무부와 월가의 전략을 집행하는 기구로 기능했던 것이다. 그 결과 IMF가 개입한 대부분의 국가에서 공통적으로 나타난 양상, 즉 국가 주권의 약화, 공공자산의 매각, 자본 유출입의 자유화, 복지 축소, 실업 확대는 외국계 자본의 이익에는 유리하고 국내 실물경제에는 불리한 구조를 고착화시켰다.

이 모든 과정은 시장 자율성과 국가의 무능이라는 표면 아래에서 훨씬 더 정교하게 작동해 온 글로벌 자본 질서의 설계에 가깝다. 우리가 '위기'라고 부르는 사건은 이들에게는 '진입'과 '재편'의 기회였다. 그 과정에서 세계화주의자들은 손실 없는 전유를, 수용국은 주권 없는 개방을 감내해야 했다.

2008년 글로벌 금융위기는 이러한 금융 질서의 허구를 가장 적나라하게 보여준 사건이었다. 미국의 대형 투자은행들이 자신들의 수익을 위해 만들어낸 구조화 채권 상품과 과잉 대출은 결국 시장 전체의 붕괴를 초래했다. 그 피해는 중산층 이하의 실물경제로 전가됐다. 그러나 아이러니하게도, 이들 금융기관은 연준과 정부의 무제한 구제금융을 통해 다시 살아났다. 이후 양적완화와 초저금리 정책으로 오히려 더 거대한 자산 시장 상승 사이클을 만들어냈다. 이는 스티글리츠가 말한 바 있는 '도덕적 해이Moral Hazard'의 극단적 사례였다. 잘못된 설계와 탐욕으로 시스템을 무너뜨린 주체들이 아무 책임 없이 구조되며, 손실은 공공이 부담하는 구조 말이다.

팬데믹 이후 세계는 다시 한번 이러한 메커니즘을 경험하게 된다. 2020년부터 미국을 중심으로 전 세계는 사상 최대 규모의 통화 공급과 유동성 투입을 단행했고, 이는 노동시장과 실물경제가 아닌 자산 시장에 집중 유입돼 거대한 버블을 형성했다. 그 결과는 인플레이션이라는 또 다른 위기로 되돌아왔고, 다시금 금리 인상과 긴축을 명분으로 실물경제가 압박받는 국면으로 접어들었다.

결국 우리는 이 순환이 단순한 경기 변동이나 정책 실수의 반복이 아니라, 구조적으로 설계된 금융-통화 메커니즘임을 인식해야 한다. 세계경제는 이른바 '조정자'라 불리는 통화 주도 엘리트 세력에 의해 반복적 버블과 붕괴, 그리고 위기를 통한 자산 재편 과정에 놓여 있다. 이는 자본주의가 자율적이고 효율적인 질서라는 환상을 깨뜨리는 가장 명백한 증거다. 스티글리츠의 말대로 시장은 보이지 않는 손에 의해 조정되는 것이 아니라, 보이는 손, 즉 '제도, 권력, 구조적 이해관계'에 의해 의도적으로 움직이고 있다. 그리고 그 손은 점점 더 가혹하고 정교해지고 있다.

악마의 적은 천사가 아니라 또 다른 '악마'다

이와 같은 금융 중심 통제 질서에 대한 반작용으로 등장한 것이 바로 비트코인을 위시한 탈중앙화 화폐다. 이는 하이에크가 『화폐의 탈국가화 The Denationalization of Money』(1976)에서 주장한 바 있는 민간 화폐 경쟁 이론을 기술적으로 실현하려는 시도다. 하이에크는 중앙은행의 독점적 발행권이 인플레이션을 초래한다고 보았고, 다수의 발행 주체가 경쟁하는 상황이야말로 통화 가치를 안정시키는 기제가 될 수 있다고 주장했다. 비트코인은 이를 코드 기반의 고정 공급 알고리즘으로 구현함으로써 발행 주체 없는 통화를 가능하게 했으며, 국가에 의한 화폐 신뢰가 아니라 기술 설계와 탈중앙화 네트워크가 신뢰의 기제가 되는 새로운 통화 구조를 만들어냈다.

이러한 탈중앙 기술의 이상을 응용한 또 다른 조정자가 무대 위로 올라오고 있다. 바로 빅테크 기업들이다. 애플, 구글, 아마존, 메타, 마이크로소프트는 전 세계 수십억 사용자의 일상과 데이터를 통제하고 있다. 이들이 금융 영역에 진입한다는 것은 단순한 서비스 확장을 넘어 디지털 주권의 새로운 패권 구조가 형성된다는 것을 의미한다.

샤샤 로보의 '데이터 자본주의' 이론은 이 지점을 날카롭게 짚는다. 그는 자본주의가 금융자본에서 정보 자본으로 이행하며, 데이터는 새로운 원유가 되고, 알고리즘은 새로운 중앙은행이 된다고 말한다. 플랫폼은 사용자와 사용자를 연결하는 통신망이 아니라, 통제망이 되며, 신용과 가격의 결정도 사용자의 행동 이력에 따라 자동화된다. 다시 말해 빅테크는 기존 금융권보다 훨씬 더 은밀하고 강력한 조정 능력을 갖게 되는 것이다.

이러한 권력은 스테이블코인을 매개로 가속화된다. 스테이블코인은 탈중앙처럼 보이지만 실질적으로는 법정통화, 특히 달러와 연동되는 통화로, 미국의 패권을 디지털로 확장하는 도구에 가깝다. 디지털화된 달러는 오프라인 국경을 우회해 글로벌 결제 시스템을 점령할 수 있고, 이는 국가가 발행하지 않지만 미국 정부의 이익과 일치하는 민간 디지털 달러가 탄생하는 셈이다. 게다가 미국은 이 시스템을 통해 자국 국채에 대한 수요를 간접적으로 창출하고, 디지털 인프라에 대한 규제 주도권을 장악하며, 비달러권 국가들의 통화 주권에 압박을 가할 수 있게 된다. 스테이블코인의 세계화는 결국 브레턴우즈 체제의 디지털 확장판이며, 주체만 달라졌을 뿐 권력구조는 그대로인 셈이다.

이러한 구조는 프랑스 사회학자 미셸 푸코가 말한 생체 권력, 즉 권력은 더 이상 폭력적 통치가 아니라 일상적 삶의 관리와 규칙 설정을 통해 행사된다는 개념과도 맞닿는다. 빅테크는 플랫폼을 통해 금융, 소비, 노동, 인간관계까지 데이터를 기반으로 설계하고 연결하거나 단절할 수 있는 권력을 쥐게 되고, 이는 과거 어느 국가나 은행도 갖지 못했던 초월적 통제력이다.

권력은 언제나 소수에게 집중되어 왔으며, 달라지는 것은 그것을 행사하는 주체의 형태일 뿐이다. 과거에는 국가였고, 그다음은 월가였으며, 이제는 알고리즘과 플랫폼이 조정자가 되고 있다. 악마의 적은 천사가 아니다. 또 다른 악마다. 탈중앙이 불러온 기술적 혁신은 그 본래의 이상과는 다르게, 다시 새로운 중앙집권의 얼굴을 하고 돌아올지도 모른다.

빅테크가 국가를 대신한다?

2023년 이후 본격화된 인공지능 대전의 서막은 단순한 기술 패권을 넘어 누가 체제를 설계하고 통치할 것인가라는 질문을 던지기 시작했다. 바로 이 맥락에서 2024년을 전후로 전 세계 학계와 정책계에서는 하나의 결정적 화두가 떠올랐다.

"빅테크는 국가를 대체하고 있는가?"라는 질문이다. 이 물음은 단순히 특정 기업이 성장했다는 진단에서 나온 것이 아니다. 기술 플랫폼이 국가 고유의 기능, 즉 통치, 외교, 안보, 재정, 교육을 실질적으로 수행하고 있다는 점에서, 현대 주권 체계의 구조 자체가 전환되고 있다는 신호로 받아들여진다.

빅테크는 국경을 초월하는 존재다. 국가는 헌법, 법률, 영토, 국민이라는 네 가지 구성 요소를 기반으로 권력을 행사한다. 구글은 알고리즘을 통해 진실의 기준을 재정의하고, 페이스북(현 메타)은 2016년 브렉시트 국민투표와 미국 대선 개입 의혹을 통해 민주주의 선거 시스템 자체를 흔들 수 있음을 입증했다. 아마존은 세계 최대의 물류·유통·클라우드 인프라를 바탕으로 국가보다 앞선 유통과 세금 회피 체계를 설계하며, 오픈AI와 엔비디아는 이제 미국의 군사·국가 전략에서 기술 안보의 핵심 축으로 기능한다.

이처럼 법률 없이 통치하고, 세금 없이 지배하고, 국경 없이 확장하는 신형 제국이 이미 등장했다는 지적이 나온다. 2023년 말, 미국 외교 전문지 《포린 어페어스Foreign Affairs》는 "이제 국가가 기술을 통제하는 것이 아니라, 기술이 국가를 설계하고 있다"라고 경고했고, 이는 단지 과장이 아니었다. 미국 중앙정보국은 이미 2021년부터 팔란티어와 애저, 마이크로소프트의 클라우드 플랫폼에 대규모 정보분석 및 작전지휘를 아웃소싱하고 있다. 국방부는 엔비디아의 그래픽처리장치GPU 없이는 자율 무기 체계나 AI 전술 시스템을 운영할 수 없다는 현실에 직면했다. 미국 항공우주국은 스페이스X 없이는 더 이상 우주 발사를 실행할 수 없다. 오픈AI는 미국 교육부보다 더 빠르게 인간 학습 알고리즘을 재설계하고 있다.

국가가 정책을 설계하고 기업이 그것을 집행하던 구조에서, 이제는 기업이 기술적 현실을 만든 뒤 국가가 이를 추인하거나 따라가는 방식으로 기능이 전도되고 있는 것이다. 2023년 11월, 《MIT테크놀로지리뷰》는 이 같은 현상을 '플랫폼 헌법platform constitution'이라고 불렀다. 이는 단지 기술 서비스 약관이 아니라, 실질적인 삶의 구조와 시민의 사고·행동을 규율하는 일종의 '비가시적 헌법'이라는 뜻이다.

애플은 앱스토어 심사를 통해 어떤 정보가 배포될 수 있는지 결정하고, 구글은 검색 결과와 유튜브 알고리즘을 통해 진실의 구조를 설계하며, 메타는 콘텐츠 우선순위를 설정함으로써 실질적으로는 법률이 아닌 코드로 통치하는 플랫폼 체계를 만들고 있다.

정치철학자 벤저민 브래튼은 2016년 출간한 저서 『스택The Stack』에서 "국가가 헌법으로 통치하듯, 빅테크는 알고리즘으로 세계를 지배한다"라고 단언했다. 그는 이러한 구조를 "프로토-국가proto-state", 즉 국가 없이 국정 운영을 수행하는 디지털 통치체라고 개념화했다. 이는 기술이 단지 기능적 도구가 아니라 이데올로기와 질서의 새로운 형식이라는 것을 뜻한다.

기업의 규모와 기능은 이미 상당수 중견국가를 초월하고 있다. 2024년 기준, 마이크로소프트의 시가총액은 프랑스 GDP를 넘어섰고, 아마존은 브라질보다 더 많은 물류·데이터 인프라를 통제하고 있다. 경제학자들은 이를 두고 "기업이 기능적 국가로 진화 중"이라고 해석했다. 실리콘밸리에서는 "우리가 만든 툴이 곧 헌법"이라는 말이 공공연하게 회자된다.

이 흐름을 날카롭게 예견한 인물 중 하나는 피터 틸이다. 그는 2021년 미국 자유보수주의 싱크탱크 연설에서 "기술은 그 자체로 체제를 선호하며, 그에 따라 정치 질서도 재편된다"라고 주장했다. 그는 "AI가 국가 권위에 종속될 경우 감시국가가 될 수 있고, 반대로 AI가 기업에 통제될 경우 인간은 상품이 될 수 있다"라며 "국가와 기업 사이, 또는 기술 자체가 새로운 주권을 형성하는 삼중 대결이 전개될 것"이라고 경고했다.

2025년 현재 우리는 기술이 권력을 넘어서 체제 자체를 설계하는 시대를 살아가고 있다. 국가는 더 이상 독점적 무력이나 법률의 수호자가 아니라, 기술의 실현 가능성을 '제한하거나 승인하는 조정자'로 밀려나고 있다. 빅테크는 국가가 하지 못하는 것들, 즉 전면적 데이터 통제, 신속한 의사결정, 실시간 시민 관리를 효율성이라는 이름으로 수행하며, 사실상 '제2의 정부'가 되고 있다.

진짜 질문은 이제 이렇게 바뀐다. "빅테크가 국가를 대체할 수 있는가?"가 아니라, "그 대체는 언제, 어떻게, 누구의 통제로 이루어질 것인가?"로 말이다. 2020년대의 기술 패권 게임은 단순한 시장 경쟁이 아니라, 미래 체제를 누가 어떻게 정의하고 통치할 것인가를 놓고 벌어지는, 권력구조의 전면적 재편 전쟁이다.

디지털화폐 시대,
월가의 기득권 유지 전략

국제결제은행BIS이 제시한 '토큰화 기반 통합원장 시스템Unified Ledger for Tokenized Finance'은 중앙은행 준비금, 상업은행 예금, 정부채권 등 금융의 핵심 인프라를 디지털 토큰 형태로 변환한 뒤, 이를 하나의 통합된 네트워크 안에서 실시간으로 거래·정산·청산할 수 있도록 재설계한 차세대 금융시스템이다. 이른바 '토큰화tokenization'란, 전통적인 금융자산을 단순히 전자화하는 것을 넘어, 스마트 계약 기능을 내장한 프로그래머블 자산으로 전환하는 과정을 의미한다. 이로써 자산은 자동화된 거래, 즉시 결제, 규칙 기반의 조건부 실행이 가능한 디지털 형태로 거듭나게 된다.

BIS는 이 새로운 시스템이 오늘날 금융 인프라가 안고 있는 구조적 한계를 정면으로 해결할 수 있다고 본다. 현재의 글로벌 금융 체계는 자산마다 서로 다른 플랫폼과 중개기관을 거치며, 거래 속도가 느리고, 결제 리스크가 존재하며, 청산·정산에 상당한 비용이 수반된다. 통합원장은 이러한 분절적 구조를 하나의 기술적 기반 위에 통합하여, 모든 자산이 동일한 디지털 네트워크에서 실시간으로 이동하고 상호작용할 수 있도록 설계된다. 다시 말해, 중앙은행 준비금, 예금, 채권이 동일한 환경에서 자동으로 결합, 전환, 교환될 수 있는 기반이 만들어지는 것이다.

이 시스템은 단순한 구상에 그치지 않는다. BIS는 여러 국가 및 기관들과 함께 실제 구현 가능성을 검증하는 프로젝트들을 운영 중이다. 대표적으로 '프로젝트 아고라Project Agorá'는 프랑스, 일본, 한국 등 주요국 중앙은행과 43개 민간은행이 참여하여, 다중 통화 환경에서 토큰화된 예금과 준비금이 어떻게 실시간 결제 및 담보 기능을 수행할 수 있는지를 실험하고 있다. 또한 '프로젝트 파인Project Pine'은 뉴욕 연방준비은행과 공동으로, 통화정책이 토큰화된 금융 환경 속에서 자동 실행될 수 있는지를 스마트 계약 기반으로 테스트하고 있다. 이와 같은 실증 프로젝트는 통합원장이 이론적 모델을 넘어 실제 금융시장에 적용 가능한 수준의 기술력과 정책 설계를 갖추고 있음을 방증한다.

이러한 변화는 금융시스템의 실효성을 근본적으로 향상시킬 수 있다. 자산 간 교환이 실시간으로 이뤄지면서 결제 지연 및 실패의 가능성이 줄어들고, 담보 제공과 유동성 관리 역시 자동화된다. 특히 채권 매입과 결제, 담보 설정, 청산이 하나의 프로세스로 결합됨으로써 금융기관의 운영비용과 리스크 부담이 획기적으로 경감될 수 있다. 통합원장은 기존의 분절적·중개자 중심 시스템을 벗어나, 기술 기반 신뢰와 자동화를 전면에 내세우는 구조로 진입한다.

BIS는 토큰화된 금융 인프라가 실현되기 위해선 세 가지 핵심 원칙이 반드시 충족되어야 한다고 강조한다. 첫째, 중앙은행 준비금과 민간 예금 간 가치가 언제나 동일하게 유지되는 '가치의 단일성singleness', 둘째, 유동성이 필요할 때 즉각적으로 자금을 공급할 수 있는 '탄력성elasticity', 셋째, 금융 범죄 예방과 시스템 투명성을 확보할 수 있는 '제도적 신뢰성integrity'이 그것이다. 이는 토큰화 기술이 아무리 발전하더라도, 화폐와 금융의 공공적 성격이 반드시 지켜져야 함을 명확히 한 것이다.

이 지점에서 스테이블코인과의 비교는 매우 중요해진다. BIS는 스테이블코인이 금융 혁신의 일부 역할을 수행할 수 있다는 점은 인정하면서도, 토큰화된 공공 금융시스템과는 본질적인 차이가 있다고 분명히 선을 긋는다. 스테이블코인은 민간이 발행하고 담보 구조가 불투명하거나 불완전할 수 있으며, 가치의 안정성이나 중앙은행과의 호환성 측면에서 심각한 한계를 지닌다. 특히 BIS는 스테이블코인이 가치 단일성, 유동성 대응 능력, 거버넌스 구조 모두에서 취약하다고 지적하며, 토큰화된 통합원장은 이러한 한계를 극복할 수 있는 공공 대안으로 제시된다. 이 시스템은 스테이블코인과의 연동이 아닌, 이를 대체하거나 무력화할 수 있는 구조로 설계되고 있다는 점에서 전략적 의미를 가진다.

BIS는 통합원장을 단지 결제 시스템의 업그레이드로 보지 않는다. 이는 중앙은행 디지털화폐**CBDC**와 자연스럽게 연계되며, 국경 간 거래의 실시간화, 금융상품의 자동화, 정책 수단의 정밀화까지 가능한 새로운 금융 질서의 기반으로 기능할 수 있다. 각국이 주권화폐를 디지털 공간에서도 유지하고 확장할 수 있는 플랫폼이자, 향후 글로벌 금융 질서 재편의 중심축으로서 작동할 잠재력이 크다. 금융은 단지 자산의 이동만이 아니라, 신뢰와 권력의 이동이며, BIS는 이 토큰화된 미래를 향한 준비를 더 이상 미룰 수 없는 과제로 보고 있다.

통합원장 기반의 토큰화 금융시스템은 기존의 금융 질서와 인프라를 근본부터 재편하는 기술적·제도적 전환점이다. 이 모델은 공공성과 혁신성을 동시에 확보하면서, 민간 주도의 불완전한 디지털 자산 생태계를 대체할 수 있는 중앙은행 주도의 플랫폼으로 자리 잡아가고 있다. BIS는 이를 '다음 세대 금융시스템next-generation financial system'으로 정의하며, 전통 금융과 디지털 금융, 국내 금융과 국제금융의 경계를 허무는 결정적 기제로 이 시스템을 선포하고 있다.

지니어스 법안이 스테이블코인은 제도권 안에서만 운용 가능하다는 법률적 토대를 마련했다면, CDLCentral Bank unified Digital Ledger(중앙은행 통합원장)은 이 법률적 토대를 기술적 인프라로 구현하는 것이다. 스테이블코인의 준비자산(달러, 국채 등), 유통 내역, 자금세탁방지AML 컴플라이언스, CMSCash Management Service(자동이체) 처리 등은 스마트 계약으로 자동화된 CDL에서 감시·기록되며, 월별·분기별 보고도 실시간으로 집행 가능하다. 즉 지니어스 법안이 '제도권 진입의 허가'를 열어주었다면, CDL은 '제도권 내부에서 운용되는 디지털 자산의 실행 공간'을 제공하는 것이다.

CDL 체계는 월가의 어젠다와도 완벽하게 맞아떨어진다. JP모건은 이미 자체 오닉스Onyx 플랫폼 시범 운영에 들어갔고, 블랙록·골드만삭스·시티·BNY멜론 등은 토큰화 채권, 결제 플랫폼, 디지털 자산운용 전략을 CDL과 유사한 구조로 개발 중이다. 그들은 CDL이 구현하는 스마트 계약 자동화·유동성 확대·규제 친화성·중앙감시 안정성을 원하며 그 위에서 자산을 발행하고 운용하려 한다. 월가는 이 시스템이 탈중앙의 리스크는 제거하면서, 기술의 이익은 모두 흡수하는 완벽한 시스템이라고 평가한다.

자유를 중시해 온 탈중앙화 진영은 CDL에 반대하고 우회 전략을 개발 중이다. 가장 활발한 방법은 ZK 롤업ZK-Rollup 기술, 거래 내역을 요약 증명만 남기고 원장에는 노출하지 않는 형태로 CDL 추적망을 회피하며 익명성과 유연성을 유지하는 방식이다. 또 모네로Monero, Z캐시Zcash 같은 사설 코인Privacy Coin이나 탈중앙 DEX(DAO 기반), 체인 간 자금 이동을 통해 CDL 감시의 망을 벗어나는 복합 전략도 활발하다.

2025년에는 CDL이라는 제도·기술 세트가 "제도권 밖 디지털 자산을 제도권 안에서 흡수하겠다"라는 의도를 가진 채 활성화되고 있다. 월가는 그 안에서 새로운 성장의 기회를 잡으려 하고, 탈중앙 진영은 그 경계선 밖에서 기능과 자유의 공간을 지키기 위한 기술적 방어전을 준비 중이다.

하지만 사용자와 스테이블코인 업계는 이 문제를 다르게 바라본다. 사용자 입장에서 스테이블코인의 가장 큰 장점은 접근성과 민첩성이다. 중앙은행 디지털화폐나 통합원장이 아직 실험 단계에 머무르고 있는 반면, 스테이블코인은 이미 글로벌 거래소와 디파이 플랫폼에서 실시간으로 사용되고 있으며, 자본 통제나 규제의 영향 없이 국경을 넘나드는 유연성을 제공한다. 특히 USDT(테더)나 USDC(서클)는 글로벌 무역과 송금의 실질적 결제 수단으로 자리 잡고 있으며, 신흥국 사용자들에게는 달러에 손쉽게 접근할 수 있는 수단으로 활용되고 있다.

스테이블코인 업계 역시 BIS의 시각에 비판적이다. 그들은 '가치 단일성singleness'이나 '준법성integrity'이라는 개념이 중요하긴 하지만, 현실 세계의 사용자 니즈는 그것보다 더 복합적이라는 점을 강조한다. 무엇보다 스테이블코인은 사용자 중심으로 설계된 제품이며, 빠르게 진화하고 있다는 점에서 BIS의 일방적인 기준은 시대착오적일 수 있다는 반론이 나온다. 일부 업계 전문가들은 오히려 중앙은행의 통합원장이 지나치게 규제 중심적이고, 민간의 혁신을 가로막을 위험이 있다고 지적한다. 또한 모든 국가가 BIS 비전처럼 고도로 통제된 공공 시스템을 채택할 것이라는 전제 자체에 의문을 제기한다.

결국 이 문제는 무엇이 더 '정답'인지가 아니라, 어떤 관점에서 금융시스템을 바라보느냐의 문제다. BIS는 금융시스템의 안정성과 공공성을 최우선 가치로 보고 있으며, 통합원장은 그러한 통제를 정교하게 실현할 수 있는 기술적 수단이다. 반면 사용자와 스테이블코인 업계는 속도와 유연성, 글로벌 연결성과 혁신 가능성을 중시하며, 현재의 스테이블코인이 '완벽하지는 않지만 실용적인 선택지'라고 본다.

Big-Tech Capitalism

반대로 기울어질 운동장, 왜 부는 또다시 집중되는가

2025년 6월 25일, 부동산 빅데이터 업체 부동산114는 강남·서초·송파구, 이른바 강남 3구의 아파트 시가총액이 744조 7264억 원에 이르렀다고 발표했다. 이는 서울 전체 아파트 시가총액 1732조 4993억 원의 43%에 해당하는 수치다. 시총 비중 집계가 시작된 2000년 이후 월간 기준 사상 최고치를 경신한 것이다. 지난해 1월 처음으로 40%를 넘어선 뒤 불과 1년 반 만에 43%선을 돌파했다는 점은, 특정 지역으로의 자산 집중이 얼마나 빠르게, 그리고 압도적으로 이루어지고 있는지를 보여준다.

강남 3구의 시총은 1년 전인 2024년 6월 632조 8505억 원에서 무려 17.7% 증가했다. 같은 기간 서울 전체 시총은 13.1% 상승하는 데 그쳤다. 이는 강남 3구의 자산 가치 상승 속도가 서울 평균을 훨씬 초과하고 있다는 점을 입증한다. 구체적으로 구별 시총을 살펴보면, 강남구는 312조 4805억 원, 송파구는 221조 7572억 원, 서초구는 210조 4888억 원을 기록하며 서울 아파트 자산에서 절대적인 비중을 차지하고 있다.

상승률 또한 이례적이다. 2025년 상반기 기준 강남구 아파트는 평균 7.84% 상승했고, 서초구는 7.14%, 송파구는 8.58% 상승했다. 이는 서울 전체 평균 상승률 3.13%를 두 배 이상 웃도는 수치다. 자산 가치의 고공 행진은 평당 가격에서도 극명히 드러난다. KB국민은행이 2025년 4월 발표한 '평당 아파트 가격 현황'에 따르면 강남구의 평균 평당 가격은 1억 원을 돌파했다. 이는 전국 최저 20% 계층의 평균 평당 가격 약 350만 원 대비 30배에 달한다. 서울 중위 가격과 비교해도 세 배 이상 차이가 난다.

이 같은 집중 현상은 서울 내부에서도 격차를 확대시키고 있다. 강남 3구와 대비되는 노원·도봉·강북구(노도강), 금천·관악·구로구(금관구) 등 서울 외곽 지역은 같은 시기 아파트 시가총액이 오히려 감소세를 보였다. 강남 3구의 시가총액 증가분은 42조 원에 이르는데, 이는 서울 전체 증가분 59조 원의 70.8%에 해당한다. 서울이라는 한 도시 안에서 전체 상승분의 70% 이상이 특정 3개 구에 몰린 것이다.

이 모든 수치는 한국 부동산 시장에서 자산 불평등, 특히 지역 기반의 자산 집중이 구조적으로 고착화되고 있음을 명백히 보여준다. 자산은 분산되지 않는다. 정보와 자본, 그리고 규제에 대한 이해와 빠른 진입이 가능한 소수의 구역에 집중된다. 강남 3구는 단순한 지리적 개념이 아니라, 이제는 한국의 자산 격차를 상징하는 금융 지형의 중심축이 되었다.

왜 강남 아파트 가격만 오를까

달러는 인플레이션을 전제로 설계된 화폐다. 미국 정부와 연방준비제도는 경기부양을 위해 지속적으로 통화를 확대하고, 이 과정에서 시중에 유동성이 과도하게 공급된다. 그 결과 시간에 따라 돈의 가치는 하락하고, 물가나 자산 가격은 자연스럽게 오르게 된다. 이 구조는 단순히 소비재의 가격이 오르는 수준이 아니라, 자산 보유자에게 일방적으로 유리한 시스템을 만들어낸다. 풀린 돈은 골고루 퍼지지 않고 먼저 자산 시장, 특히 주식, 부동산, 채권 같은 시장으로 향하기 때문이다.

이때 발생하는 현상이 바로 자산 가격 인플레이션이다. 미국의 S&P 500 주가는 지난 10년간 세 배 가까이 상승했지만, 저소득층의 실질임금은 같은 기간 20%도 오르지 못했다.

한국의 경우도 마찬가지다. 강남 아파트 가격이 오르는 것도 같은 원리다. 한국은행의 통화정책은 연준의 그것을 배제하지 못한다. 한국은 수출주도형 국가이기 때문이다. 원화가 평가절상될 경우 수출에 타격을 받게 된다. 미국이 금리를 낮추면 우리도 그에 맞춰 금리를 낮춰야 한다. 달러 유동성이 증가하면 원화는 그보다 더 늘려야 한다는 의미다. 원화 유동성은 글로벌 유동성 증감과 같은 방향으로 움직이는 경향을 보인다. 강남 아파트 가격이 오르는 것이 글로벌 달러 통화량 때문이라는 말을 이해하지 못하는 사람은 비트코인에 투자하면 안 된다. 비트코인도 아직은 달러 표시 자산이기 때문이다.

왜 이런 일이 벌어질까. 토마 피케티는 'r은 g보다 크다', 즉 자본수익률(r)이 경제성장률(g)보다 클 때, 부는 자동적으로 자산을 가진 상위 계층에 집중된다고 설명했다. 강남 아파트가 1년에 8%씩 오르고, 임금이 2% 오르는 사회에서는, 일하지 않고 아파트를 가진 사람의 자산이 일하는 사람보다 더 빨리 늘어나는 것이 당연하다.

조지프 스티글리츠는 이 과정을 좀 더 정치적으로 설명한다. 그는 통화정책과 금융시장이 특정 집단의 이익을 위해 움직이는 현상을 "시장 포획"이라 불렀다. 그는 자산 인플레이션이 실물경제와 무관하게 자산을 가진 자만을 더욱 부유하게 만든다고 비판했다.

크누트 빅셀의 이론은 여기에 통화량의 논리를 덧붙인다. 중앙은행이 실질이자율보다 낮은 이자율로 돈을 공급하면, 그 돈은 곧장 실물경제가 아닌 자산 시장으로 유입되고, 자산 가격을 끌어올린다. 이 과정은 소득을 통한 부의 형성보다 자산을 통한 부의 상승이 훨씬 더 빠르고 강력하다는 것을 보여준다.

이 세 가지 이론은 결국 같은 지점을 향한다. 인플레이션은 단지 물가 상승이 아니라, 구조적으로 자산을 가진 계층에게만 유리하게 설계된 부의 확산 장치다. 자산이 없는 계층은 이 구조 안에서 뒤늦게 뛰어들거나 아예 진입하지 못하고, 기회는 점점 더 좁아진다. 한국의 강남 아파트가 그 대표적 사례다. 부를 방어하거나 불리려는 사람은 당연히 달러의 인플레이션 위험을 피해 덜 떨어질 자산에 투자하게 되고, 그렇게 해서 자산 시장은 더 뜨거워진다.

결국 달러 중심의 인플레이션 체제는 자산 가격만을 밀어 올리는 방향으로 작동하며, 이는 자산 불평등을 확대시키고, 소수가 부를 독점하는 결과를 낳는다. 인플레이션은 모든 것을 오르게 하지 않는다. 어떤 것은 폭등하고, 어떤 것은 뒤처진다. 그리고 그 격차가 바로 오늘날의 양극화다.

디플레이션은 부를 공평하게 분배할까

2021년 기준, 전체 비트코인의 분포를 분석한 결과 상위 0.01%의 주소가 전체 비트코인의 58.2%를 보유하고 있는 것으로 나타났다. 이는 비트코인의 지니계수 추정값이 0.826에서 0.96 사이에 이르는 것으로, 자산 불평등이 가장 심한 국가들보다도 훨씬 높은 수준이라는 것을 보여준다. 지니계수는 0에 가까울수록 평등, 1에 가까울수록 불평등한 구조를 의미한다.

이러한 분포는 비트코인이 총량이 2100만 개로 고정된 디플레이션형 화폐임에도 불구하고, 그 희소성은 소수의 개발자, 채굴자, 기관투자자 등 자본과 정보, 기술을 선점한 이들에 의해 사실상 독점되고 있음을 나타낸다. 디플레이션이라는 희소성의 논리는, 시장 참여자가 점점 늘어날수록 오히려 그 화폐를 먼저 보유한 소수에게 수익이 집중되는 구조를 강화한다. 그 결과 '절대량 제한'이라는 설계가 오히려 불평등을 고정화하거나 심화시키는 장치로 작용하게 되는 것이다.

인플레이션 화폐인 달러가 유동성을 통해 자산 가격을 상승시키면서 자산 불평등을 심화시킨다면, 디플레이션 화폐인 비트코인은 희소성을 통해 자산 집중을 정지된 형태로 고착화시킨다. 양극단의 화폐 구조가 모두 불평등을 완화하지 못하고, 오히려 또 다른 방식으로 강화하는 기제로 작동하고 있는 셈이다.

이러한 현실은 강남 아파트 보유자들의 투자 성향에서도 그대로 드러난다. 2022년 이후 비트코인 가격이 다시 반등하자, 고가 부동산 보유자들을 중심으로 암호화폐 투자 비중이 크게 늘어났다. 강남 지역에서 고소득·고자산층을 대상으로 한 암호화폐 설명회가 연일 열리고, 일부 자산가들은 부동산 규제를 회피하는 수단으로 스테이블코인이나 디파이 상품에 투자하는 양상도 포착됐다. 이들은 인플레이션 국면에서는 실물자산으로, 디플레이션 환경에서는 디지털 희소자산으로 포트폴리오를 분산시키며, 불평등 구조를 가속화하는 양 축을 모두 활용하고 있는 것이다.

실제 필자에게 비트코인 투자를 문의해 오는 대부분의 계층은 강남 아파트 소유자들이다. 사토시 나카모토는 부의 불평등을 심화시키고 고착화시키는 달러 시스템의 부조리를 개선하기 위해 비트코인을 설계했는데, 자산가들은 비트코인을 부를 증식시키는 기회로 현실화하고 있는 것이다.

문제는 화폐 체계가 인플레이션 기반이냐 디플레이션 기반이냐가 아니라, 누가 먼저 이해하고 진입하느냐이며, 어느 체계든 자산과 정보를 먼저 쥔 자가 모든 기회를 선점한다는 점에서 동일한 양극화 구조를 반복하게 된다. 비트코인 시대는 화폐 질서의 해체가 아니라, 기득권 구조가 이름만 바꿔 다시 등장하는 디지털 자산 시대의 새로운 권력 집중 과정일 수도 있다. 그리고 우리는 지금 그 초입에 서 있다.

Big-Tech Capitalism

기술 패권의 전선, 어느 줄에 설 것인가

2025년 현재, 인공지능은 더 이상 중립적인 기술로 간주되지 않는다. 그것은 국가 간 패권 경쟁의 도구이며, 사회적 질서 재편의 핵심 수단이자, 개인의 정보 주권을 좌우하는 결정적 기술이 됐다. 인공지능을 어떤 방식으로 수용하고 활용할 것인가는 단순한 플랫폼 선택을 넘어, 정치·경제·문화적 질서 속에서 자신이 어떤 입장을 취할 것인가를 선언하는 행위다. 이른바 '기술 편 가르기'가 노골적으로 진행되고 있다.

2020년대 중반에 들어서면서, 세계의 AI 생태계는 명확하게 양극화됐다. 한 축은 미국을 중심으로 한 개방형 생태계다. 오픈AI의 챗GPT, 구글의 제미나이Gemini, 메타의 라마LLaMA 모델은 각각 고유의 모델 구조와 API 플랫폼을 중심으로 전 세계 사용자와 기업을 포섭하고 있다. 이들은 공통적으로 영어 중심의 언어 자원을 바탕으로 훈련됐으며, '책임 있는 AI 개발'이라는 서구적 윤리 기준을 기반으로 서비스 설계를 주도하고 있다.

다른 한 축은 중국을 중심으로 한 폐쇄형 생태계다. 바이두의 '문심文心', 알리바바의 '통의通义', 샤오미가 주도하는 소형 경량 모델 등은 중국 내 대규모 데이터셋과 검열 기반 규제 체계를 중심으로 빠르게 발전하고 있다. 2024년 7월 기준, 중국은 자국 내에서 해외 AI 모델이 상업적으로 서비스되는 것을 실질적으로 제한하고 있다. 그 결과 중국형 AI 모델은 언어·문화·검열 기준에 맞춰 고도로 지역화된 생태계를 형성했다.

이러한 양극화는 실제 산업 현장에서 명확히 드러난다. 예컨대, 2024년 말 인도네시아 정부는 자국 내 공공 부문에서 사용되는 AI 시스템의 데이터 저장 위치를 국내로 제한하며, 미국계 AI 플랫폼의 활용을 제한하는 정책을 도입했다. 이에 따라 구글 클라우드를 기반으로 운영되던 여러 기관의 시스템이 중단되거나, 현지 기업이 중국계 AI를 도입하는 움직임으로 전환됐다. 이처럼 특정 기술 표준을 둘러싼 지정학적 줄 세우기는 동남아시아, 아프리카, 남미 국가 전반으로 확산되고 있다.

더 직접적인 예는 EU의 'AI법'에서 확인된다. 이 법안은, 미국·중국산 AI 모델이 유럽 시장에서 활용되기 위해서는 '설명 가능성', '데이터 투명성', '인간 감독 가능성' 등 엄격한 기준을 충족해야 한다고 규정했다. 이 기준을 맞추지 못한 일부 대형 모델들은 유럽 시장에서 철수하거나 기능을 제한하는 방식으로 대응하고 있다. 결과적으로 유럽은 자국 내 소프트웨어 생태계를 기반으로 한 대체 모델 개발에 박차를 가하고 있으며, 기술 표준의 '탈미국화'를 시도하는 대표적 지역으로 부상했다.

사용자 역시 이러한 흐름 속에서 어느 한 줄에 설 것을 요구받는다. 챗GPT를 사용하는 것은 단순히 미국산 서비스를 쓰는 것이 아니다. 그것은 미국식 개인정보보호법의 적용을 수용하며, 미국 기업이 설정한 윤리와 알고리즘 기준에 동의한다는 의미를 포함한다. 반대로 딥시크나 문심과 같은 중국계 AI를 사용하는 것은, 검열과 제한된 정보 체계 내에서 작동하는 알고리즘에 자신을 맡긴다는 것을 의미한다.

이러한 결정은 사용자 개인에게도 정치적이고 경제적인 선택으로 작용한다. 기업은 AI를 도입하면서, 해당 플랫폼의 데이터 저장 위치, API 규약, 보안 기준 등을 분석해야 한다. 이 과정에서 '기술 동맹'을 형성할 수밖에 없는 구조에 놓인다. 단순히 어떤 모델이 더 똑똑한가, 정확한가의 문제가 아니라, 어떤 세계관에 기반해 AI를 활용할 것인가, 다시 말해 어떤 질서 속에서 살아갈 것인가의 문제로 귀결되는 것이다.

결과적으로, 인공지능 생태계에서 어느 한 줄에 선다는 것은 기술 효율의 문제가 아니라 정치적 질서와 주권 인식의 문제다. 기술은 선택의 대상이지만, 그 선택은 더 이상 중립적이지 않다. 기술을 선택하는 순간, 우리는 무의식적으로 하나의 질서에 발을 들이게 되는 것이다. 앞으로 공항 입국 심사대에서 당신은 다음과 같은 질문을 받게 될지도 모른다. "당신은 챗GPT를 쓰시나요, 딥시크를 쓰시나요?"

기술 주권과 한국형 '소버린 AI'

2025년 현재, 기술은 더 이상 중립적인 도구로 머물지 않는다. 그것은 국가의 주권과 개인의 자유, 사회의 질서를 새롭게 재편하는 구조이자 권력의 또 다른 이름이다. 특히 AI를 둘러싼 경쟁이 격화되면서, '기술 주권'이라는 개념은 단순한 기술 독립을 넘어 국가적 생존 전략으로 부상했다.

기술 주권이란 외부 국가나 기업에 의존하지 않고, 핵심 기술을 자국 내에서 독자적으로 확보·운영할 수 있는 권리와 역량을 말한다. 과거에는 이 개념이 인터넷망, 운영체제, 반도체 등 하드웨어 중심에서 논의되었다면, 오늘날에는 AI와 데이터, 알고리즘, 클라우드 인프라로 그 중심축이 이동하고 있다. AI 모델은 국가의 언어, 윤리, 법률 체계를 반영하고, 데이터는 국민의 삶을 추적하며, 알고리즘은 정책 결정과 여론 형성에까지 영향을 미친다. 따라서 기술 주권은 더 이상 기술자들만의 문제가 아닌, 주권과 민주주의의 문제로 확장되고 있는 셈이다.

이런 흐름 속에서 등장한 것이 바로 '소버린 AI Sovereign AI'라는 개념이다. 소버린 AI란 특정 국가나 공동체가 자국민의 데이터와 언어, 문화적 가치를 기반으로 한 AI 모델을 독자적으로 구축·운영하며, 외부의 간섭 없이 이를 관리할 수 있는 체계를 뜻한다. 단순한 기술 독립을 넘어서, AI 생태계의 규칙과 기준을 자국이 주도적으로 설정하는 것을 의미한다. 기술과 정치의 교차점에서 등장한 새로운 형태의 디지털 주권 선언이라 할 수 있다.

기술의 위상이 달라진 시대에, '소버린 AI'의 부재는 단순한 기술 공백이 아닌 국가와 사회 전반에 걸친 종속 구조의 심화로 이어질 수 있다. 무엇보다 먼저, 정치적 주권의 상실 가능성이 뚜렷하다. 네이버클라우드 김유원 대표는 2025년 4월 기자간담회에서 "AI는 이미 국가와 사회의 핵심 인프라"라며, "외산 AI에 의해 꺼지거나 방향이 바뀔 수 있는 구조는 매우 위험하다"라고 지적했다. 이 발언은 단순한 경고를 넘어, 외국 기업이 제공하는 인공지능 플랫폼이 공공서비스와 정부 기능의 근간을 구성하는 현실을 그대로 드러낸다. 이 경우, AI 시스템에 문제가 생기거나 해당 기업이 정책적으로 서비스를 중단할 경우, 국가 자체가 마비될 수 있는 위험 구조가 고착된다.

경제적 측면에서도 종속의 징후는 명확하다. 김유원 대표는 같은 자리에서 "외산 기술에 상표만 붙여 소버린 AI라 하는 것은 언어도단"이라고 비판했다. 그는 이어, "기술 핵심은 외부에 있고, 우리는 단지 포장지만 갈아 끼우는 것에 불과하다"라고도 언급했다. 이는 국내 산업이 자생적 생태계를 구축하지 못할 경우, 국내 기업은 단순한 플랫폼 이용자 또는 하청 구조에 갇히게 될 수밖에 없음을 시사한다.

기술 종속은 데이터 주권 상실로 직결된다. AI의 학습 재료는 결국 데이터이며, 국내 기업이 외산 AI를 사용하게 되면 고객 정보, 사용자 습관, 문화적 맥락 등 민감한 데이터가 모두 외부 클라우드로 빠져나가게 된다. 이는 곧, 미래 산업의 핵심 자산인 데이터의 국부 유출을 의미하며, 기술 경쟁력의 근간 자체가 해외에 잠식되는 결과를 낳는다.

　기술 종속이 산업 전반의 정체를 낳는다는 점은 스타트업 업계에서도 제기되고 있다. 포티투마루 김동환 대표는 2025년 6월 《경향신문》 인터뷰에서 "소버린 AI는 마음으로는 필요하지만 현실적으로 불가능하다. 그러나 포기할 수 없는 영역"이라며, "일회성 투자로는 의미가 없다. 지속적인 기술 축적이 없으면 우리는 계속 따라가기만 할 뿐"이라고 강조했다. 이는 국내 AI 기업들이 외산 오픈소스를 변형하여 경쟁하는 방식이 아닌, 독자적인 데이터와 연산 체계를 구축해야만 장기 생존이 가능하다는 점을 분명히 한다.

　이 같은 추세 속에서 한국도 '한국형 소버린 AI' 구축에 본격적으로 착수하고 있다. 2024년에서 2025년을 기점으로, 정부는 네이버의 '하이퍼클로바X', LG의 '엑사원 EXAONE', KT의 자체 LLM 등 국산 모델 개발을 지원하며, AI 인프라 확보와 공공 데이터 개방 정책을 병행하고 있다.

　이 흐름의 중심에는 2025년 6월 AI미래기획수석으로 임명된 하정우 수석이 있다. 그는 "소버린 AI는 네이버의 어젠다가 아니라, 대한민국의 성장 어젠다"라고 못 박으며, 단순한 기술 국산화가 아닌 국가 전략 차원의 산업 재편임을 강조했다.

하 수석은 세 가지 전략을 제시했다. 첫째, 정부가 GPU 등 고비용 인프라를 사전 구매해 국가대표 AI 기업에 집중 배분하고, 둘째, 이들 기업이 한국 문화와 언어를 반영한 AI 모델을 개발해 오픈소스로 공개하며, 셋째, 이를 토대로 '아랍어 LLM', '인니 LLM' 등 글로벌 수출형 AI 모델을 만들어 한국이 글로벌 AI 강국으로 도약할 수 있는 생태계를 구축하겠다는 구상이다.

소버린 AI의 필요성엔 이견이 없지만, 실효성과 관련해선 회의적인 시각이 존재한다. 특히 전 과정 자립 가능성에 대한 의문이 제기된다. 한국소프트웨어산업협회 KOSA 관계자는 "전 과정 자립에는 현실적 한계가 있으며, 안전성과 윤리 기준도 담보할 수 없다"라고 지적했다. 업계 내부에서도 "소버린 AI를 만들 돈 100조 원을 차라리 구글이나 오픈AI에 투자하는 것이 더 현실적"이라는 목소리가 나왔다. 포티투마루 김동환 대표는 "범용 모델은 아직 우리가 따라갈 수준이 아니며, 제조·안보·교육 등 특정 분야에 특화된 모델에 집중해야 한다"라고 조언했다.

표현의 자유와 관련된 우려도 제기되고 있다. 일부 시민단체는 "소버린 AI가 아니라 감시 AI가 될 수 있다"라고 경고하며, 특정 정치적 프레임에 따른 알고리즘 편향이나 검열 가능성을 지적했다. 이와 같은 우려는 소버린 AI가 기술 독립보다 정치적 통제를 강화하는 수단이 될 수 있다는 경고로 읽힌다.

기술 주권의 실질은 단순히 '기술을 국산화하는 것'이 아니라, 사용자와 사회가 그 기술을 자율적으로 선택하고 수정하며 활용할 수 있는 생태계를 갖추는 데 있다. 기술을 국산화했다는 이유만으로 주권이 보장되는 것이 아니라, 다양한 AI 중 자국의 가치와 이익에 부합하는 기술을 선택할 수 있는 선택권과 자율성이 보장될 때 비로소 진정한 기술 주권이 실현되는 것이다.

소버린 AI는 단일 모델이 아니다. 그것은 하나의 철학이며, '누가 기술을 통제할 것인가'에 대한 정치적 선언이다. 한국형 소버린 AI는 이제 그 가능성과 위험성을 동시에 품은 채, 세계 기술 질서의 재편 속으로 들어서고 있다. 문제는 줄을 서는 것이 아니라, 누구의 질서에도 종속되지 않고 기술을 주체적으로 운용할 수 있는 구조를 만들 수 있는가에 달려 있다. 주권은 선언이 아니라, 지속 가능한 생태계 위에서만 실현될 수 있는 현실이다.

AI 국대 선발전, 정부의 'K-AI' 개발 지원

2025년 7월, 대한민국은 인공지능 분야에서 새로운 국가 전략의 신호탄을 쏘아 올렸다. 정부 주도하에 대규모 언어모델 개발을 목표로 한 'AI 국가대표 선발전'이 본격적인 출발을 알린 것이다. 이는 한국형 대형 AI 모델, 이른바 'K-AI 모델'을 개발해 글로벌 기술 패권 경쟁에서 주도권을 확보하겠다는 명확한 의지를 담은 프로젝트다.

이번 선발전은 한국 정부가 처음으로 공식 주관하는 초대형 AI 개발 경쟁이다. 7월 21일 기준, 총 15개 팀이 참가를 신청했다. 2025년 8월에 이 중 상위 5개 팀이 1차로 선정되었다. 이후 2026년 상반기에 1팀, 하반기에 2팀이 추가로 선발될 예정이다. 최종적으로는 2027년까지 단 2개 팀만이 '국가 인증 K-AI 모델'을 개발한다.

이 프로젝트는 단순한 기술 개발 사업이 아니다. 정부는 총 2400억 원 규모의 막대한 자금을 투입, 참가 팀들에게 GPU(총 1500억 원 규모) 및 데이터·인건비(682억 원), 인재 유치비용(218억 원) 등을 전방위로 지원한다. 더불어 참가 기업들은 기술력뿐만 아니라 데이터 활용 역량, 윤리성, 사회적 책임 등 포괄적인 평가 기준을 통과해야 한다. 이는 AI가 단지 알고리즘의 문제가 아니라 사회 전반에 영향을 미치는 핵심 인프라임을 반영한 조치다.

특히 이번 선발전은 소위 '국산 챗GPT'를 개발하기 위한 실질적인 발판이라는 점에서 주목을 끈다. 정부는 글로벌 초거대 AI 모델의 성능을 95% 이상 따라잡는 것을 구체적인 목표로 제시하며, 이를 통해 국가 경쟁력을 확보하고 AI 주권을 확립하겠다는 강한 의지를 드러냈다.

참가 기업들의 면면도 주목할 만하다. 네이버클라우드, LG AI연구원, SK텔레콤, NC AI 등 대기업 산하 조직들뿐 아니라, 푸팟, 포티투마루, 바이브컴퍼니, 사이버다인, 뷰노 등 다양한 스타트업과 AI 전문 기업들이 경쟁에 뛰어들었다. 여기에 KAIST를 비롯한 학계까지 참여했다.

이번 'AI 국대 선발전'은 단순히 두 개의 모델을 뽑는 이벤트로 끝나지 않는다. 이는 대한민국이 데이터 주권과 AI 주도권을 동시에 확보하려는 미래 전략의 핵심축이며, 향후 디지털 인프라, 교육, 산업 전반에 걸쳐 큰 파급력을 가질 것으로 예상된다. '한국형 초거대 AI'를 향한 이 도전은 단지 기술의 경쟁을 넘어, 국가의 미래를 좌우할 AI 주권 경쟁의 최전선이 되고 있다.

네이버 창업자 이해진의 위기의식

2025년 7월 이해진 네이버 창업자 겸 이사회 의장은 7년 만에 경영 일선으로 복귀하며 글로벌 투자와 AI 전략을 중심으로 네이버의 위기 탈출 플랜을 전면 가동하고 있다. 그가 복귀한 배경은 단순한 명예 회복이 아니라, "인터넷이나 모바일 혁명 때와 비슷한 충격의 '인공지능 파도'가 오고 있다"라는 선언에서 분명히 드러나듯, 글로벌 빅테크에 뒤처진 AI 경쟁력과 해외 시장에서의 존재감 부족을 피부로 느꼈기 때문이다.

복귀 직후 그는 미국 실리콘밸리에 '네이버벤처스'를 설립하고 현지에서 "AI 시대에도 다양성이 중요하다"라며 AI 스타트업, 투자자, 엔비디아 CEO 젠슨 황 등과 손을 맞잡는 네트워킹 강화를 주도했다. 이 의장은 설립 행사에서 "다윗이 골리앗을 이기려면 돌멩이를 잘 던져야 하고, 지금은 돌멩이를 잡는 과정"이라고 선언하며 특화 AI 전략의 핵심 메시지를 던졌다.

이 의장은 곧 내부 조직에도 칼을 댔다. 성과 중심 인사 제도인 '레벨제'를 도입해 네이버 내부에 경쟁과 책임을 강화했다. 기술·글로벌 투자 분야를 중심으로 조직을 재편하고 최인혁 전 COO를 테크비즈니스 부문 대표로 발탁해 실행력 있는 '행동형 리더십'을 배치했다.

이해진이 제시한 네이버의 비전은 '소버린 AI'와 '온서비스 AI'라는 두 축으로 압축된다. '소버린 AI' 비전은 언어·문화·규제 환경이 비슷한 국가마다 각기 최적화된 AI 모델을 개발해 글로벌 주권을 확보하겠다는 전략이다. "한국적 고유 데이터로 차별화된 AI를 만들 것"이라는 그의 발언이 이를 뒷받침한다. 특히 그는 "전 세계 거의 유일한 고유 검색 엔진 보유 기업"이라는 네이버의 강점을 강조하며 "데이터 싸움이 AI 경쟁력의 핵심"임을 설파했다.

'온서비스 AI' 비전은 네이버가 일상적으로 제공하는 검색, 쇼핑, 콘텐츠, 클라우드 등 모든 서비스에 AI를 녹여내 사용자 경험을 '조용히' 개선함으로써 경쟁력을 강화하겠다는 방안이다. 이는 단순한 AI 기능 추가를 넘어 일상 그 자체의 혁신을 목표로 한다는 전략이다.

AI 전략의 실행 방식은 '돌멩이 전략'이라 불리는 특화 승부다. 즉, 동남아 태국어 LLM, 영상 AI(미국의 트웰브랩스 투자), 디지털 트윈(사우디), 의료 AI 등 특정 분야에서 작지만 분명한 승리를 거둔 뒤 이를 확대해 가는 방식이다. 이 의장은 의료 AI에 대해 "진심"이라 말하며, 서울대어린이병원 포럼에서 "의료 AI에서 네이버가 기회를 봤다"라고 강조했다.

이를 두고, 외부에서는 회의적인 시각이 존재한다. 위정현 중앙대 교수는 언론을 통해 "라인 사태 이후 글로벌 전략의 공백을 메우기 위해 복귀했지만, AI '응용'이 핵심인데 아직 오픈AI를 그대로 답습하려는 태도로 보인다"라며 "장기적 가치와 비전이 없다, 실행력에 의문이 있다"라고 지적했다.

이해진의 복귀는 곧 네이버의 전면전 선언이다. 글로벌 무대에서 돌격대를 꾸리고, 모든 서비스를 AI로 다시 짜고, 의료부터 디지털 트윈까지 돌멩이 전략을 실천에 옮기며 회생을 향한 첫걸음을 뗐다. 이 회생의 결과는 아직 미지수다. "지금까지도 모든 것이 부족한 상태에서 싸워왔고 그 싸움에 익숙하다." 이해진의 말처럼 일단 싸울 준비는 됐다.

Big-Tech Capitalism

원화 주권을 지키기 위한 최후의 방어선

현대 화폐 시스템에서 통화는 단순한 실물 지폐나 동전이 아니라, 은행 계좌에 기록된 숫자의 형태로 존재한다. 실제 유통되는 화폐의 대부분은 M2나 M3로 분류되는 광의통화이며, 이는 모두 은행 계좌 기반의 신용화폐다. 이처럼 현대의 화폐는 국가가 발행한 후 계좌를 통해 저장되고 이동하며 사용되는 구조로, 실물보다는 디지털 기록의 총합으로 작동한다.

이러한 관점에서 통화는 계좌 기반 시스템 전체의 결과물이며, 통화 주권의 실질은 바로 그 계좌 체계를 누가 지배하느냐에 달려 있다. 이러한 시각은 계좌 중심주의 또는 신용화폐론이라 불리는 이론적 접근에서 비롯되며, 대표적인 학자로는 영국의 사회학자 제프리 잉엄Geoffrey Ingham과 현대화폐이론MMT의 핵심 이론가 랜디 레이Randy Wray가 있다.

잉엄은 화폐를 단순한 교환 수단이 아니라, 국가가 제도적으로 보장한 계좌 시스템 위에서 유지되는 사회적 신용 기록이라고 정의했다. 그는 화폐가 법적 강제력을 가진 채무의 상환 수단일 뿐 아니라, 특정한 제도 안에서만 존재 가능한 상호 신뢰의 구조라고 보았다. 레이 역시 현대의 화폐는 국가가 발행하고 과세를 통해 수요를 창출하며, 그 흐름은 은행 계좌를 통해 관리된다고 주장한다. 그에게 화폐란 단지 통화 단위를 넘어서, 국가가 만든 회계 시스템이자, 정부의 지출과 과세가 상호작용하는 장치다.

이러한 이론은 통화가 단순한 단위 설정이 아니라, 지급수단과 자산의 보관 수단으로서 기능하기 위해 반드시 제도적 통제가 필요하다는 점을 강조한다. 다시 말해, 국가가 통화 주권을 행사하기 위해서는 화폐의 유통 경로와 저장 방식, 즉 계좌를 통해 이루어지는 흐름을 실질적으로 통제해야 한다. 이 통제는 단순히 은행 계좌 하나에 국한되지 않는다. 현대 금융은 국가가 설계하고 관리하는 광범위한 지급 결제 인프라 위에서 작동한다. 핵심 요소는 크게 세 가지로 요약된다.

첫째, 개인과 기업의 자산이 저장되고 거래가 이루어지는 은행 계좌 시스템이다. 모든 거래는 실질적으로 이 계좌를 중심으로 움직이며, 여기에 기록된 잔액과 거래 내역이 현대 화폐의 실체를 구성한다.

둘째, 중앙은행이 운영하는 실시간 총액결제시스템인 RTGS다.

이 시스템은 은행 간 또는 국가 간 고액 자금 거래를 실시간으로 결제하며, 금융시스템의 안정성과 유동성 관리를 위한 핵심 인프라로 작용한다.

셋째, 국가 간 금융 통신을 담당하는 달러 결제망 SWIFT 네트워크다. 이는 실제로 돈을 옮기지는 않지만, 국제 송금에 필요한 거래 정보를 각국 금융기관 간에 안전하게 전송함으로써 글로벌 금융 거래를 가능하게 한다.

이러한 계좌 기반 시스템은 기술적 네트워크이자 동시에 법적 통제 장치다. 은행 계좌를 만들기 위해서는 고객확인제도가 필요하고, 거래에는 자금세탁방지 규제가 적용되며, 법적 명령에 따라 계좌는 동결되거나 추적될 수 있다. 이러한 통제력은 단지 금융 안정을 위한 기술이 아니라, 세금 징수, 복지 집행, 금리 정책, 자산 동결과 같은 국가의 실질적 권한을 뒷받침한다.

따라서 계좌는 단순한 돈의 저장 수단이 아니라, 국가 통화정책과 금융 질서를 실현하는 실체적 인프라이며, 이 계좌 시스템을 지배하는 주체가 곧 통화 주권을 행사하는 주체다. 돈을 누가 발행하느냐보다, 돈이 어떻게 유통되고 보관되느냐를 누가 통제하느냐가 훨씬 중요하다.

이와 같은 맥락에서, 최근 스테이블코인의 확산과 블록체인 기반 지갑의 사용 증가는 국가의 계좌 중심 통화 체계를 직접적으로 위협하고 있다. 스테이블코인은 전통 금융기관을 통하지 않고 개인이 직접 생성한 디지털 지갑을 통해 디지털 달러를 보관하고 송금할 수 있게 만든다. 이 지갑은 은행 계좌와 유사한 기능을 수행하지만,

그 생성과 운영에서 국가의 허가나 감독을 받지 않는다. 통제 불가능한 민간 계좌 체계가 탄생한 것이다.

이런 시스템이 확산되면, 국가는 더 이상 누구의 손에 얼마의 자산이 있고, 그것이 어디로 흘러가는지를 확인하거나 개입할 수 없다. 이는 통화 주권의 핵심 기반인 계좌 통제력을 약화시키고, 통화 정책의 유효성을 근본적으로 흔들 수 있다. 다시 말해, 계좌가 민영화되거나 탈중앙화되는 순간, 국가는 통화를 발행할 수는 있지만 유통을 통제하지 못하는 상태에 놓이게 된다.

결론적으로, 현대 통화 주권은 단지 돈을 찍는 권리가 아니라, 그 돈이 저장되고 이동하는 계좌 인프라를 실질적으로 통제하는 능력에 있다. 디지털 지갑이 계좌를 대체하는 시대, 통화 주권은 법정화폐의 이름이 아니라 플랫폼의 구조 속에서 다시 정의되고 있다.

스테이블코인이 불러온, 거스를 수 없는 금융 혁명

정부와 중앙은행, 금융권의 입장에서 통화 주권은 화폐 발행권의 독점을 의미한다. 이를 통해 정부는 국채를 저비용(낮은 금리)으로 발행하고, 중앙은행은 화폐 주조 이익을 챙긴다. 금융권은 중앙은행이 발행한 본원통화를 가장 먼저 받아 대출을 해주고, 이자 수익을 거둘 수 있다. 이를 보다 고상하게 말하면 신용 창출을 통한 주조 이익이다.

스테이블코인의 침공 위기 앞에서 정부나 중앙은행 담당자들이 말하는 통화 주권은, 그들의 이익을 말한다. 애국심이란 추상적인 개념을 빼고 나면, 사용자 입장에서 중요한 건 '최저 거래 비용'이다. 환전과 송금 과정에서 들어가는 수수료나 결제 수수료, 관련 세금 등을 합한 총비용을 극소화시키는 게 관건이다. 특히 대규모 국제 송금을 수시로 하는 기업들의 입장에서는 천문학적인 비용이 왔다 갔다 하는 문제다.

한양대학교 금융경영학과 교수이자 국정기획위원회 자문위원인 강형구 교수는 삼성전자가 내부 송금용 달러 연동 스테이블코인을 시범 도입할 경우 연간 최소 4840만 달러(약 668억 원)에서 최대 1억 390만 달러(약 1434억 원)의 비용 절감이 가능하다는 분석을 2025년 7월에 내놓았다. 이는 연간 약 50만 건, 총 800억 달러 규모의 글로벌 계열사 간 송금을 전제로 설정된 시뮬레이션에 기반한 결과다. 거래당 수수료 약 25달러, 환전 비용(FX 스프레드), 송금 지연에 따른 자금 운용 비용 등 기존 방식의 주요 비용 항목을 모두 반영한 수치다.

기존 국제 송금은 SWIFT 기반의 2~3일 지연, 환율 변동성, 중개은행 수수료 부담 등으로 인해 실질적 운영비가 상당하다. 스테이블코인을 활용할 경우 이러한 비용들이 대부분 제거되거나 획기적으로 축소된다. 특히 송금 수수료는 건당 1달러 수준으로 고정되며, 실시간 전송이 가능해지면서 자금 운용상의 기회비용도 대폭 줄어든다. 여기에 스테이블코인 시스템 운영비가 연간 약 500만 달러 수준에 그칠 것으로 예상되는데, 이는 기존 시스템 대비 매우 저렴한 수준으로 평가된다.

강 교수는 삼성전자와 같은 글로벌 밸류체인을 가진 기업일수록 이 절감 효과가 더욱 클 것이라며, 국내 대기업들의 디지털 달러 전환이 가속화될 가능성이 크다고 전망했다. 실제 네이버페이의 경우 카드사와 은행을 통해 연간 수수료로 약 8900억 원을 지불하고 있는 만큼, 스테이블코인 도입 시 국내 기업 전반의 비용 구조 개선과 금융 인프라의 효율화가 동시다발적으로 진행될 것으로 보인다. 이러한 분석은 단순한 금융 혁신이 아니라, 디지털화폐를 중심으로 한 기업 주도의 글로벌 자금 운용 구조 재편 가능성을 제시하고 있다.

2019년 2월, JP모건 체이스는 쿼럼Quorum 블록체인 네트워크 기반의 내부 결제용 디지털화폐인 JPM 코인을 공식 발표하며, 이 프로젝트의 구상을 처음 선언했다. 초기 단계에서 JP모건은 은행 내부 및 기관 간 거래에만 사용하도록 설계했으며, 획기적인 실시간 결제(24시간, 365일) 가능성과 전통 B2B 송금의 병목 해결을 목표로 삼았다. 프로젝트 착수 이후, 2020년부터 내부 테스트와 규제 조율을 거쳐, 2020년 말부터 법인 간 송금 환경에서 실제 사용이 시작됐다. 2023년 6월에는 유로 기반 JPM 코인도 출범, 독일 지멘스 등 유럽 고객에게 확장 적용됐다.

현재 JPM 코인은 전 세계 시장에서 일일 약 10억 달러 규모의 실거래를 처리하고 있다. 2020년 시작 이래 누적 거래액은 3000억 달러 이상으로 집계됐다. 전통적 중개 방식 대비 결제 속도와 비용 측면에서 차별화를 입증했다는 평가다. JP모건은 이를 바탕으로 기업 고객의 자금 유동성 개선 → 금리 수익 확대 → 중개 비용 절감이라는 구조적 수익 모델을 확보했다.

　이 시스템은 전통적인 SWIFT 기반 중개 결제 방식과 비교해 훨씬 빠른 결제 속도와 낮은 비용이라는 분명한 장점을 갖고 있다. 실제 2023년 9월, 타이론 로빈 JP모건 오닉스^{Onyx} 디지털 자산 총괄은 블록웍스와의 인터뷰에서 "JPM 코인을 통한 거래는 연간 약 2000만 달러 규모의 비용을 절감하고 있다"라고 밝혔다.

　이러한 절감 효과는 구조적으로 네 가지 요소를 통해 실현되고 있다. 우선, 실시간 거래 기능은 기존 시스템에서 2~3일이 소요되던 송금 지연 문제를 해소하며, 그동안 묶여 있던 자금을 즉시 활용할 수 있게 되어 자금 운용의 효율성과 유동성 수익을 개선한다. 또한, 중개 수수료가 사라진 점도 핵심적이다. 전통적으로 고액 송금은 중개 은행을 통한 수수료 발생이 불가피했지만, JPM 코인은 쿼럼 기반의 B2B 디지털 토큰 전송 시스템을 활용해 고정 수수료 구조로 전환함으로써 송금 비용을 획기적으로 절감했다. 여기에 더해, 디지털 토큰화된 예치금 구조는 자금세탁방지 규제를 보다 체계적으로 반영할 수 있게 만들어주며, 규제 회피가 아닌 규제 친화적 운용이 가능해졌다는 점에서 리스크를 현저히 줄이는 효과도 있다. 마지막으로, JPM 코인은 JP모건의 실제 은행 예치금을 담보로 한 디지털화폐이기 때문에, 암호화폐 시장의 변동성과 무관하게 가치 안정성과 높은 보안성을 제공한다는 점에서 기관 간 거래의 신뢰 기반을 확고히 구축하고 있다.

　이러한 이유로 JPM 코인은 단순한 기술적 대체재를 넘어 글로벌 B2B 금융 결제 인프라를 혁신하는 실질적 수단으로 기능하고 있으며, 향후 확장성과 제도 정합성까지 갖춘 모델로 주목받고 있다. JPM 코인을 B2B 전용으로 제한한 이유는 결제 네트워크 안정성 확보와 규제 회피가 목적이다. 쿼럼 기반의 블록체인으로 구축된 해당 시스템은 허가된 참여자 간 거래에만 사용 가능하다. 암호화폐가 아닌 은행 예치금 기반의 디지털 토큰으로 설계돼 신분 인증과 자금세탁방지 규정을 준수한다. 이는 개인 사용자를 대상으로 할 경우 발생할 수 있는 규제·암호화폐 논란, 유동성 위험, 예치금 보험 문제를 최소화하기 위한 전략이다.

향후 확대 가능성은 열려 있다. 2023년 10월, JP모건 글로벌 페이먼트 책임자는 "리테일 버전 출시 구상 중"이라는 사실을 밝히며, 소매 고객 확대 가능성을 시사했다. JP모건이 발행을 추진 중인 디지털 예치토큰 JPMD은 기존의 JPM 코인과 달리, 퍼블릭 블록체인인 코인베이스의 레이어2 플랫폼 '베이스' 위에서 운용된다. 이 코인은 특히 기관 고객을 대상으로 예치금에 대한 이자 지급 기능을 포함하고 있다. 이 모델은 2023년 하반기부터 내부 개발이 진행 중이며, 향후 로드맵도 공개된 바 있다.

이 같은 모델은 2025년 6월 미국 상원을 통과한 스테이블코인 규제 법안인 지니어스 법안과 직접적인 충돌 가능성을 안고 있다. 지니어스 법안은 스테이블코인에 대해 "예치금 기반으로 이자를 지급해서는 안 된다"라고 명시하고 있기 때문이다. 이 법안의 핵심 목적은 스테이블코인을 통해 비은행권 금융기관이 사실상 예금 기능을 대체하는 '섀도 뱅킹' 역할을 하는 것을 사전에 차단하려는 데 있다.

그러나 이 조항은 발행 주체가 비은행 기업일 경우에 주로 적용되며, 기존 은행이나 그 자회사가 발행하는 경우에는 일정한 예외 적용이 가능하다는 해석이 나온다. 지니어스 법안은 예금보험이 적용되는 금융기관 또는 그 자회사가 스테이블코인을 발행하는 것을 명시적으로 허용하고 있으며, 이에 따라 JP모건처럼 은행 본체 또는 그 자회사가 발행 주체일 경우에는 이자 지급 자체가 금지되지는 않는다는 법률적 해석의 여지가 있다.

다만, 은행 자회사가 직접 발행하더라도 이자가 '스테이블코인 보유자에게 직접 지급되는 형식'일 경우에는 여전히 규제 대상이 될 수 있다. 이를 피하기 위해 JP모건은 JPMD를 '디지털 예금'으로 정의하고 있으며, 이자를 지급하는 주체를 계열사의 예치 서비스나 운용 상품 등으로 분산하는 구조를 채택하고 있다.

이처럼 지니어스 법안의 취지를 위반하지 않으면서도, 은행의 고유 권한을 활용해 디지털 예치토큰에 이자 수익 기능을 부여하는 회피 로직이 전략적으로 설계되고 있는 것이다. 결국 지니어스 법안은 비은행 스테이블코인 발행자에게는 명확히 이자 지급을 금지하지만, 은행권 내부에서는 자회사 구조나 간접지급 방식을 통해 합법적인 이자 지급 경로를 확보할 수 있는 여지가 있다. JP모건은 바로 이 틈을 파고들어 규제 적합성과 시장 경쟁력을 동시에 추구하는 방향으로 디지털 토큰 생태계를 설계하고 있다. JPMD 프로젝트는 은행권 주도의 디지털 머니 실험이라는 점에서 큰 의미를 가지지만, 이자 지급 기능을 포함한 예치토큰 모델이 현행 스테이블코인 규제 프레임을 넘어서는 새로운 범주로 인정받을 수 있는지 여부가 향후 글로벌 금융 인프라 변화의 결정적 분기점이 될 가능성이 높다.

한국에서는 2024년 수출입 거래에서 원화 결제 규모가 583억 2000만 달러(약 80조 원)에 달했으며 전체 수출 거래 대비 원화 결제 비중은 27%, 수입은 6.3%를 차지했다. 반면 달러와 유로 중심의 외환 결제가 90% 이상을 유지하고 있어, 스테이블코인이 본격화될 경우 원화 결제 수요는 일시적으로 위축될 것이라는 우려가 제기된다.

이처럼 법제화 움직임 → 시장 반응 → 기업 도입 움직임 → 기업 비용 절감 사례 → 국제금융 확산이라는 흐름이 체계적으로 연결되면서, 스테이블코인은 단순 암호화폐를 넘어 글로벌 금융 인프라와 기업 경쟁력, 국제 무역 결제 영역까지 영향을 미치는 다층적 금융 혁신 수단으로 부상하고 있다.

원화 스테이블코인이 성공하려면

2025년 현재, 전 세계는 여전히 디지털 통화 실험을 진행 중이지만, 대중적 채택과 제도권 편입을 동시에 이루는 사례는 극히 드물다. 그만큼 디지털화폐는 단순한 기술 문제가 아니라, 제도 설계·사용자 경험·통화 주권까지 걸린 복합 과제다. 한국이 원화 스테이블코인을 추진한다면, 이는 단순한 암호화폐 프로젝트가 아닌 국가 통화 시스템 일부를 재설계하는 일과 같다.

핵심 질문은 '무엇을 위한 통화인가', '누구에게 이익이 되는가', '누가 이 통화를 설계하고 운영할 것인가'이며, 이를 이해하기 위해 유럽과 일본의 사례는 여전히 중요한 교훈을 제공한다.

첫째, 어디에 쓸 것인가를 명확히 설정해야 한다. 유럽중앙은행 ECB은 디지털 유로 도입 논의를 2020년부터 본격화했지만 활용 목적 설정을 명확하게 하지 못하고 실사용 확대에 실패했다. 기존 결제 시스템에 대한 명확한 대체재를 제공하지 못한 디지털 유로는 사용자들로부터 '왜 굳이 써야 하느냐'는 반응을 얻었고, 정책 당국의 관료적 설계로 인식되어 채택의 동력을 잃었다.

반면 일본에서는 2021년부터 MUFG, 미즈호, SMBC 등 3대 은행이 진행한 '디지털 엔' 파일럿을 통해 공공요금 납부, 편의점 결제, 지역화폐 지급 등 명확한 목적을 가진 설계로 실증 실험을 수행했다. 지방정부와 제휴하여 장려금, 교통 마일리지 등을 디지털 스테이블코인으로 지급하는 사례가 실제 이루어졌다. 2025년에도 이러한 지역 중심 실험은 진행 중이며, '어디에 쓸 것인지'를 명확히 설정함으로써 정책의 신뢰성과 채택 가능성을 높이고 있다.

일본의 사례 역시 전국 확산으로 이어지지는 못했다. MUFG의 코인은 은행 간 결제용으로 일부 정착되었으나, 소비자 결제 시장에서는 QR 결제 및 교통카드와 비교해 확실한 차별성을 제시하지 못했다. 이는 명확한 목적 설정이 반드시 전국 단위 채택으로 이어지지 않음을 보여주는 반면교사의 사례다.

둘째, 사용자 실익을 체감할 수 있게 설계해야 한다. 2025년 EU 전역에서 가상자산 시장 규제안MiCA은 스테이블코인의 법적 유통 기반을 강화했지만, 소비자 결제에서는 큰 변화로 이어지지 않았다. '법적으로 안전한 스테이블코인'이라는 메시지는 신뢰를 주었지만, 실사용 동력을 제공하지 못했다. 핀란드, 네덜란드 등의 사용자 경험 조사 결과 역시 '왜 굳이 이걸 써야 하나'라는 반응이 주를 이루었다.

일본의 경우, 편의점 결제 시스템에 리워드 적립, 할인 자동 적용, 충전 캐시백 등을 결합한 UX를 구현했다. 이러한 실익 기반 UX는 스테이블코인을 단순 결제 수단이 아닌 '보상형 포인트처럼 느껴지게 하는 장치'였다. 그러나 2025년 기준으로도 복수 지갑 호환성 부족 및 가맹점 수 제한으로 인해 확산의 한계가 남아 있다. 이 사례는 기술 완성도가 높더라도 사용자 체감 효용이 없으면 통화 채택이 일어나지 않는다는 점을 명확히 보여준다. 원화 스테이블코인은 공공성과 안전성을 강조하는 것에 그치지 말고, 혜택과 보상을 직관적으로 설계해야 한다.

셋째, 기득권 중심 설계에서 벗어나야 한다. 디지털 통화 실험이 거듭 실패하는 원인은 대부분 기존 금융 구조에 기반한 설계 때문이다. 2025년에도 ECB의 디지털 유로는 기존 은행과 결제사업자 중심의 설계를 유지했으나, '감시와 수수료 체계를 그대로 디지털화했다'는 시민사회의 비판으로 확산 동력을 상실했다. 결과적으로 디지털 유로는 '효율보다 통제 중심 통화'로 인식되었다.

반면 일본에서는 지자체와 플랫폼 기업이 민간 실험의 주체로 참여하며, 은행은 백엔드 역할만 수행했다. 디지털 장려금 시스템은 '공공이 규칙을 만들고, 민간이 UX를 설계하며, 사용자가 통제권을 가진 구조'로 비교적 균형을 이루었지만, 역시 전국 확산에는 실패했다. 2025년에도 은행과 플랫폼 간 상호운용성 부족이라는 구조적 한계가 해결되지 않았다. 이 사례는 원화 스테이블코인이 단순히 '은행이 발행한 디지털화폐'가 되는 데 그치면 실패할 수 있음을 경고한다. 설계 주체를 기존 금융권에서 민간 사용자 경험 중심 플랫폼으로 옮기고, 국가는 규칙과 감독의 역할로 제한하는 구조 전환이 필수적이라는 지적이다.

원화 스테이블코인의 성공적 도입을 위한 설계도

김용범 청와대정책실장이 해시드오픈리서치 대표 시절 주도해 발표한 '디지털 G2를 위한 원화 스테이블코인 설계도'는 단순한 허용이 아닌, 실제로 작동 가능한 원화 스테이블코인 구조를 정밀하게 제시한 보고서로, 국내외 디지털 통화 논의에서 가장 구체적인 대안을 제시한 문건 중 하나로 평가받고 있다.

보고서의 핵심 철학은, 화폐에 대한 신뢰는 더 이상 '정부 보증·은행 면허·예금자 보호' 같은 전통적 기반이 아닌, 기술과 제도로 설계되는 시스템 위에서 형성된다는 것이다. 따라서 이 보고서는 새로운 디지털 신뢰 구조의 근간으로 스마트컨트랙트, 실시간 준비자산 공시와 외부 감사 체계, 그리고 자동 상환 알고리즘을 제안하며, 신뢰의 기초를 기술 위에서 재구축하자고 주장한다. 즉, 규제를 허용하느냐 마느냐의 문제가 아니라, 처음부터 제도 자체를 설계해 가야 한다는 전략적 접근이 중심에 있다.

이 설계는 특히 '누가 스테이블코인을 발행할 것인가'라는 질문에서 기존 은행 중심 모델의 한계를 지적한다. 은행 주도의 디지털화폐는 블록체인, 디파이, 글로벌 결제 네트워크와의 호환성이 낮고, 실제로 유럽과 일본에서도 활용도가 낮았다는 점을 근거로 든다. 김용범 실장은 대신 자본시장 기반 민간 컨소시엄형 모델을 대안으로 제시한다. 이 모델에서 발행 주체는 단일 기관이 아니라, 자산운용사, 핀테크 기업, 커스터디 기업 등이 연합한 형태의 민간 컨소시엄으로 구성된다. 각 파트너는 분명히 다른 역할을 수행하도록 설계된다.

예컨대, 은행은 원화 기반의 발행 자금을 신탁 방식으로 관리하고, 핀테크 기업은 블록체인상에서 발행과 유통을 담당하는 기술 플랫폼을 구축하며, 커스터디 기업은 민감한 키 보관과 자산 보관 및 모니터링을 담당하고, 자산운용사는 준비자산(현금, MMF, 단기 국채 등)을 직접 운용하며 유동성을 책임지는 구조다. 이처럼 기능별 분담 구조는 글로벌 주요 스테이블코인인 테더USDT, 서클USDC, 트루USD TUSD 등의 모델과 매우 유사하지만, 한국형으로 정교하게 커스터마이징된 형태라는 점에서 의의가 있다.

이 모델은 단순한 결제 수단이 아니라, 실제 카드 결제보다 약 30% 저렴한 수수료, 국제 송금에선 수일이 걸리던 전송 시간을 수분 단위로 단축하는 실익까지 제공할 수 있도록 설계됐다. 이는 기술적 완성도가 아니라 사용자 실익 중심의 설계임을 강조하는 구조이며, 결과적으로 국내외 결제 플랫폼, 전자상거래, 송금, 자산 저장 등 거의 모든 금융 디지털 인프라의 기본 레이어로 작동 가능하게 만든다는 목표를 품고 있다.

이 원화 스테이블코인 설계안의 핵심은 스테이블코인 발행 과정에서 발생하는 이자 수익을 민간 발행사나 은행이 독점하는 것이 아니라, 사용자에게 직접 분배하자는 새로운 경제적 설계에 있다. 지금까지 글로벌 스테이블코인 대부분, 예컨대 USDT, USDC, TUSD는 사용자가 토큰을 보유하더라도, 이 토큰을 담보하는 준비자산에서 발생하는 이자 수익은 전부 발행사의 수익으로 귀속되는 구조였다. 이로 인해 사용자들은 '자신의 자금을 예치하고도 아무런 보상을 받지 못하는' 불공정한 위치에 있었다. 이는 발행사들의 수익성 강화에는 기여했지만 사용자 신뢰와 채택 확산에는 구조적 제약으로 작용했다.

김용범 실장의 설계안은 준비자산운용에서 발생하는 이자 수익을 스마트컨트랙트를 통해 일정한 룰에 따라 자동으로 배분함으로써, 화폐 보유자에게 실질적인 혜택이 돌아가도록 설계됐다. 스마트컨트랙트는 일정 조건이 충족되면 계약이 자동으로 이행되도록, 프로그래밍된 계약을 의미한다. 이를 통해 사용자에게는 금전적 인센티브를 제공하고 발행 생태계 전반에는 신뢰의 제도적 기반을 마련하겠다는 구상이다.

사용자에게 돌아가는 혜택은 단순한 현금 이자 지급 외에도 다양하게 구현될 수 있다. 첫째, 일정 기간 이상 스테이블코인을 보유한 사용자에게는 잔액 비례로 정기적인 리워드를 지급한다. 둘째, 결제 및 송금 과정에서 수수료를 자동 감면해 실질 비용을 줄여준다. 셋째, 포인트·캐시백·리워드 적립 형태로 전환해 카카오페이,

토스, 제로페이 같은 민간 결제 플랫폼과 연동할 수 있다. 넷째, 이자 수익에 대한 권리를 별도의 토큰으로 토큰화하여 유통하거나 스테이킹 구조로 장기 보유를 유도하는 방안도 함께 고려된다.

이자 수익의 사용자 귀속 구조는 단지 경제적 인센티브를 넘어 통화 설계에 대한 새로운 철학과 사용자 중심 경제 구조에 대한 대안을 제시하는 동시에, 디지털 원화를 둘러싼 글로벌 경쟁에서 한국형 모델이 가질 수 있는 독창적 강점이자 통화 주권을 방어하는 실질적 수단이 되는 것이다.

하지만 원화 스테이블코인이 사용자에게 실제 이자를 지급할 수 있는 구조로 설계될 지는 미지수다. 이는 달러 스테이블코인과의 경쟁에서 우위를 확보하는 데는 유리하지만, 기존 금융의 기득권에는 치명적이기 때문이다. 예치금에 대해 이자를 지급한다는 건 스테이블코인 발행사가 단순한 코인 발행의 역할에 그친다는 것이 아니라 전통적인 금융의 영역에 깊숙이 침투한다는 뜻이다.

2025년 미국 상원과 하원을 모두 통과한 지니어스 법안은 스테이블코인 발행 주체, 준비자산 요구 사항, 소비자 보호 장치 등을 규정했지만 사용자에게 예치금에 대한 이자를 지급하는 조항은 제외했다. 이는 단순 실무상의 누락이 아니라 빅테크 금융 진입 견제, 월가 기득권 방어, 정치적 균형이라는 복합적 이해관계가 반영된 결과였다.

월가는 스테이블코인이 이자 지급 기능을 갖는 즉시 은행 예금의 대체 수단으로 전환돼 '디지털 뱅크런'이 발생할 것을 우려했다. 특히 스테이블코인이 머니마켓펀드MMF나 단기 국채 등으로 높은 수익을 제공할 경우 고객 자금을 빼앗길 수 있기 때문이다.

빅테크 기업들이 스테이블코인을 통해 금융시장에 본격 진입하려는 흐름은 월가 및 은행권에 위기로 인식됐다. 이자 지급 금지 조항에는 빅테크가 은행 수준의 금융시스템에 편입되는 것을 사전에 차단하려는 의도도 포함돼 있다.

정치권 내 당파 간 견해 차이도 영향을 미쳤다. 민주당은 은행 중심 통화·금융 안정과 연준 정책 효과 유지를 위해 "민간이 금리를 통제하게 해선 안 된다"라며 강한 우려를 표명했다.

즉 지니어스 법안이 '사용자에게 예치금 이자 지급' 조항을 뺀 건 월가의 자금 이동 방지, 빅테크에 대한 안전장치, 공화당-민주당 사이의 정치적 주권 논쟁이 맞물린 결과로, 스테이블코인이 기술이 아니라 통화·정책·금융주권의 권력 전쟁 영역 한복판에 들어간 증거라고 할 수 있다.

김용범 실장의 모델은 달러 기반의 글로벌 스테이블코인 시장에 대한 종속성에서 벗어나, 원화를 중심으로 한 디지털 자산 생태계를 구축하고, 이를 기반으로 한국이 '디지털 G2', 즉 디지털 강국 2강 체제의 핵심 인프라를 선점할 수 있도록 하는 국가 전략 자산으로서의 역할도 동시에 강조한다.

법과 제도 설계 측면에서도 이 보고서는 매우 구체적인 조항들을 제안하고 있다. 발행인의 자격 및 인증 요건, 준비자산의 운용 방식 및 공시 기준, 자가 수탁을 포함한 커스터디 기준, 회계·세무 기준, 내부 통제 체계 등까지 포괄적으로 설계됐다. 이는 단순한 '허가' 차원의 논의를 넘어, '신뢰를 기술과 제도로 구축하는 것'이 법제화의 목적이어야 한다는 철학이 반영돼 있다.

이러한 구조를 통해 CBDC가 제공하지 못하는 유연성과 속도, 민간 시장의 혁신성을 바탕으로 현실적 실행 가능성과 사용자 중심 UX 설계를 동시에 확보하고자 한다. 예컨대, CBDC는 기본적으로 은행 계좌 기반의 중앙집중형 통화이기 때문에, 디지털화폐임에도 불편하고 느리며, 모든 사용자가 국가의 감시하에 있다는 점에서 실사용 저항이 존재한다. 실제 중국, 유럽 등에서 이러한 문제가 발생했으며, 이는 중앙은행 모델의 한계를 보여준다. 이에 반해, 스테이블코인은 사용자 중심 구조에서 출발하기 때문에 속도, 프라이버시, UX 면에서 경쟁력을 갖는다.

이 설계안은 단순한 '사기업 모델'이 아니라 '법적 기반 위에서의 민간 설계'라는 하이브리드 구조를 지향한다. 이는 미국의 USDC 모델처럼 규제 친화적이며, 동시에 시장 친화적인 전략이라는 점에서 의미가 있다. 발행자의 공시 책임, 회계 기준, 감사 의무 등을 제도화함으로써 시장 신뢰를 제도적으로 확보하는 동시에, 사용자는 지갑 기반의 직접 통제 구조를 통해 자유롭게 통화 이용이 가능하다.

이 보고서는 CBDC와의 비교 구도도 명확히 설정한다. 한국은행이 추진해 온 CBDC는 중앙은행이 발행하고, 은행과 계좌 기반 인프라를 통해 유통되며, 통화정책과 금융 안정을 목표로 한다. 반면 원화 스테이블코인은 민간이 설계·운영하며, 블록체인 기반으로 실시간 유통이 가능하고, 사용자 중심 설계를 통해 결제, 송금, 포인트 시스템, 디파이 등과 연동되는 폭넓은 금융 UX를 제공한다.

이 구조는 '누가 진짜 디지털 원화를 지배할 것인가'라는 플랫폼 경쟁 구도에서 결정적인 변수로 작용할 가능성이 크다.

김용범 실장의 설계안은 '작동 가능한 법제 기반 디지털 원화 구조'를 만들기 위한 기술적 설계도이자 정책 제안서이며, 통화 주권, 기술 주권, 사용자 권익, 민간 혁신을 동시에 설계하려는 시도라고 평가할 수 있다.

Big-Tech Capitalism

기술 공화국으로 향하는 길

기술은 중립적이지 않다. 모든 도구는 그것을 만든 사람의 철학을 반영한다는 사실은 이제 기술자들에게 윤리 이상의 지정학적 리터러시를 요구하는 시대가 도래했음을 의미한다. 기술자는 더 이상 단순히 코드를 짜는 노동자가 아니라, 새로운 권력구조의 설계자이자, 때로는 그 부작용의 책임자이기도 하다. 기술자가 역사를 모르면, 기술은 곧 역사적 재앙을 반복하는 도구가 된다.

기술 엔지니어가 지정학적 판단 없이 기술을 개발하거나 제공했을 때, 그것이 전체주의 정권의 폭력, 대규모 인권 유린, 혹은 전쟁의 수단으로 악용된 사례는 역사적으로 반복돼 왔다. 가장 대표적인 사례 중 하나는 1930년대부터 1945년까지 제2차 세계대전 기간 나치 독일이 IBM의 독일 자회사 홀러리스로부터 펀치카드 기반 통계 처리 시스템을 제공받아 유대인을 포함한 소수인종, 장애인, 집시 등의 신원 정보를 분류·추적하는 데 활용한 사건이다. 이는 행정적 대량 학살을 가능케 한 기술적 기반이 됐다. "IBM은 단지 기술을 팔았을 뿐"이라는 주장은 이후 무책임한 중립성의 상징처럼 회자됐다. 이 사건은 2001년 미국의 저널리스트 에드윈 블랙Edwin Black이 펴낸 『IBM과 홀로코스트 IBM and the Holocaust』에서 상세히 폭로됐다.

또 다른 사례는 2016년부터 2018년까지 미얀마에서 발생한 로힝야족 학살 사태에서 확인된다. 당시 미얀마 군부는 페이스북을 주요 선전 및 혐오 조장 플랫폼으로 사용했다. 페이스북은 미얀마 내에서 주요 정보 인프라였음에도 군부의 혐오 콘텐츠와 허위 정보를 방치했다. 유엔 인권이사회는 2018년 보고서를 통해 페이스북이 학살을 부추기는 데 실질적인 역할을 했다고 공식적으로 명시했다. 이는 기술 플랫폼이 해당 지역의 정치, 문화, 종교 갈등에 대한 최소한의 이해 없이 운영될 경우 어떤 재앙을 초래할 수 있는지를 보여준 대표 사례로 기록됐다.

2017년 미국에서는 구글이 미국 국방부와 함께 드론 영상 분석을 위한 인공지능 개발 프로젝트 메이븐에 참여하면서 내부적으로 큰 반발을 초래했다. 수백 명의 구글 엔지니어들은 "우리는 죽음을 위한 알고리즘을 만들기 위해 일하는 것이 아니다"라는 공개서한을 통해 항의했고, 수십 명의 기술자들이 퇴사했다. 결국 2018년 구글은 계약을 연장하지 않기로 결정했다. 이 사건은 기술자의 윤리적 판단과 지정학적 책임이 충돌할 경우 어떤 방식으로 갈등이 폭발할 수 있는지를 보여준 전례로 남았다.

　냉전 시기 일본의 기술 기업들 또한 지정학적 판단 없이 군사 정권과의 거래에 나섰던 사례가 있다. 샤프, 히타치, 소니 등은 1970~1980년대 동남아시아 및 중동 군부 정권에 감시 카메라, 통신 장비, 정밀 부품 등을 수출했으며, 이 기술들은 민주주의 시위 진압과 내부 통제 시스템으로 활용됐다. 일본 내부에서도 1990년대 이후 이에 대한 자성의 목소리가 높아지면서, 이후 수출 통제 규범과 군사용 전환 가능성에 대한 기술 윤리가 부상하게 됐다.

　최근에는 중국 기업 바이트댄스가 개발한 틱톡이 미국, 인도 등에서 국가 안보 위협으로 간주되며, 데이터 지정학Data Geopolitics 논쟁의 중심이 됐다. 2020년부터 시작된 미국의 틱톡 금지 논의는 단순한 기술 플랫폼의 적용이 아니라, 국가 간 정보 주권과 사이버 통치권의 문제로 확대됐다. 기술자들은 단지 재미있는 앱을 만들었을 뿐이라는 항변이 더 이상 정치적으로 유효하지 않음을 보여주었다.

　이처럼 기술자가 세계질서, 권력구조, 정치체제 간의 긴장 구조에 무지한 상태에서 만든 기술은, 종종 가장 억압적인 정권에 무기처럼 제공돼 왔다. 이러한 역사적 사례들은 기술 개발에서 윤리뿐 아니라 국제정치와 권력 질서에 대한 통찰이 왜 필요한지를 강하게 증명하고 있다.

알렉스 카프의 '기술 공화국'

21세기를 지배하는 메가트렌드인 '빅테크 자본주의' 시대에 지정학geopolitics과 지경학geo-economics의 중요성은 군사·외교·자원 통제의 영역을 넘어서 데이터·AI·클라우드·알고리즘 같은 기술 인프라 경쟁 영역으로 확대됐다. 이제는 국가 안보가 병력과 땅이 아니라 코드와 서버, 알고리즘과 데이터센터에 달렸으며, 기술 기업이 곧 정치·국방·경제의 복합 주체로 기능하게 된 것이다.

팔란티어의 CEO 알렉스 카프는 '기술 공화국'이라는 개념을 통해, 기술이 단순한 도구가 아니라 민주주의와 국가 정체성을 지키는 장치이자 새로운 권력구조의 중심이라는 사실을 강조했다. 그는 "기술은 중립적이지 않으며 모든 도구는 그것을 만든 이들의 가치와 철학을 담고 있다"라고 선언했고, "우리는 기술을 공화국을 위해 만들 것인지, 아니면 적을 위해 만들 것인지 결정해야 한다"라고 강하게 촉구했다. 이는 기술이 곧 국제정치와 직결된다는 인식이다.

카프는 특히 "소프트웨어 산업이 더 이상 SNS나 배달앱 같은 사소한 소비재 개발에 매몰되어 있어서는 안 되며, 지금은 국방·안보·국민의 삶을 위한 AI 혁신에 집중해야 할 시기다"라며, "만약 우리가 AI를 국방에 활용하지 않으면, 중국·러시아 등 권위주의 정권에 패권을 넘겨줄 것"이라고 단언함으로써, 기술이 시대의 정의를 위한 실천적 도구임을 분명히 했다. '기술 공화국' 개념은 단순한 기술 철학이 아니라, 기술이 국가의 운명과 민주주의의 존속 여부에 직접 영향을 미친다는 그의 정치적 확신에서 비롯됐다.

카프는 여러 차례의 주주서한과 공개 발언을 통해 기술 기업은 더 이상 자신들의 성장만을 좇아선 안 되며, 자신들을 낳은 민주국가의 안보와 지속성을 지키기 위해 의무를 다해야 한다고 강조했다. 2024년 4분기 팔란티어 주주서한에서 카프는 "우리는 단순한 점진적 발전의 단계에 머물러 있는 것이 아니라 완전히 새로운 국면 a new phase에 진입했으며, 이는 기술이 민주주의의 안보 기반을 대체할 수 있는 위협이자 기회로 부상했음을 의미한다"라고 밝혔다. 이 서한에서 그는 새뮤얼 헌팅턴의 말을 인용해 "서구는 종종 자신들의 우위가 이념이나 민주주의 가치에서 비롯된다고 착각하지만, 실제로는 조직된 폭력에서 나온 것임을 잊고 있다"라고 지적했다. 이는 기술적 우위 없이 자유를 지킬 수 없다는 현실 인식을 상징한다.

2025년 1분기 주주서한에서도 그는 "우리는 이제 스타트업의 민첩성과 기성 기업의 인프라를 동시에 가진 소프트웨어 거인이 됐지만, 내부의 자만을 경계해야 한다"라고 했다. 기술을 손에 쥔 기업이 자신들의 권력을 무비판적으로 확대하려 하거나, 기술의 윤리적 방향성을 고민하지 않는다면 그것은 민주주의 자체에 대한 도전이 될 수 있기 때문이다.

이러한 철학은 그의 다양한 외부 발언에서도 일관되게 나타난다. 그는 "실리콘밸리는 길을 잃었다"라고 평가하며, 국가 안보와 전장을 위해 사용될 수 있는 고도화된 인공지능 기술에 대해선 더 이상 무관심하거나 회피할 수 없다고 주장한다. 따라서 그는 "미국이 AI

군사력에서 배타적 우위를 갖기 위해 새로운 맨해튼 프로젝트를 즉시 시작해야 한다"라고 경고했다. 이는 핵무기 개발보다도 더 강력한 국제질서 재편 도구가 될 AI에 대해 민주주의 국가가 통제권을 가지지 못하면, 전체주의적 국가가 그 주도권을 장악하게 된다는 위기의식에서 나온 주장이다.

카프는 "기술은 중립적이지 않으며 기술은 그것을 설계한 자의 철학과 가치관을 반영한다"라고 말하며, 기술 설계 과정이 곧 윤리와 통치철학의 구현이라는 점을 강조했다. 특히 미국 기술 기업들은 자신들을 가능케 한 자유주의 체제가 지속되도록 기여해야 할 긍정적 의무를 지고 있다고 언급했다. 이 말은 기술 기업이 공화국의 체제 유지에 참여할 책임이 있으며, 안보와 정책 설계에 적극 동참해야 한다는 명시적 요구다.

이러한 카프의 관점은 단순히 팔란티어라는 한 기업의 전략을 넘어, 오늘날 기술 기업이 민간 부문을 넘어서 국방과 외교, 국가 전략의 핵심 축으로 재편되는 현실을 보여준다. 따라서 기술 공화국이란 개념은 기술이 통치를 대체하거나 회피하는 것이 아니라, 민주주의의 가치와 법치를 보완하고 방어해야 한다는 정치적 선언이며 동시에 실천적 전략이다. 알렉스 카프는 그 중심에서 기술자들이 단지 효율성과 수익성을 넘어 국가와 세계의 구조를 이해하는 주체로 진화해야 함을 역설하고 있다.

이런 기술 패권 시대에 기술 인재는 단지 코드를 잘 쓰는 사람을 넘어서야 하며, 지정학·정치·공공정책을 읽고 결정할 수 있는 융합형 리더가 되어야 한다는 것도 동일한 맥락이다. 기술은 어떤 세상을 만들지 결정하는 힘이자, 정치체제와 가치를 코드에 담는 행위이며, 따라서 AI·소프트웨어를 설계하거나 운영하는 사람은 자신이 만드는 시스템이 어떤 사회·정치를 재생산하는지 고민해야 한다는 것이다. 인공지능 연구자 정세주 서울대 교수는 "AI 리더는 컴퓨팅 능력뿐 아니라 통치철학, 윤리·법·외교의 이해까지 모두 갖춰야 한다"라고 여러 인터뷰에서 언급해 왔다.

전쟁을 지배하던 지정학과 세계화를 이끌던 지경학이 기술 주도 시대에 다시 부활한 까닭은, 기술이 국가의 존망을 가르는 최후의 전략 자산이 되었기 때문이다. 알렉스 카프의 '기술 공화국'론은 그 구조를 세계에 선언한 것이다. 그리고 기술 인재는 그 선언을 현실로 구현할 주체로 자리 잡아야 한다는 인식이 시대적 과제가 됐다.

에필로그

─────── Big-Tech Capitalism ───────

　우리는 기술과 자본이 충돌하며 거대한 흐름을 빚어내는 시대를 걷고 있다. AI와 크립토가 주도하는 변화는 단순히 새로운 서비스가 몇 개 생기는 수준이 아니다. 돈이 만들어지고 이동하며 축적되는 방식 자체를 철저히 다시 쓰는 과정이다. 이 흐름의 정면에는 빅테크와 월가가 나란히 서 있다. 이들은 서로 다른 언어를 사용하지만, 목표는 같다. 다가올 금융 질서에서 더 큰 영향력을 확보하는 것이다.

　빅테크는 스테이블코인을 통해 조용히 화폐의 영역으로 들어섰다. 과거 중앙은행과 정부만이 누리던 주조 이익을 이제 플랫폼 기업이 일부 가져가려는 것이다. 이용자는 그저 편리한 결제 수단을 쓰는 것처럼 느끼지만, 그 이면에서는 특정 기업이 발행한 토큰이 사실상 새로운 종류의 화폐처럼 기능하며 독자적 경제권을 넓혀간다. 이러한 흐름이 거세질수록 "우리는 어떤 돈을 쓰는가"라는 질문은 필연적으로 "우리는 어떤 플랫폼 안에서 살아가는가"라는 질문과 겹쳐진다.

월가는 다른 길을 택했다. 크립토 생태계를 전면 부정하기보다, 그 안에서 결정적인 지렛대가 되는 담보 자산을 장악하려는 쪽으로 움직인 것이다. 스테이블코인을 떠받치는 안전자산, 온체인 금융에서 쓰이는 국채·회사채, 토큰화된 실물자산들이 바로 그 표적이다. 담보를 쥔 자가 유동성을 통제하고, 위험을 가격 매기며, 사실상 거대한 부의 규칙을 설계할 수 있기 때문이다. 월가는 자신들이 가장 익숙한 게임의 방식으로 새로운 시장의 심장을 붙잡으려 하고 있다.

부의 패권을 둘러싼 이러한 작용과 반작용은, 조용히 스며들면서도 우리의 일상을 깊숙이 파고든다. 월급을 받고, 소비하고, 자산을 축적하는 등의 모든 방식이 달라질 수 있다. 앞으로는 은행 계좌와 증권 계좌만으로는 일상의 모든 흐름을 정리하기 어려워질 것이다. 급여 일부가 스테이블코인으로 지급되고, 해외 송금은 플랫폼 지갑을 통해 처리되며, 예금 대신 온체인 머니마켓이나 토큰화된 채권을 활용하는 등의 선택지가 자연스럽게 열릴 가능성이 크다. 투자 포트폴리오 역시 변화를 피하기 어렵다. 주식·채권·현금성 자산이라는 전통적 삼각 구조에 스테이블코인 생태계에 연동된 상품과 온체인 자산이 새로운 축으로 자리 잡을 수 있다.

이 흐름을 무조건적인 낙관이나 혹은 공포로 바라볼 필요는 없다. 스테이블코인과 온체인 금융은 분명 비용을 낮추고, 국경과 시간의 제약을 줄이며, 더 많은 사람에게 금융 접근성을 제공할 수 있다. 한편으로는 특정 기업과 금융기관에 힘이 과도하게 집중될 위험, 규제 공백에서 발생할 사고, 기술 이해도에 따른 격차 같은 문제도 함께 커진다. 결국 기회와 위험이 동일한 구조 위에 겹쳐 놓이는 셈이다.

투자의 영역에서 유념해야 할 질문 역시 바뀌어야 한다. 단순히 "코인에 투자할 것인가"가 아니라, "새로운 금융 인프라가 만들어낼 수익과 리스크를 포트폴리오에서 어떻게 배분할 것인가"에 초점을 두어야 한다. 현금·주식·채권이 기본값이던 시대를 벗어나, 어떤 온체인 자산을 어느 수준까지 수용할지에 대한 원칙을 세우는 일이 점점 중요해지고 있다. 변화를 피할 수 없다면, 최소한 그 구조를 이해한 뒤 선택하는 편이 낫다. 그 이해가 앞으로 10년을 가르는 조용한 경계선이 될 가능성이 크다.

결론적으로 빅테크와 월가의 대결처럼 보이는 현상 이면에는, 우리의 시간, 노동, 노후 자산이 깊숙이 얽혀 있다. 중요한 것은 어느 한쪽의 손을 들어주는 것이 아니라, 그들이 설계한 판 위에서 우리 자신의 자리와 규칙을 정할 수 있는 역량을 갖추는 것이다.

참고문헌

J. D. 밴스^{J. D. Vance}, 『힐빌리의 노래』, 흐름출판, 2017.

귄터 그라스^{Günter Grass} 외, 『세계화 이후의 민주주의』, 평사리, 2005.

라나 포루하^{Rana Foroohar}, 『돈 비 이블, 사악해진 빅테크 그 이후: 거대 플랫폼은 어떻게 국가를 넘어섰는가』, 세종서적, 2020.

리카이푸^{Kai-Fu Lee}, 『AI 슈퍼파워: 중국, 실리콘밸리 그리고 새로운 세계 질서』, 이콘, 2019.

마틴 울프^{Martin Wolf}, 『민주주의적 자본주의의 위기』, 페이지2북스, 2024.

벤 추^{Ben Chu}, 『차이니즈 위스퍼스^{Chinese Whispers}』, Weidenfeld & Nicolson, 2013.

벤 추, 『유배 경제학^{Exile Economics}』, John Murray Press, 2025.

벤저민 브래튼^{Benjamin Bratton}, 『스택^{The Stack}』, The MIT Press, 2016.

쇼샤나 주보프^{Shoshana Zuboff}, 『감시 자본주의 시대: 권력의 새로운 개척지에서 벌어지는 인류의 미래를 위한 투쟁』, 문학사상, 2021.

알렉스 카프^{Alex Karp} & 니콜라스 W. 자미스카^{Nicholas W. Zamiska}, 『기술 공화국^{Technological Republic}』, 2025.

애덤 스미스^{Adam Smith}, 『국부론 상, 하』, 비봉출판사, 2007.

야니스 바루파키스^{Yanis Varoufakis}, 『테크노퓨달리즘: 클라우드와 알고리즘을 앞세운 새로운 지배 계급의 탄생』, 21세기북스, 2024.

에드윈 블랙^{Edwin Black}, 『IBM과 홀로코스트^{IBM and the Holocaust}』, Dialog Press, 2001.

유발 하라리^{Yuval Harari}, 『사피엔스』, 김영사, 2015.

조지프 스티글리츠^{Joseph E. Stiglitz}, 『세계화와 그 불만: 前 세계은행 부총재 스티글리츠의 세계화 비판』, 세종연구원, 2002.

조지프 스티글리츠, 『세계화와 그 불만: 트럼프 시대의 반세계화』, 세종연구원, 2020.

조지프 스티글리츠, 『인간의 얼굴을 한 세계화』, 한길사, 2008.

카를 마르크스^{Karl Marx}, 『자본론^{Das Kapital}』, Otto Meissner, 1867.

크리스 밀러$^{Chris\ Miller}$, 『칩 워: 누가 반도체 전쟁의 최후 승자가 될 것인가』, 부키, 2023.

프랭클린 포어$^{Franklin\ Foer}$, 『생각을 빼앗긴 세계: 거대 테크 기업들은 어떻게 우리의 생각을 조종하는가』, 반비, 2019.

프리드리히 하이에크$^{Friedrich\ Hayek}$, 『화폐의 탈국가화$^{The\ Denationalization\ of\ Money}$』, The Institute of Economic Affairs, 1976.

피터 틸$^{Peter\ Thiel}$ & 레이크 매스터스$^{Blake\ Masters}$, 『제로 투 원』, 한국경제신문사, 2014.

빅테크와 비트코인이라는

새로운 화폐가 만들어갈 자본주의 이후의 자본주의는

과연 어떤 모습으로

우리에게 다가올까.

빅테크 자본주의

초판 1쇄 인쇄 2025년 12월 5일
초판 1쇄 발행 2025년 12월 11일

지은이 김창익
펴낸이 김선식

부사장 김은영
콘텐츠사업본부장 임보윤
책임기획 여소연 **책임편집** 한다혜 **디자인** 윤유정 **책임마케터** 이고은
콘텐츠사업1팀장 한다혜 **콘텐츠사업1팀** 윤유정, 문주연, 조은서, 여소연
마케팅사업1팀 이고은, 지석배, 최민경, 이현주, 김은지 **홍보1팀** 김민정, 홍수경, 변승주
브랜드사업본부 정명찬
브랜드홍보팀 오수미, 서가을, 박장미, 박주현
영상홍보팀 이수인, 염아라, 이지연, 노경은
저작권팀 성민경, 이슬, 윤제희 **편집관리팀** 조세현, 김호주, 백설희
재무관리팀 하미선, 임혜정, 이슬기, 김주영, 오지수
인사총무팀 강미숙, 김혜진, 황종원
제작관리팀 이소현, 김소영, 김진경, 유미애, 이지우, 황인우
물류관리팀 김형기, 김선진, 주정훈, 양문현, 채원석, 박재연, 이준희, 문명식
외부스태프 초판 화이트노트

펴낸곳 다산북스 **출판등록** 2005년 12월 23일 제313-2005-00277호
주소 경기도 파주시 회동길 490
전화 02-704-1724 **팩스** 02-703-2219 **이메일** dasanbooks@dasanbooks.com
홈페이지 www.dasan.group **블로그** blog.naver.com/dasan_books
종이 스마일몬스터 **인쇄** 민언프린텍 **제본** 국일문화사 **코팅·후가공** 제이오엘앤피

ISBN 979-11-306-7338-7(03320)

· 책값은 뒤표지에 있습니다.
· 파본은 구입하신 서점에서 교환해드립니다.
· 이 책은 저작권법에 의하여 보호를 받는 저작물이므로 무단 전재와 복제를 금합니다.

> 다산북스(DASANBOOKS)는 책에 관한 독자 여러분의 아이디어와 원고를 기쁜 마음으로 기다리고 있습니다. 출간을 원하는 분은 다산북스 홈페이지 '원고 투고' 항목에 출간 기획서와 원고 샘플 등을 보내주세요. 머뭇거리지 말고 문을 두드리세요.